职业教育改革创新教材

U0868067

Qiche Chuandong Xitong Weixiu

汽车传动系统维修

（第2版）

樊永强　罗雷鸣　主　　编
李　敏　侯建党　韩希国　副 主 编
朱　军　丛书总主审

人民交通出版社股份有限公司
北　京

内 容 提 要

本书是职业教育改革创新教材之一，其主要内容包括：离合器踏板位置的检查与调整、离合器打滑故障检修、离合器油的检查与更换、手动变速器油的检查与更换、手动变速器挂挡困难故障检修、传动轴（后轮驱动）抖动和异响故障检修、传动轴（前轮驱动）及万向节的检查与更换、驱动桥（前轮驱动）异响故障检修和驱动桥（后轮驱动）过热故障检修。

本书可作为职业院校汽车运用与维修专业的教材，也可供汽车维修及相关技术人员参考阅读。

图书在版编目（CIP）数据

汽车传动系统维修/樊永强，罗雷鸣主编. —2 版. —北京：人民交通出版社股份有限公司，2021.7

ISBN 978-7-114-17033-1

Ⅰ.①汽… Ⅱ.①樊… Ⅲ.①汽车—传动系—车辆修理—职业教育—教材 Ⅳ.①U472.41

中国版本图书馆 CIP 数据核字（2021）第 018351 号

职业教育改革创新教材

书　　名：**汽车传动系统维修**（第 2 版）
著 作 者：樊永强　罗雷鸣
责任编辑：翁志新　侯力文
责任校对：孙国靖　卢　弦
责任印制：张　凯
出版发行：人民交通出版社股份有限公司
地　　址：（100011）北京市朝阳区安定门外外馆斜街 3 号
网　　址：http://www.ccpcl.com.cn
销售电话：（010）59757973
总 经 销：人民交通出版社股份有限公司发行部
经　　销：各地新华书店
印　　刷：北京市密东印刷有限公司
开　　本：787×1092　1/16
印　　张：12
字　　数：205 千
版　　次：2012 年 1 月　第 1 版
2021 年 7 月　第 2 版
印　　次：2021 年 7 月　第 2 版　第 1 次印刷　累计第 6 次印刷
书　　号：ISBN 978-7-114-17033-1
定　　价：32.00 元

职业教育改革创新教材编委会

（排名不分先后）

第2版前言

PREFACE TO THE SECOND EDITION

“十二五”期间，人民交通出版社以职教专家、行业专家、学校教师、出版社编辑“四结合”的模式开发出了“职业教育改革创新示范教材”，受到广大职业院校师生的欢迎。

为了紧跟汽车行业发展趋势，更好地适应汽车类专业实际教学需求，人民交通出版社股份有限公司吸收教材使用院校教师的意见和建议，组织相关老师，对已出版的“职业教育改革创新示范教材”再次进行了全面修订，对个别不能完全适应学校教学的教材进行了重新整合，更新了教材内容，并对教材中的错漏之处进行了修正。

该套教材将先进的教学内容、教学方法与教学手段有效地结合起来，形成课本、课件（部分课程配）和数字资源（部分课程配）三位一体的立体化教学资源。

《汽车传动系统维修》是其中一本，此次修订工作主要做了如下修改：更新或删除了第1版中陈旧、过时的内容；更新了第1版中陈旧的法律法规、已经废止的技术标准；增加了中职大赛车型以及市场销售量较大的主流车型的结构和检修的相关内容；更换了第1版中的部分图片；对第1版中的错漏之处和不严谨的文字表述进行了修改，使教材内容更加准确和精炼。配套的电子课件也进行了修订。在部分知识点处设置了二维码，有助于学生更形象地理解相关内容。

本书由广东省交通运输技师学院樊永强、惠州工业科技学校罗雷鸣担任主编，由贵州交通职业技术学院李敏、辽宁科技学院侯建党、辽宁科技学院韩希国担任副主编。参加编写的还有郑宏军、徐广勇、张立新、李培军、黄宜坤、郭大民、郗江月、樊雅双、梁德福。

限于编者的经历和水平，书中难免有不妥或错误之处，敬请广大读者批评指正，提出修改意见和建议，以便重印或再版时改正。

职业教育改革创新教材编委会
2020年12月

目录 CONTENTS

学习任务一 离合器踏板位置的检查与调整

学习目标

完成本学习任务后,你应当能:

1. 叙述离合器的功用和分类方法;
2. 叙述离合器的基本组成及工作原理;
3. 正确使用工具和设备;
4. 与同学密切合作,规范地检查和调整离合器踏板位置。

建议完成本学习任务的时间为8学时。

学习任务描述

一辆卡罗拉(1.6L)乘用车,行驶12000km,要求对整车进行维护。需要你按照维护标准和要求,对离合器踏板位置进行检查和调整。

学习内容

离合器的功用及种类 → 离合器踏板位置的检查与调整

离合器的基本结构和工作原理 → 离合器踏板位置的检查与调整

检查、调整离合器踏板位置 → 离合器踏板位置的检查与调整

一 资料收集

引导问题1 离合器的安装位置在哪里？功用是什么？

离合器是手动挡汽车传动系统的重要组成部分,安装在发动机与变速器之间,如图1-1所示。

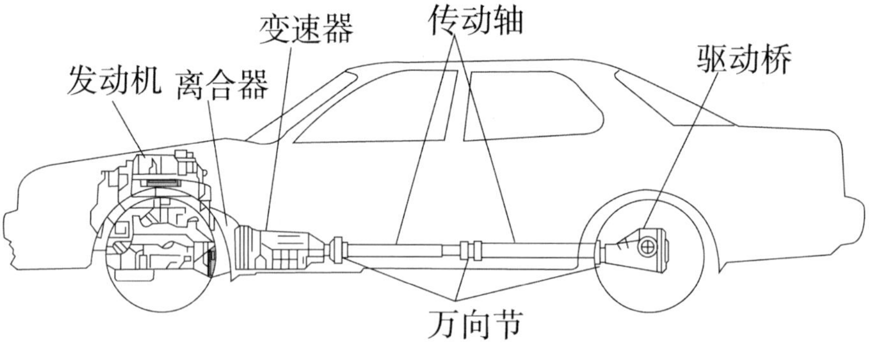

离合器安装位置

图1-1 离合器安装位置

离合器的具体功用为:

(1)使发动机与传动系统逐渐接合,保证汽车平稳起步。汽车起步时,驾驶人缓慢抬起离合器踏板,使离合器的主、从动部分逐渐接合,与此同时,驾驶人逐渐踩下加速踏板,以增加发动机的输出转矩,这样发动机的转矩便可由小到大传给传动系统。当牵引力(或称驱动力)足以克服汽车起步时的行驶阻力时,汽车便由静止开始缓慢逐渐加速,实现平稳起步。

(2)暂时切断发动机的动力传递,保证变速器换挡平顺。汽车在行驶过程中,由于行驶条件的变化,需要不断变换挡位。对于普通齿轮变速器,换挡时不同的齿轮副要退出啮合或进入啮合,这就要求换挡前踩下离合器踏板,中断发动

机的动力传递,以便退出原有齿轮副的啮合并进入新齿轮副的啮合。如果没有离合器或离合器分离不彻底,均会导致动力中断不完全,造成原有齿轮副之间因压力大而难以脱开、待啮合齿轮副之间因圆周速度不同而难以进入啮合的问题。勉强啮合则会产生很大的冲击和噪声,甚至会出现打齿现象。

(3)限制所传递的转矩,防止传动系统过载。汽车紧急制动时,如果发动机与传动系统刚性连接,发动机转速将急剧下降,其所有零件将产生很大的惯性力矩,这一力矩作用于传动系统,会造成传动系统过载而使其机件损坏。加入离合器以后,当传动系统承受载荷超过离合器所能传递的最大转矩时,离合器就会通过主、从动部分之间的打滑来消除这一危险,从而起到过载保护的目的。

引导问题2　离合器是如何分类的?

目前在汽车上广泛采用摩擦离合器,摩擦离合器是利用离合器的主动部分和从动部分的摩擦作用来传递转矩的。

摩擦离合器分类如下:

(1)按从动盘数目的不同,摩擦离合器可以分为单片离合器和双片离合器。乘用车、客车和部分中、小型货车多采用单片离合器,因为发动机的最大转矩一般不是很大,单片从动盘就可以满足动力传递的要求;双片离合器由于增加了一片从动盘,使得在其他条件不变的情况下,比单片离合器所能传递的转矩增大一倍(由于一个从动盘是两个摩擦面传递动力,而两个从动盘则是四个摩擦面传递动力),多用于重型车辆上。

(2)按压紧弹簧形式的不同,摩擦离合器可以分为周布弹簧离合器、中央弹簧离合器和膜片弹簧离合器。周布弹簧离合器和中央弹簧离合器采用螺旋弹簧,分别沿压盘的圆周和中央布置;膜片弹簧离合器采用膜片弹簧,目前应用最广泛。

(3)按操纵机构形式的不同,摩擦离合器可分为机械式(杠杆传动式和钢索传动式)、液压式和气压式等。

引导问题3　离合器的基本结构是怎样的?它是如何工作的?

1 离合器的基本结构

离合器的基本结构如图1-2所示。根据各元件的动力传递和作用不同,离合器可分为主动部分、从动部分、压紧装置和操纵机构四个部分。

(1)主动部分。主动部分包括飞轮、离合器盖和压盘。离合器盖用螺栓固定在飞轮上,压盘通过传动片与压盘连接,这样,当发动机转动时,动力便经飞轮、离合器盖、传动片传到压盘,使其一起转动。

(2)从动部分。从动部分包括从动盘和从动轴。从动盘带有双面的摩擦片,离合器正常接合时,从动盘分别与飞轮和压盘相接触;从动盘通过花键毂装在从动轴的花键上,从动轴是手动变速器的输入轴,其前端通过轴承支承在曲轴后端的中心孔中,后端支承在变速器壳体上。

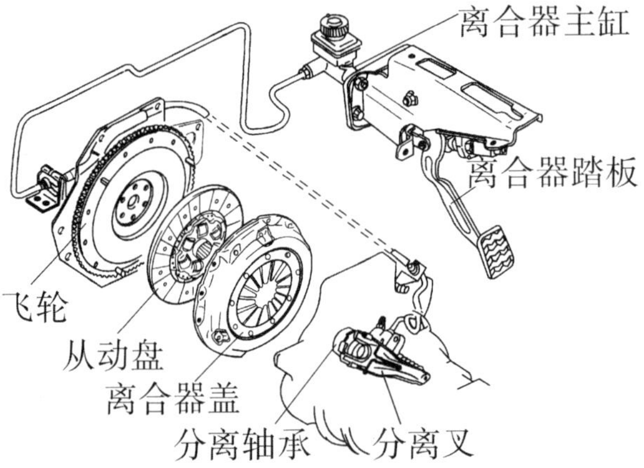

图1-2　离合器的基本结构

(3)压紧装置。压紧装置的作用是将从动盘压紧在飞轮端面上。周布弹簧离合器的压紧机构由若干根沿圆周均匀布置的螺旋弹簧组成,螺旋弹簧装在压盘与离合器盖之间,用来将压盘和从动盘压向飞轮,使压盘、从动盘和飞轮三者压紧在一起。膜片弹簧离合器的压紧机构就是一个膜片弹簧,其作用就是将压盘、从动盘和飞轮三者压紧在一起。

(4)操纵机构。操纵机构是使离合器分离及柔和接合的一套机构,包括离合器踏板、分离叉、分离套筒、分离轴承和复位弹簧等。

2 离合器的工作原理

离合器的工作原理如图1-3所示。

(1)接合状态。离合器在接合状态时,操纵机构各部件在复位弹簧的作用下位于图1-3所示离合器接合位置,压紧弹簧将压盘、从动盘、飞轮互相压紧。发动机的转矩通过两条路线传递给从动盘:一是飞轮将转矩传给离合器盖、传动片、压盘,并通过压盘与从动盘之间摩擦面产生的摩擦力矩传给从动盘;二是飞轮直接通过飞轮与从动盘之间摩擦面产生的摩擦力矩传给从动盘,从动盘再通过花键传给从动轴,而后将转矩输入变速器。

(2)分离过程。当驾驶人踩下离合器踏板时,分离套筒和分离轴承在分离叉的推动下,先消除分离轴承与膜片弹簧(或分离杠杆)内端之间的间隙,然后推动膜片弹簧(或分离杠杆)内端前移,使膜片弹簧(或分离杠杆)外端带动压盘克服压紧弹簧作用力后移,摩擦作用消失,离合器的主、从动部分分离,中断动力传递。

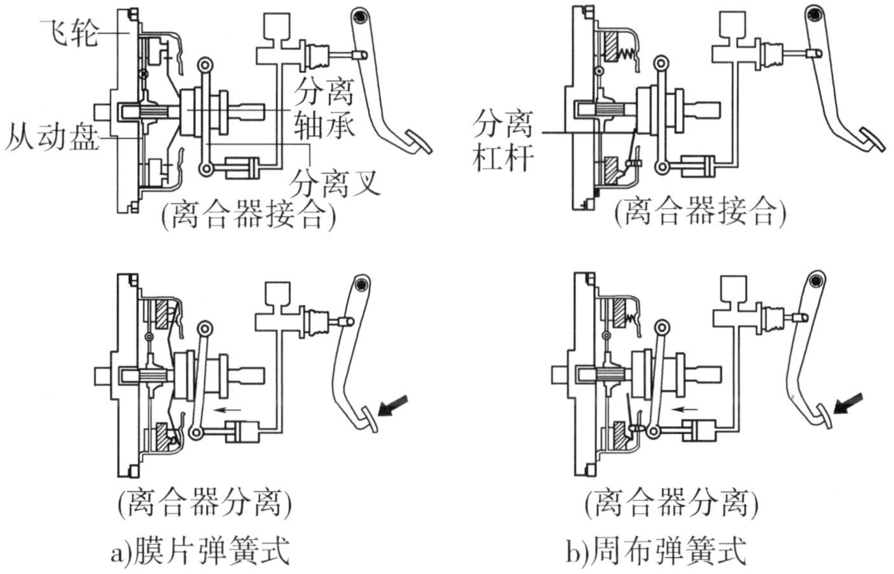

图 1-3　离合器工作原理

(3)接合过程。接合离合器时,驾驶人缓慢抬起离合器踏板,在压紧弹簧的作用下,压盘向前移动并逐渐压紧从动盘,使接触面间的压力逐渐增加,摩擦力矩也逐渐增加;当飞轮、压盘和从动盘之间接合还不紧密时,所能传动的摩擦力矩较小,离合器的主、从动部分有转速差,离合器处于打滑状态;随着离合器踏板的逐渐抬起,飞轮、压盘和从动盘之间的压紧程度逐渐紧密,主、从动部分的转速也渐趋相等,直到离合器完全接合而停止打滑,接合过程结束。

引导问题 4　什么是离合器自由间隙和离合器踏板自由行程?

离合器踏板自由、总行程、工作行程

由离合器的工作原理可知,当从动盘摩擦片磨损变薄后,为了保证离合器能处于接合状态,正常传递发动机转矩,则压盘必须向前移动。此时膜片弹簧(或分离杠杆)外端和压盘一起向前移,其内端向后移。如果膜片弹簧(或分离杠杆)与分离轴承之间没有间隙,则由于机械式操纵机构的干涉作用,压盘最终无法前移,即导致离合器不能接合,出现打滑现象。为此,在离合器膜片弹簧(或分离杠杆)内端与分离轴承之间预留一定的间隙,一般为几毫米,这个间隙称为离合器自由间隙,如图1-4所示。

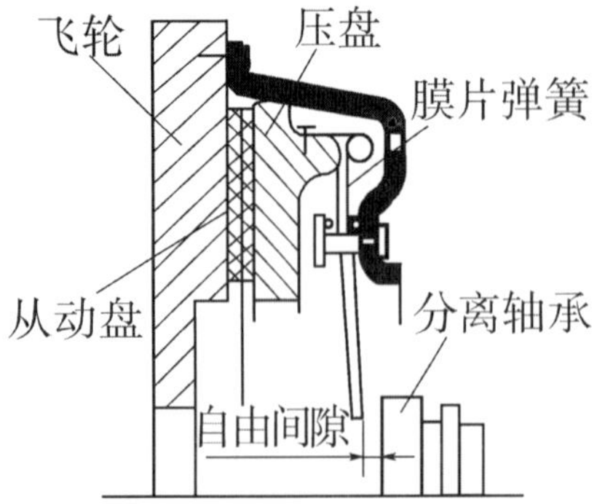

图1-4　离合器自由间隙

离合器分离过程中,为消除离合器自由间隙和离合器操纵机构零部件的弹性变形所需要踩下的离合器踏板行程称为离合器踏板自由行程。

部分常见车型离合器踏板自由行程见表1-1。

离合器踏板自由行程　　表1-1

汽车型号	离合器踏板自由行程(mm)
卡罗拉(1.6L)	5~15
科鲁兹	15~20
雅阁	10~18
中华	6~13
颐达	2~8
凯越	6~12
五菱宏光	7.5±2.5

二 实施作业

引导问题5　作业需要哪些工具、设备和材料?

(1)车辆:卡罗拉(1.6L)乘用车(图1-5)。

图 1-5　卡罗拉(1.6L)乘用车

(2)普通设备及工具:举升机(图 1-6)、组合工具(图 1-7)、扭力扳手(图 1-8)、车轮止动楔(图 1-9)。

(3)检测设备及量具:直尺(图 1-10)。

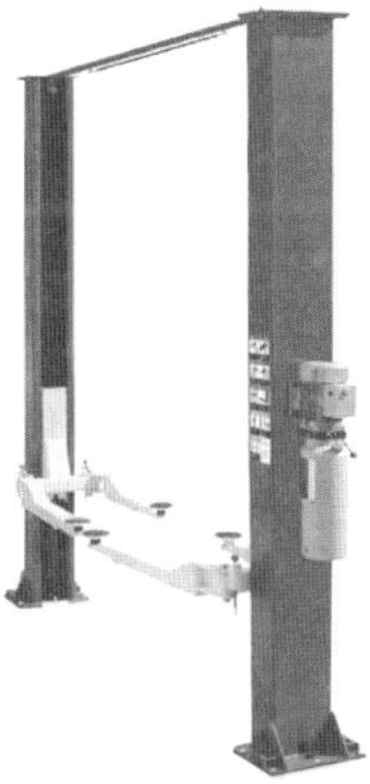

图 1-6　举升机

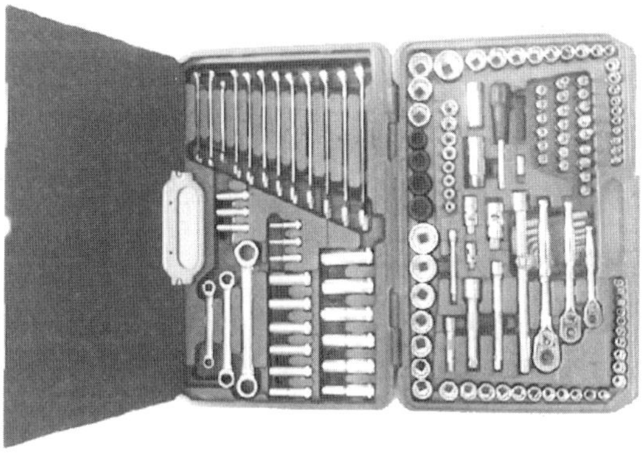

图 1-7　组合工具

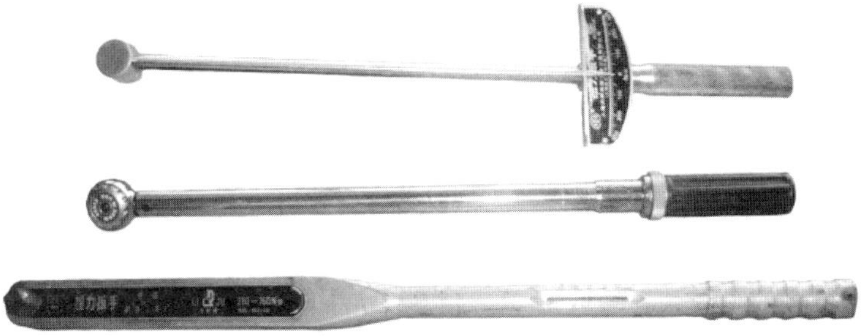

图 1-8　扭力扳手

图1-9　车轮止动楔

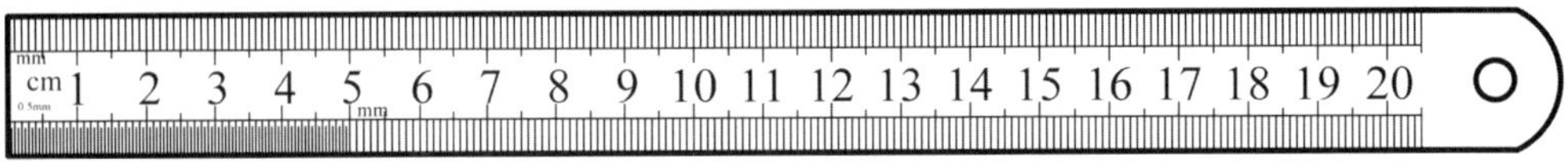

图1-10　直尺

引导问题6　通过查询和查找,填写以下信息。

生产年份________,车牌号码________,行驶里程________,发动机型号及排量________,车辆识别代码(VIN)________。注意:卡罗拉(1.6L)乘用车车辆识别代码(VIN)压印在乘员座椅下方(图1-11),此号码也有压印在仪表板左上方处,如图1-12所示。

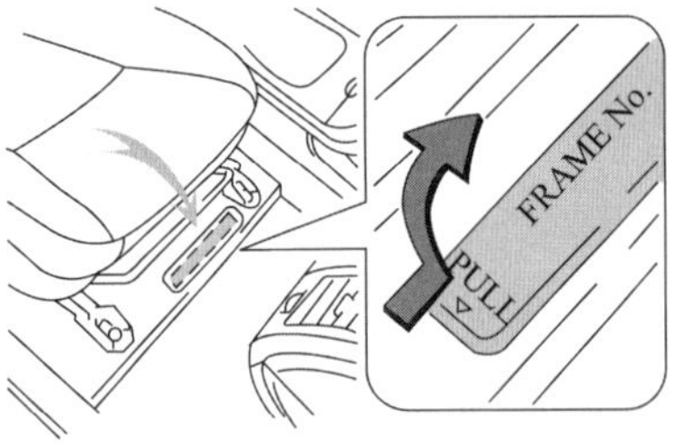

图1-11　卡罗拉(1.6L)乘用车车辆识别代码(VIN)位置(一)

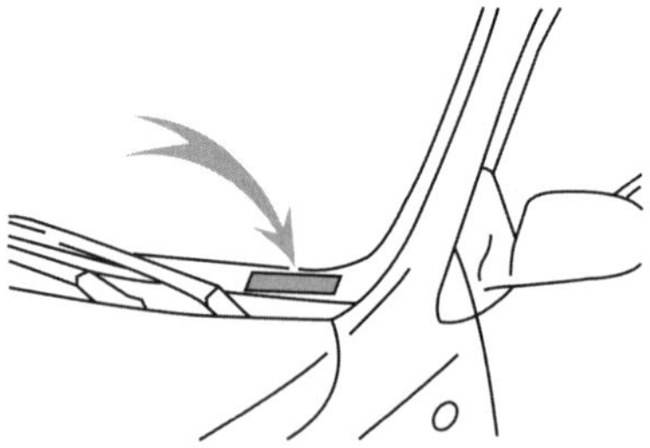

图1-12　卡罗拉(1.6L)乘用车车辆识别代码(VIN)位置(二)

引导问题7　作业前的准备工作有哪些?

(1)汽车进入工位前,将工位清理干净,准备好相关的器材。

(2)将汽车停驻在举升机中央位置。

(3)拉紧驻车制动器操纵杆(图1-13),并将换挡杆置于空挡位置(图1-14)。

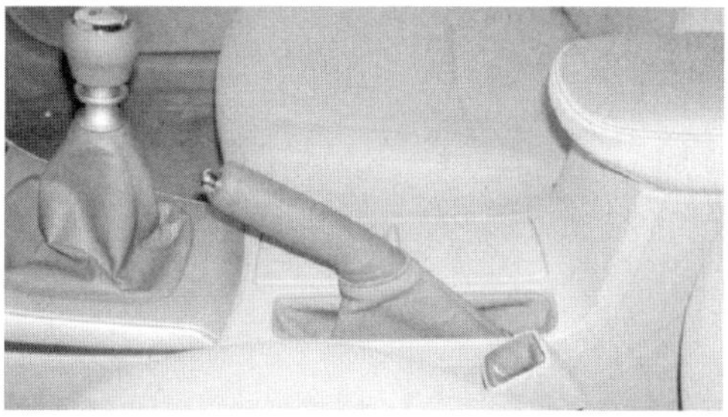

图1-13　拉紧驻车制动器操纵杆

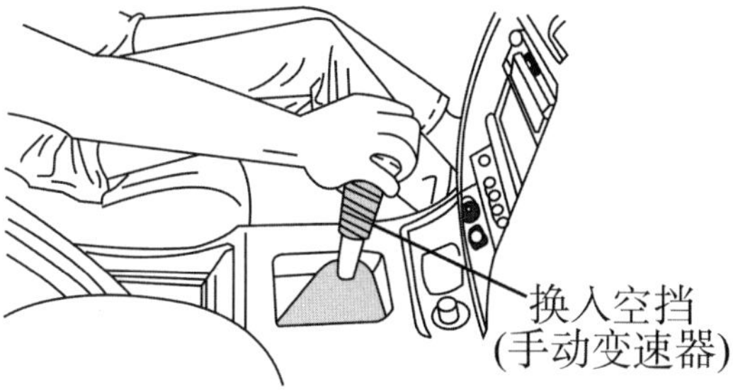

图1-14　挂入空挡

(4)套上转向盘防尘罩、换挡杆手柄套和座椅套,铺设脚垫。

(5)在车内拉动发动机舱盖手柄,在车外打开并支撑发动机舱盖(图1-15)。

(6)粘贴翼子板和前脸磁力护裙。

引导问题8　如何检查和调整离合器踏板位置?

1 检查并调整离合器踏板高度

(1)翻起地毯。

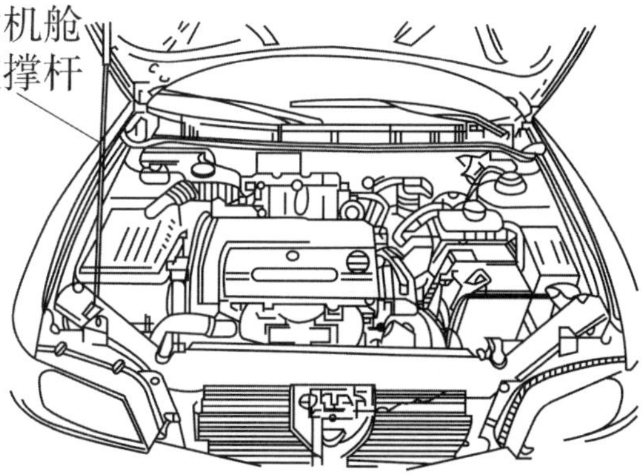

图1-15　支撑发动机舱盖

(2)检查并确认离合器踏板高度正确,如图1-16所示。离合器踏板高度规定值(离合器踏板距离地板的高度):143.6~153.6mm。

(3)松开锁紧螺母并转动限位螺栓,直至获得正确高度。

(4)拧紧锁紧螺母,拧紧力矩:16N·m。

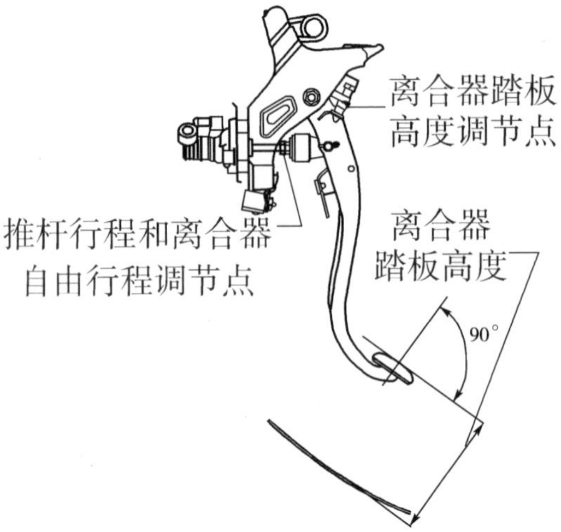

图1-16　离合器踏板高度检查

2 检查离合器踏板自由行程和推杆行程

(1)检查并确认离合器踏板自由行程和推杆行程正确,如图1-17所示。

①踩下离合器踏板直至开始感觉到离合器阻力。离合器踏板自由行程规定值:5.0~15.0mm。

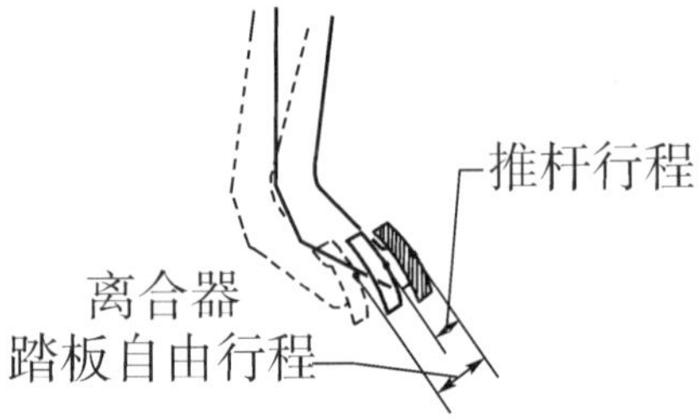

图1-17　离合器踏板自由行程检查

②轻轻踩下离合器踏板直至阻力开始增大。离合器踏板顶端处的推杆行程规定值:1.0~5.0mm。

(2)如有必要,调整离合器踏板自由行程和推杆行程。

①松开锁紧螺母并转动推杆,直至获得正确的离合器踏板自由行程和推杆行程。

②拧紧锁紧螺母,拧紧力矩:12N·m。

③调整好离合器踏板自由行程后,检查离合器踏板高度。

3 检查离合器分离点

(1)拉紧驻车制动器操纵杆并安装车轮止动楔。

(2)起动发动机并使其怠速运转。

(3)未踩下离合器踏板时,缓慢移动变速器换挡杆至倒挡直至齿轮接触。

(4)逐渐踩下离合器踏板,并测量从齿轮噪声停止点(分离点)到离合器踏板行程终点位置的行程距离,如图 1-18 所示。

从离合器踏板行程终点位置到分离点的标准距离:25mm 或更长。如果该距离不符合规定,则执行以下程序:

①检查离合器踏板高度。

②检查推杆行程和离合器踏板自由行程。

③对离合器管路进行放气(见学习任务三)。

④检查离合器盖和离合器从动盘(见学习任务二)。

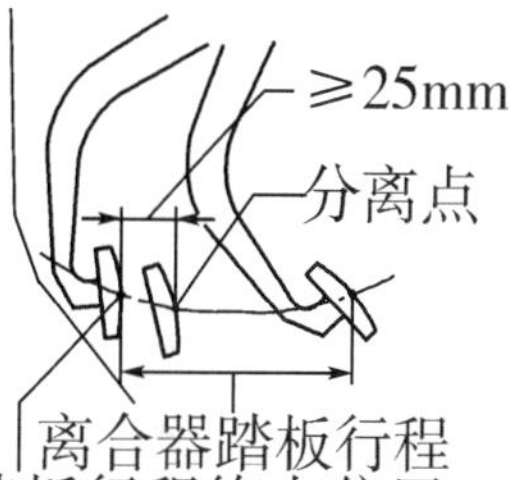

图 1-18　离合器分离点检查

三 评价与反馈

(1)对本学习任务进行评价,见表 1-2。

评　分　表　　表 1-2

考核项目	评分标准	分数	学生自评	小组互评	教师评价	小计
团队合作	是否和谐	5				
活动参与	是否积极主动	5				
安全生产	有无安全隐患	10				
现场 5S	是否做到	10				
任务方案	是否正确、合理	15				
操作过程	举升机操作; 离合器踏板位置的检查与调整	30				
任务完成情况	是否圆满完成	5				

续上表

考核项目	评分标准	分数	学生自评	小组互评	教师评价	小计
工具和设备使用	是否规范、标准	10				
劳动纪律	是否能严格遵守	5				
工单填写	是否完整、规范	5				
总分		100				
教师签名：			年 月 日		得分	

(2)在实施作业时每一个安全事项都注意到了吗？如没有，找出忽略的地方和原因。

(3)能否向车主解释离合器踏板位置检查和调整的方法？如不能，分析原因并提出改进措施。

四 学习拓展

(1)查阅资料，说明科鲁兹、宝来乘用车离合器踏板位置的检查与调整方法。

(2)查阅资料，说明如何更换卡罗拉(1.6L)乘用车离合器踏板总成。

(3)查阅资料，说明卡罗拉(1.6L)乘用车离合器踏板开关是如何检查的。

(4)检查离合器踏板高度时，为什么要翻起地毯？

学习任务二
离合器打滑故障检修

学习目标

完成本学习任务后，你应当能：

1. 叙述膜片弹簧离合器的结构和工作原理；
2. 叙述周布弹簧离合器的结构组成；
3. 读懂给定的“检测工艺流程”，对测试结果进行分析；
4. 正确使用工具和设备；
5. 与同学密切合作，规范地拆装和检查离合器总成。

建议完成本学习任务的时间为 12 学时。

学习任务描述

一辆卡罗拉(1.6L)乘用车进厂修理，车主反映：该车起步时，完全放松离合器踏板，发动机的动力不能完全传到驱动车轮，起步困难；行驶时，车速不能随发动机转速的提高而加快，行驶无力，上坡时尤为明显。经检查确认发动机技术状况良好，需对离合器进行检修。

学习内容

- 膜片弹簧离合器构造知识
- 离合器打滑检测工艺流程
- 离合器总成的拆装
- 离合器总成的检查

→ 离合器打滑故障检修

一 资料收集

引导问题1 膜片弹簧离合器的结构是怎样的？它是如何工作的？

膜片弹簧离合器的结构如图2-1和图2-2所示。膜片弹簧离合器以膜片弹簧取代了周布弹簧离合器的螺旋弹簧和分离杠杆,使其结构简单,并可免除调整分离杠杆高度的麻烦,且膜片弹簧弹性极佳,操作省力,故为目前使用最广泛的离合器。

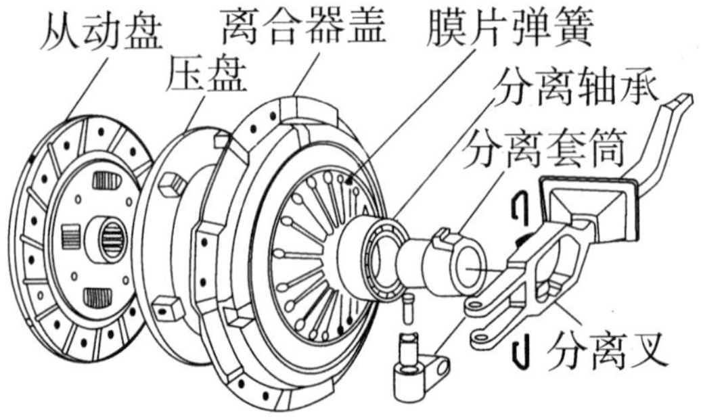

图2-1　膜片弹簧离合器结构(一)

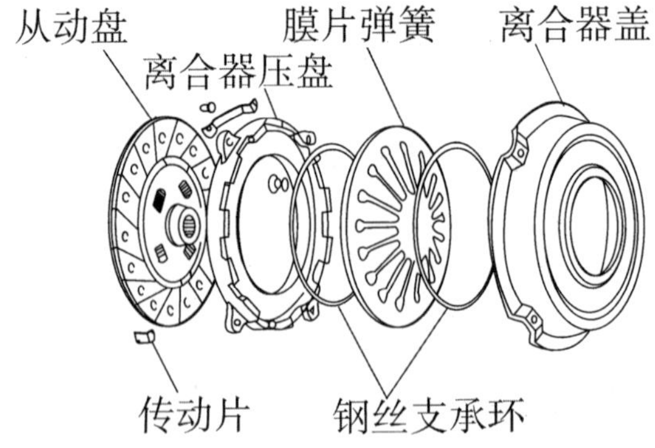

图2-2　膜片弹簧离合器结构(二)

离合器盖通过螺栓固定在飞轮上，为了保持正确的安装位置，离合器盖通过定位销进行定位。压盘与离合器盖之间通过周向均布的 3 组或 4 组传动片来传递转矩。传动片用弹簧钢片制成，每组两片，一端用铆钉铆在离合器盖上，另一端用螺钉连接在压盘上。

从动盘主要由从动盘本体、摩擦片和从动盘毂等组成，如图 2-3 和图 2-4 所示。为消除传动系统的扭转振动，从动盘一般都带有扭转减振器。

图 2-3　从动盘的结构

从动盘钢片外圆周铆接有波浪形弹簧钢片，两者一起构成了从动盘本体。摩擦片分别铆接在波浪形弹簧钢片上，从动盘钢片与扭转减振器盘铆接在一起，这两者之间夹有摩擦垫圈和从动盘毂。从动盘毂、从动盘钢片和减振器盘上都有圆周均布的窗孔，减振器弹簧装在窗孔中。

当从动盘受到转矩时，转矩从摩擦片和波浪形弹簧钢片传到从动盘钢片，再经减振器弹簧传给从动盘毂，此时减振器弹簧将被压缩，吸收发动机传来的扭转振动。

膜片弹簧的径向切槽，形成弹性杠杆。切槽末端有圆孔，固定铆钉穿过圆孔，并固定在离合器盖上。膜片弹簧两侧装有钢丝支承环，这两个钢丝支承环是膜片弹簧工作时的支点。膜片弹簧的外缘通过分离钩与压盘联系起来。

膜片弹簧离合器的工作原理如图 2-5 所示。当离合器盖未安装到飞轮上时，膜片弹簧不受力而处于自由状态，此时离合器盖与飞轮之间有一距离 l，如图 2-5a）所示。当离合器盖通过螺栓固定在飞轮上时，离合器盖靠向飞轮，消除距离 l，后钢丝支承环压紧膜片，使之发生弹性变形（锥角变小），此时膜片弹簧外端对压盘产生压紧力，使离合器处于接合状态，如图 2-5b）所示。当踩下离合器踏板时，分离轴承左移推动膜片弹簧内端，使膜片弹簧被压在前钢丝支承环上，其径向截面以支承环为支点转动（膜片弹簧呈反锥形），外圆周向后翘起，通过分离钩拉动压盘后移,使离合器分离,如图2-5c)所示。

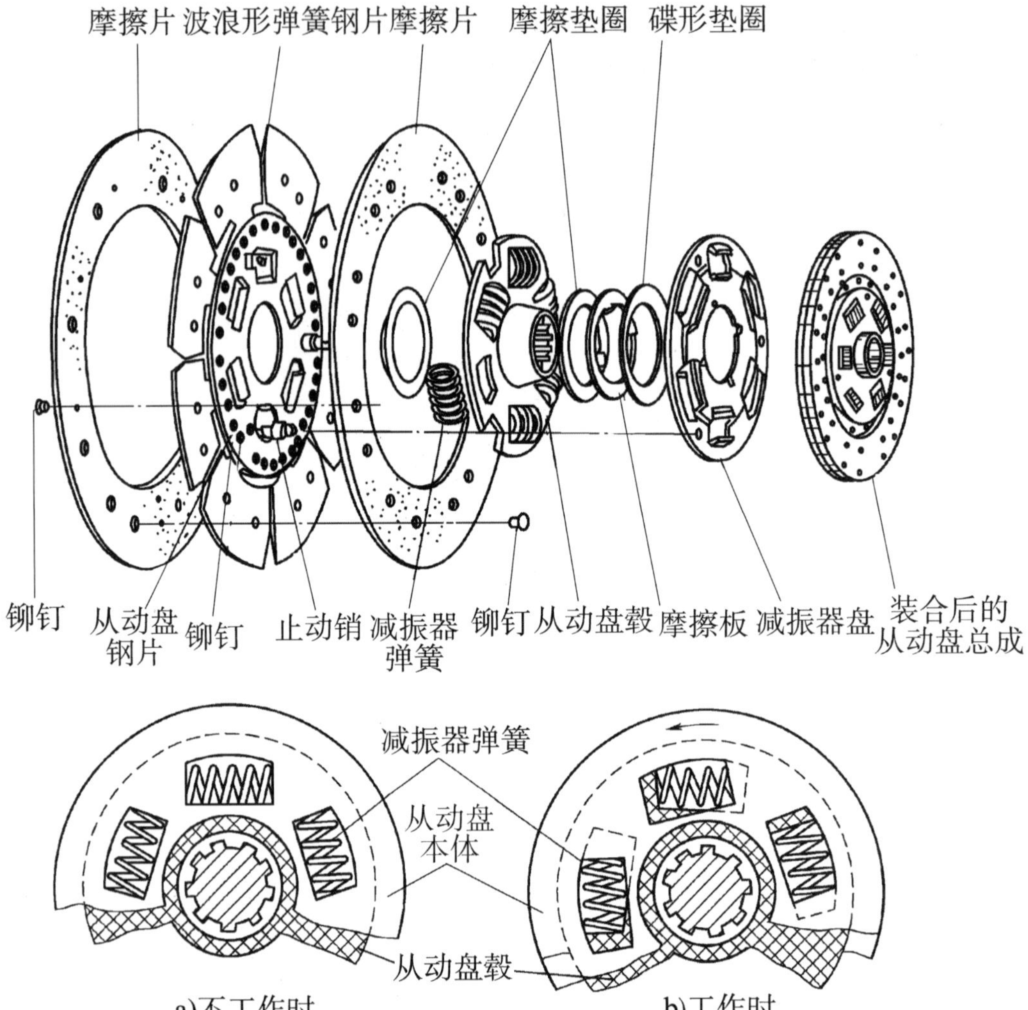

图2-4　带扭转减振器的从动盘

膜片弹簧式离合器的工作原理

图2-5　膜片弹簧离合器的工作原理

从上面的介绍可以看出：

(1)膜片弹簧兼起压紧弹簧和分离杠杆的双重作用，使离合器结构大为简化，并显著地缩短了离合器的轴向尺寸；

(2)膜片弹簧与压盘在整个圆周方向上接触，压紧力分布均匀，摩擦片接触良好，磨损均匀；

(3)制造膜片弹簧时，保证其内端处于同一平面，不存在分离杠杆工作高度的调整问题；

(4)在离合器分离和接合过程中，膜片弹簧与分离钩及钢丝支承环之间为接触传力，不存在分离杠杆的运动干涉问题；

(5)膜片弹簧具有非线性的弹性特性(图 2-6)，能随摩擦片的磨损自动调节压紧力，传动可靠，不易打滑，且离合器分离时操纵轻便；

(6)膜片弹簧中心位于旋转轴线上，压紧力几乎不受离心力的影响，因而高速时压紧力稳定。

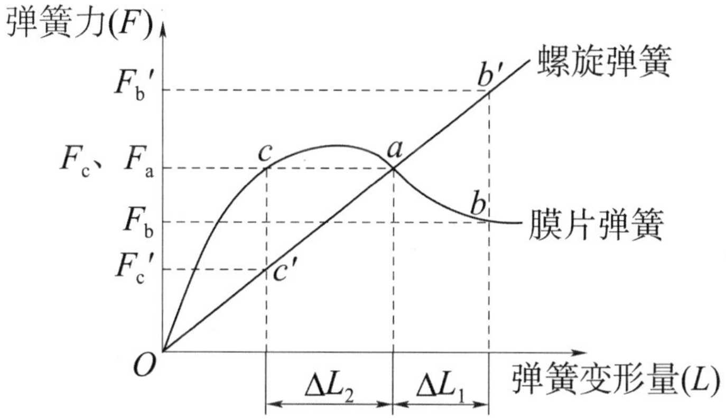

图 2-6　膜片弹簧和螺旋弹簧的特性曲线

ΔL_1-分离时弹簧变形量；ΔL_2-磨损后弹簧伸长量；F_a-新离合器螺旋弹簧和膜片弹簧的弹簧力；F_b-离合器分离时膜片弹簧的弹簧力；F_b'-离合器分离时螺旋弹簧的弹簧力；F_c-摩擦片磨损后膜片弹簧的弹簧力；F_c'-摩擦片磨损后螺旋弹簧的弹簧力

由于膜片弹簧离合器具有上述一系列优点，因此，这种离合器在乘用车、轻型及中型货车上得到越来越广泛的应用，甚至在重型货车上也得到应用。

引导问题 2　周布弹簧离合器的基本结构是怎样的？

单片周布弹簧离合器的结构如图 2-7 所示。

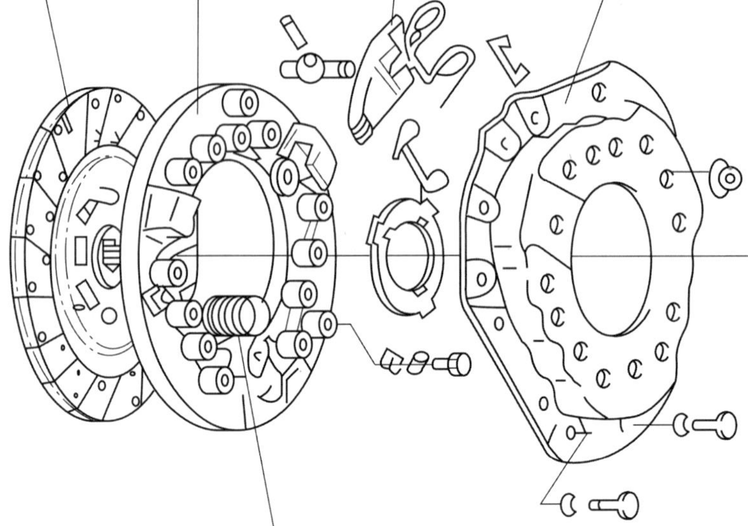

图2-7 单片周布弹簧离合器的结构

(1)主动部分。主动部分由飞轮、离合器盖和压盘等组成。离合器盖通过螺栓固定在飞轮上,为了保持正确的安装位置,离合器盖通过定位销进行定位。压盘与离合器盖之间通过周向均布的3~4片传动块来传递转矩。

(2)从动部分。从动部分包括从动盘和从动轴,从动盘一般带有扭转减振器。

(3)压紧机构。压紧机构由数个螺旋弹簧组成,螺旋弹簧沿压盘周向对称布置,装在压盘和离合器盖之间。

(4)操纵机构。操纵机构包括离合器踏板、分离叉、分离套筒、分离轴承、分离杠杆、复位弹簧等。分离叉与其转轴制成一体,轴的两端靠衬套支承在离合器壳上。分离杠杆用薄钢板冲压而成,采用支点移动、重点摆动或综合式防干涉机构。

引导问题3 离合器打滑检测工艺流程是怎样的?

离合器打滑,说明离合器踏板自由行程太小或膜片弹簧压紧力不足,应按照规定的检测工艺流程(图2-8)进行故障分析。

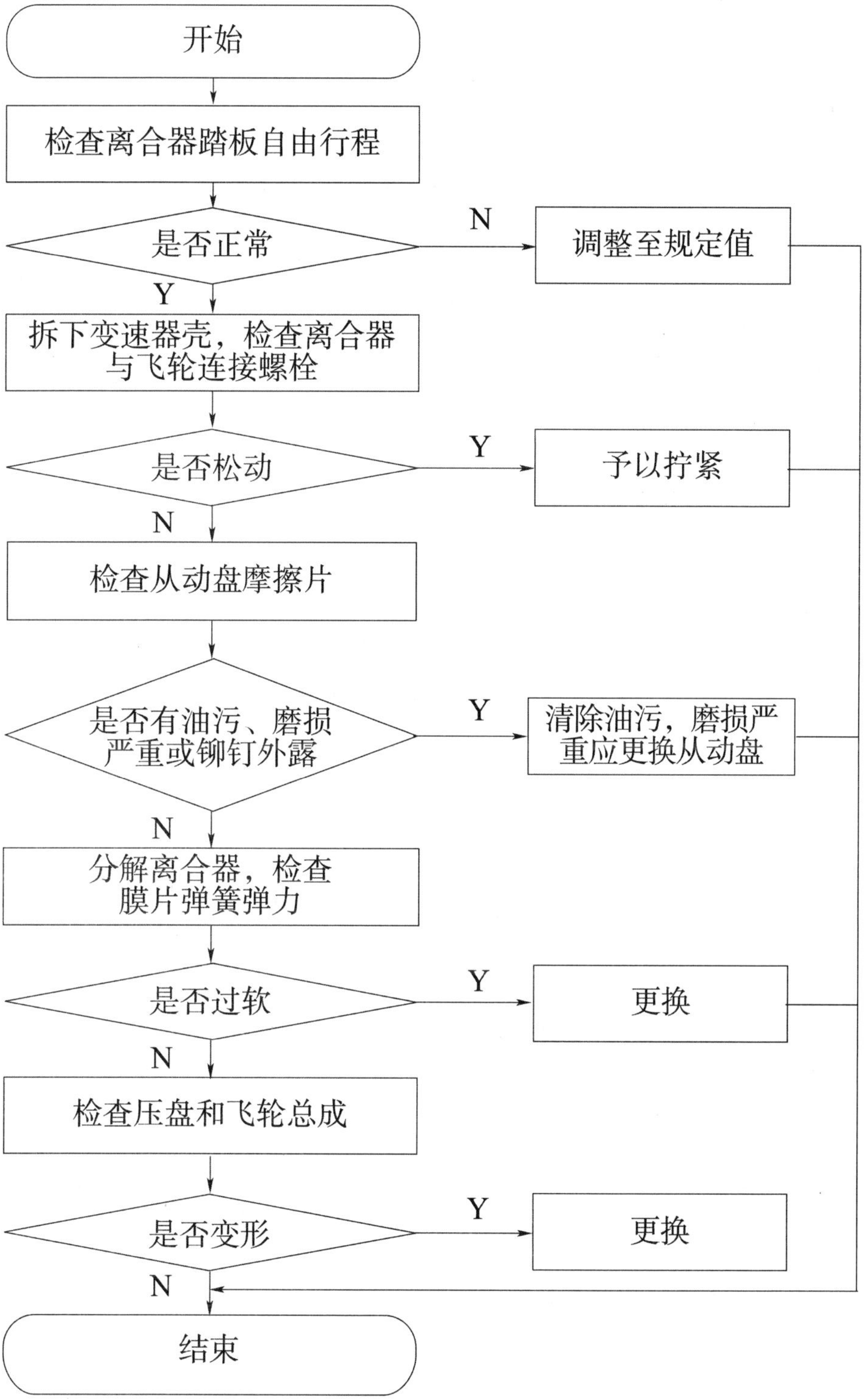

图 2-8　离合器打滑检测工艺流程

二 实施作业

引导问题4 作业需要哪些工具、设备和材料?

(1)车辆:卡罗拉(1.6L)乘用车。

(2)普通设备及工具:举升机、组合工具、扭力扳手、标记笔(图2-9)。

(3)专用工具:SST 09301-00110 离合器导向工具(图2-10)、SST 09333-00013 万向节轴承拆装工具(图2-11)。

图2-9 标记笔

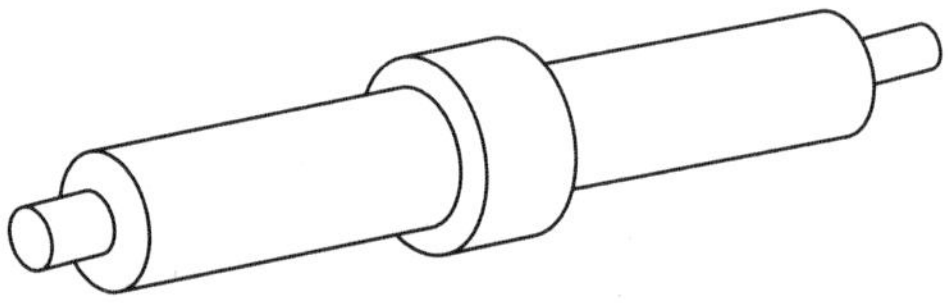

图2-10 SST 09301-00110 离合器导向工具

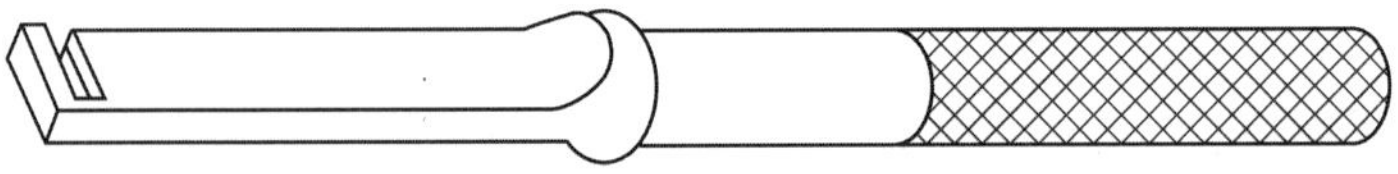

图2-11 SST 09333-00013 万向节轴承拆装工具

(4)检测设备及量具:游标卡尺(图2-12)、百分表(图2-13)。

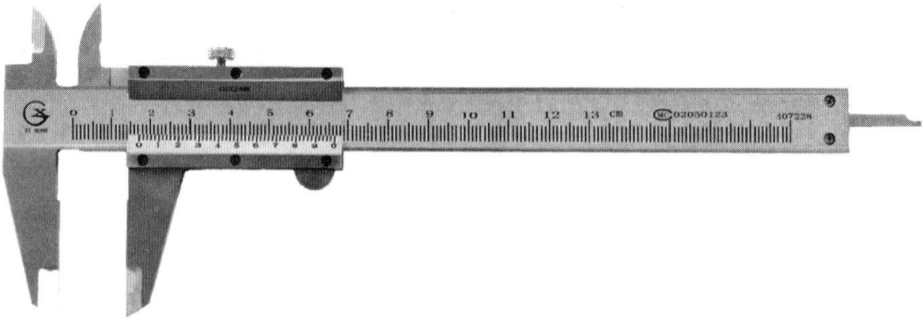

图2-12 游标卡尺

图 2-13 百分表及支架、支座

(5)其他：丰田原厂分离毂润滑脂或同等产品、丰田原厂离合器花键润滑脂或同等产品。

引导问题 5 通过查询和查找，填写以下信息。

生产年份________，车牌号码________，行驶里程________，发动机型号及排量________，车辆识别代码(VIN)________。

引导问题 6 作业前的准备工作有哪些？

(1)汽车进入工位前，将工位清理干净，准备好相关的器材。
(2)将汽车停驻在举升机中央位置。
(3)拉紧驻车制动器操纵杆，并将换挡杆置于空挡位置。
(4)套上转向盘防尘罩、换挡杆手柄套和座椅套，铺设脚垫。
(5)在车内拉动发动机舱盖手柄，在车外打开并支撑发动机舱盖。
(6)粘贴翼子板和前脸磁力护裙。

引导问题 7 如何排除离合器打滑故障？

卡罗拉(1.6L)乘用车离合器的结构如图 2-14 所示。

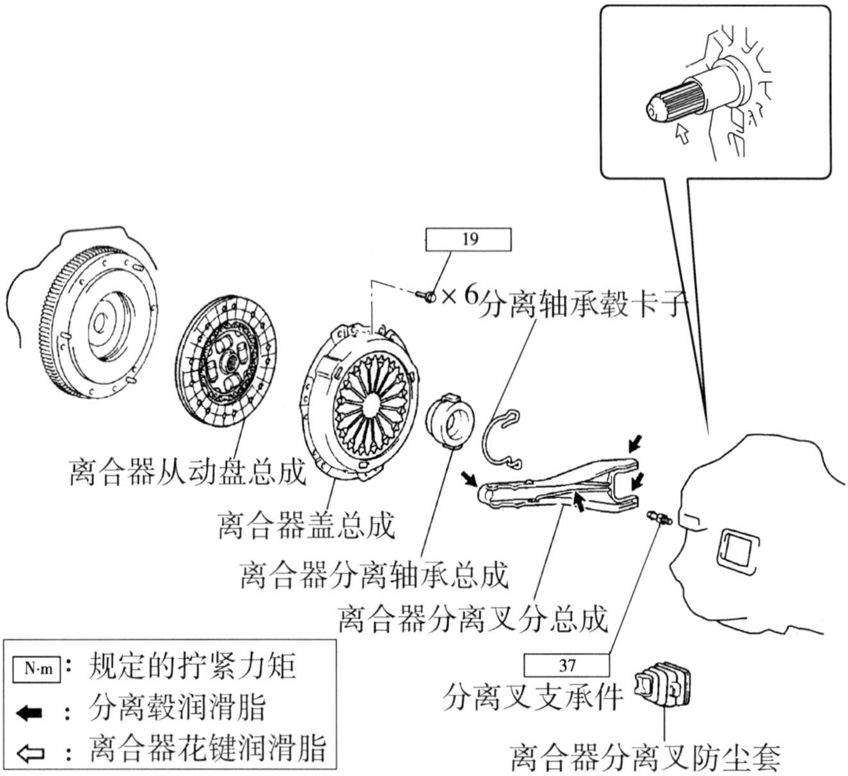

图2-14　卡罗拉(1.6L)乘用车离合器的结构

1 检查离合器踏板自由行程(见学习任务一)

如果离合器踏板自由行程不正常,调整至规定值。

2 检查飞轮与离合器盖连接螺栓

(1)拆下手动传动桥总成。

(2)检查飞轮与离合器盖连接螺栓是否松动。如果松动,按规定力矩予以拧紧。

3 拆卸离合器总成

(1)拆卸离合器分离叉总成。从手动传动桥上拆下带离合器分离轴承的离合器分离叉,如图2-15所示。

(2)拆卸离合器分离叉防尘套。从手动传动桥上拆下离合器分离叉防尘套,如图2-16所示。

(3)拆卸离合器分离轴承总成。从离合器分离叉上拆下分离轴承和卡子,如图2-17所示。

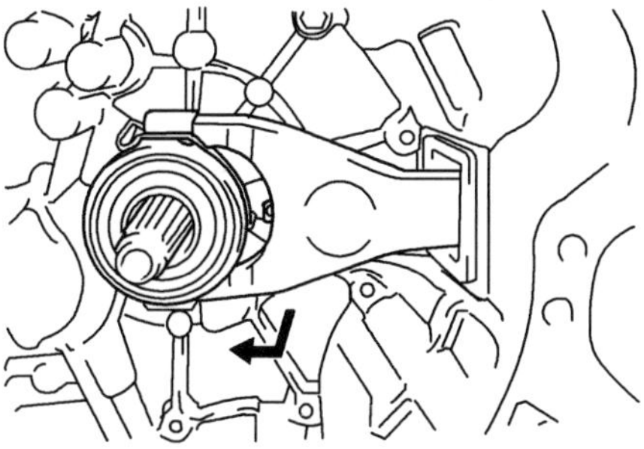

图2-15　拆卸分离叉总成

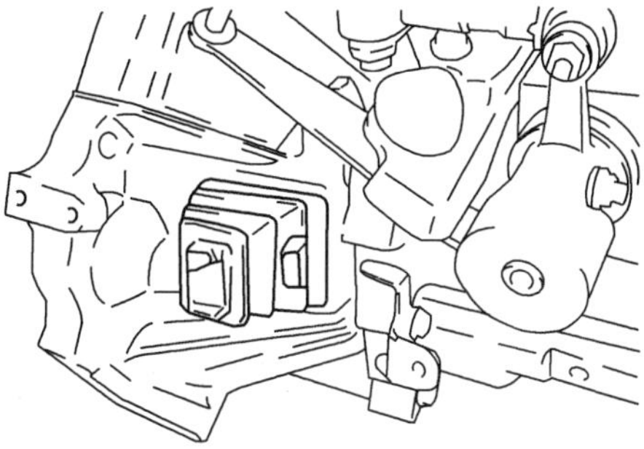

图2-16　拆卸分离叉防尘套

(4)拆卸分离叉支承件。从手动传动桥上拆下分离叉支承件,如图2-18所示。

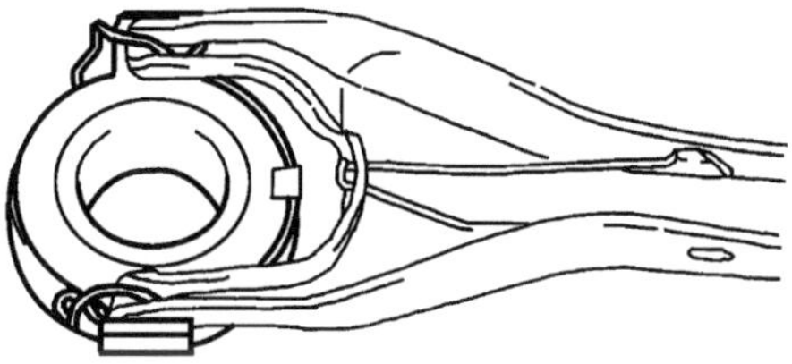

图2-17　拆卸分离轴承总成

图2-18　拆卸分离叉支承件

(5)拆卸离合器盖总成。

①在离合器盖总成和飞轮总成上做好装配标记,如图2-19所示。

②每次将各固定螺栓拧松一圈,直至弹簧张力被完全释放。

③拆下固定螺栓并拉下离合器盖。注意:不要跌落离合器从动盘。

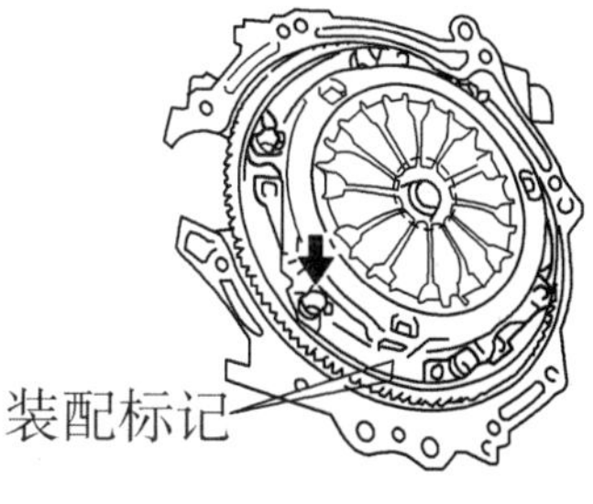

图2-19　装配标记

(6)拆下离合器从动盘总成。注意:使离合器从动盘总成摩擦片部分、压盘和飞轮总成表面远离油污和异物。

4 检查离合器从动盘总成

(1)如图2-20所示,用游标卡尺测量离合器从动盘总成铆钉深度(最小铆钉深度 A:0.3mm)。如有必要,更换离合器从动盘总成。

(2)将离合器从动盘总成安装至手动传动桥总成。注意:按正确方向插入离合器从动盘总成。

(3)如图2-21所示,用百分表测量离合器从动盘总成的径向圆跳动(最大径向圆跳动:0.8mm)。如有必要,更换离合器从动盘总成。

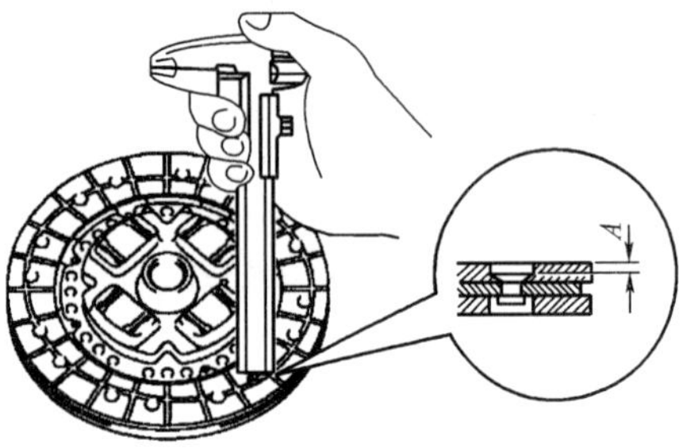

图2-20　测量离合器从动盘总成铆钉深度

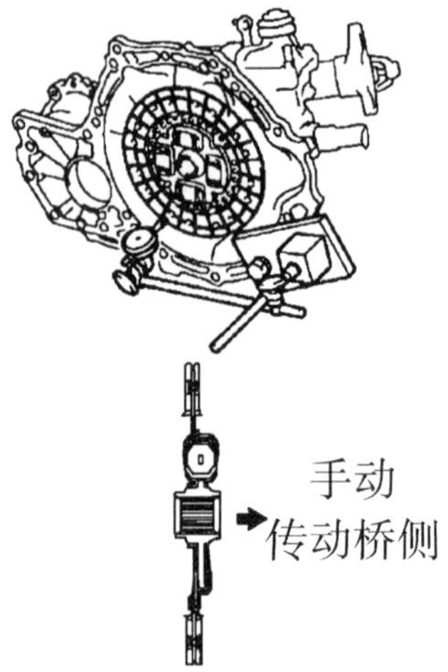

图2-21　测量离合器从动盘总成的径向圆跳动

5 检查离合器盖总成

如图2-22所示,用游标卡尺测量膜片弹簧磨损的深度和宽度(最大磨损深度A:0.5mm;最大磨损宽度B:6.0mm)。如有必要,更换离合器盖总成。

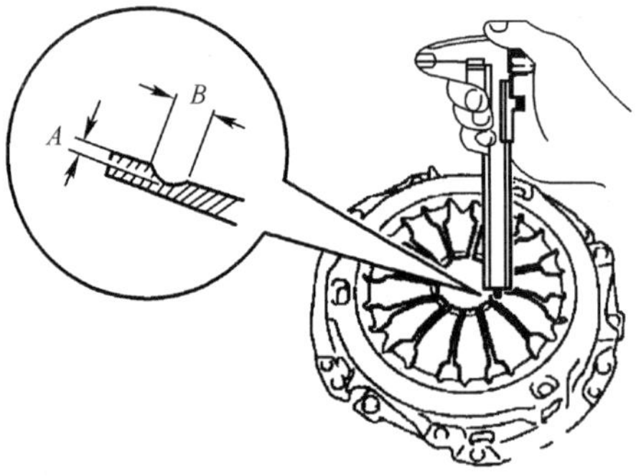

图2-22　测量膜片弹簧磨损的深度和宽度

6 检查飞轮分总成

如图2-23所示,用百分表测量飞轮分总成的径向圆跳动(最大径向圆跳动:0.1mm)。如有必要,更换飞轮分总成。

7 检查离合器分离轴承总成

(1)在轴向施力时,旋转离合器分离轴承总成的滑动部件,检查并确认离合器分离轴承总成移动平稳且无异常阻力,如图2-24所示。

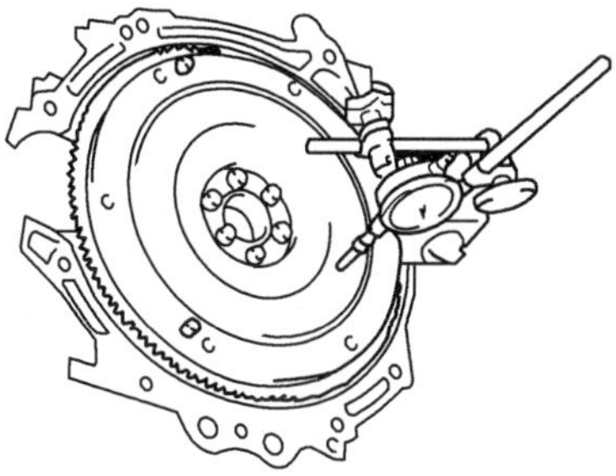

图2-23　测量飞轮分总成的径向圆跳动

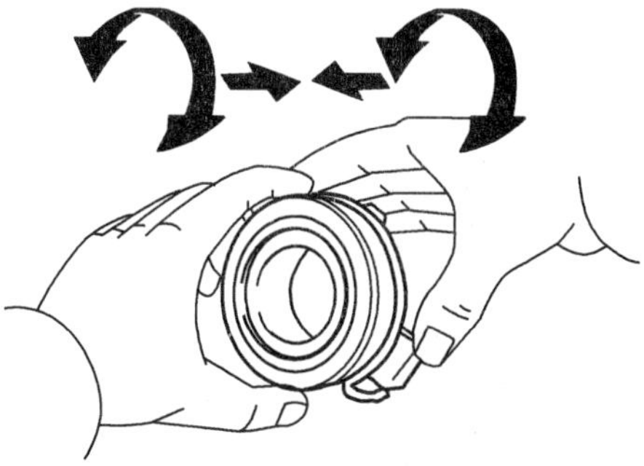

图2-24　检查分离轴承

(2)检查离合器分离轴承总成是否损坏或磨损。如有必要,更换分离轴承总成。

8 安装离合器总成

(1)安装离合器从动盘总成。将SST 09301-00110插入离合器从动盘总成,然后将它们一起插入飞轮分总成,如图2-25所示。注意:按正确方向插入离合器从动盘总成。

(2)安装离合器盖总成。

①将离合器盖总成上的装配标记和飞轮分总成上的装配标记对准。

②按照图2-26所示的步骤,从位于顶部锁销附近的螺栓开始,按顺序拧紧6个螺栓,拧紧力矩:19N·m。注意:按照图2-26所示的顺序,每次均匀拧紧一个螺栓;检查并确认离合器从动盘位于中心位置后,上下左右轻微地移动SST 09301-00110,然后拧紧螺栓。

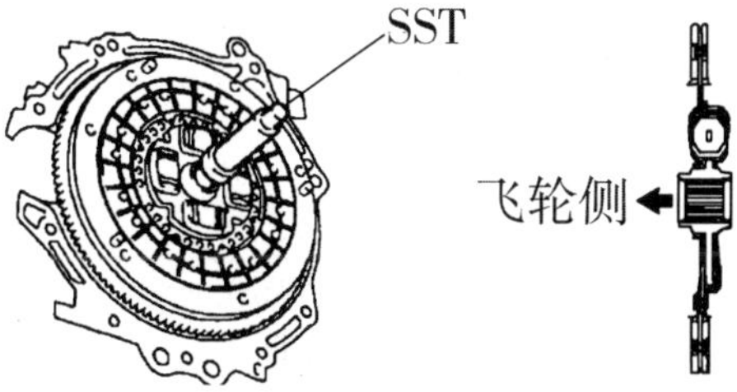

图2-25　安装离合器从动盘总成

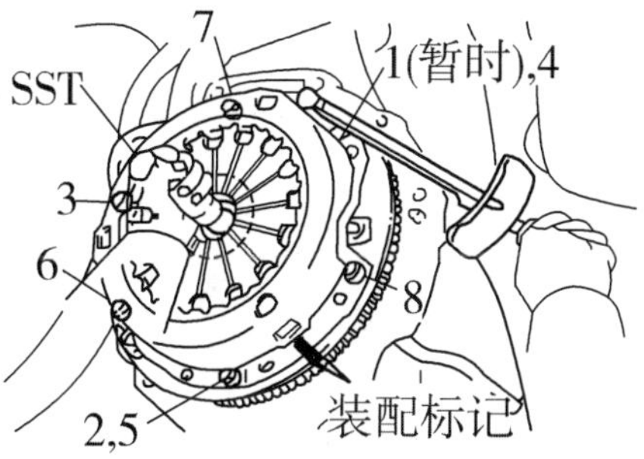

图2-26　螺栓拧紧顺序

(3)检查并调整离合器盖总成。

①如图2-27所示,用带滚子仪的百分表检查膜片弹簧顶端高度偏差(最大偏差:0.9mm)。

②如果偏差不符合规定,用SST 09333-00013调整膜片弹簧顶端高度偏差,如图2-28所示。

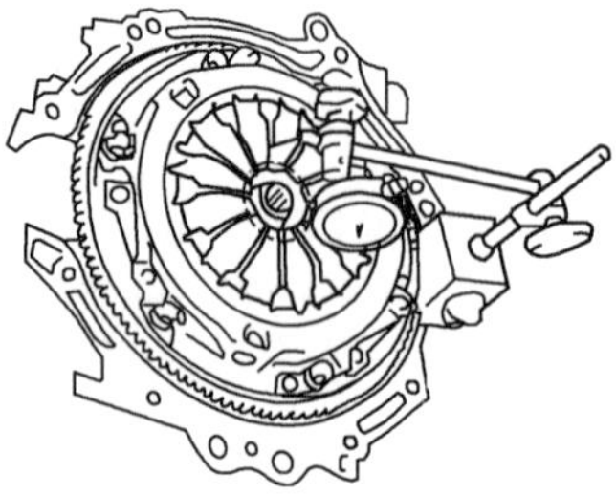

图2-27 检查膜片弹簧顶端高度偏差

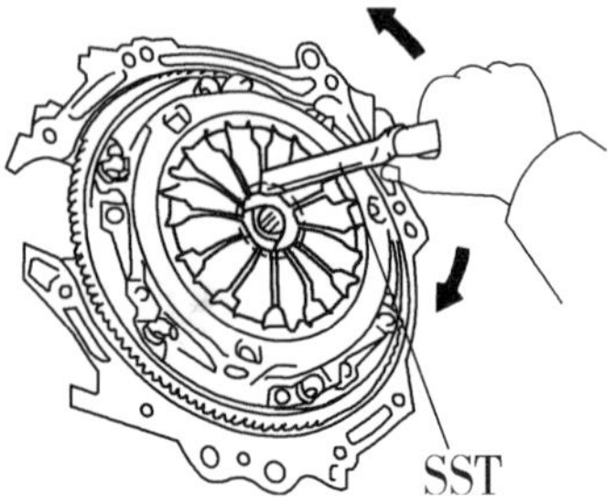

图2-28 调整膜片弹簧顶端高度偏差

(4)安装分离叉支承件。将分离叉支承件安装至手动传动桥总成,拧紧力矩:37N·m。

(5)安装离合器分离叉防尘套。将离合器分离叉防尘套安装至手动传动桥总成。

(6)安装离合器分离叉总成。

①在分离叉和分离轴承总成、分离叉和推杆、分离叉和分离叉支承件间的接触面上涂抹分离毂润滑脂(丰田原厂分离毂润滑脂或同等产品),如图2-29所示。

②用卡子将分离叉安装至分离轴承总成。

(7)安装离合器分离轴承总成。

①在输入轴花键上涂抹离合器花键润滑脂(丰田原厂离合器花键润滑脂或同等产品),如图2-30所示。注意:不要在图2-30所示的A部位涂抹润滑脂。

②将带分离叉的离合器分离轴承安装至手动传动桥总成。注意:安装完毕后移动分离叉以检查分离轴承是否滑动平稳。

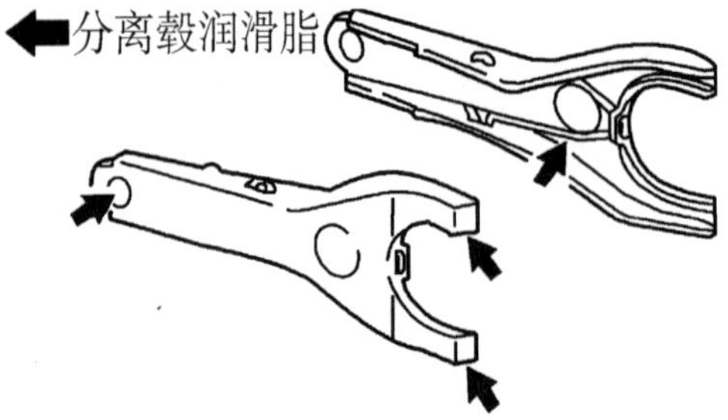

图2-29 涂抹分离毂润滑脂

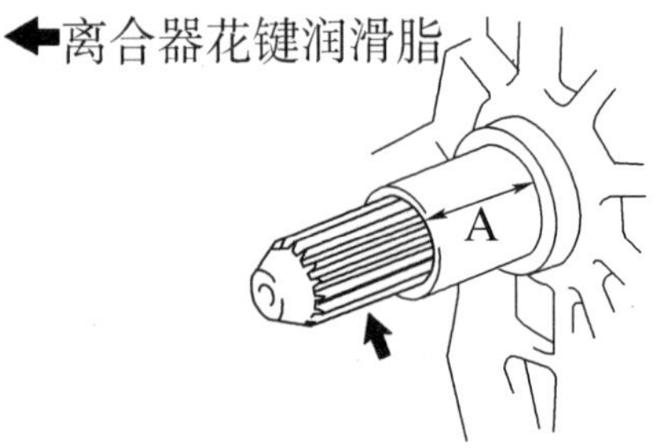

图2-30 涂抹离合器花键润滑脂

(8)安装手动传动桥总成。

三 评价与反馈

(1)对本学习任务进行评价,见表2-1。

评 分 表　　　　表2-1

考核项目	评分标准	分数	学生自评	小组互评	教师评价	小计
团队合作	是否和谐	5				
活动参与	是否积极主动	5				
安全生产	有无安全隐患	10				
现场5S	是否做到	10				
任务方案	是否正确、合理	15				
操作过程	举升机操作; 离合器总成拆卸; 离合器总成检查; 离合器总成安装	30				
任务完成情况	是否圆满完成	5				
工具和设备使用	是否规范、标准	10				
劳动纪律	是否能严格遵守	5				

续上表

考核项目	评分标准	分数	学生自评	小组互评	教师评价	小计
工单填写	是否完整、规范	5				
总分		100				
教师签名：		年　月　日			得分	

(2)在实施作业时每一个安全事项都注意到了吗？如没有，找出忽略的地方和原因。

(3)能否向车主解释离合器总成拆装及检查的过程？如不能，分析原因并提出改进措施。

四 学习拓展

(1)查阅资料，说明科鲁兹、宝来乘用车离合器压盘和从动盘的拆装及检查方法。

(2)查阅资料，说明双片离合器的结构和工作原理。

(3)查阅资料，说明威朗乘用车离合器的拆装及检查方法。

学习任务三
离合器油的检查与更换

学习目标

完成本学习任务后,你应当能:

1. 叙述离合器操纵机构的结构和工作原理;
2. 明确离合器油的分类、选用及环保和安全措施;
3. 正确使用工具和设备;
4. 规范地对离合器管路进行排气;
5. 与同学密切合作,安全地检查和更换离合器油。

建议完成本学习任务的时间为 8 学时。

学习任务描述

一辆卡罗拉(1.6L)乘用车,行驶 40000km,要求对整车进行维护。需要你按照“维护标准和要求”,对离合器油进行检查和更换。

学习内容

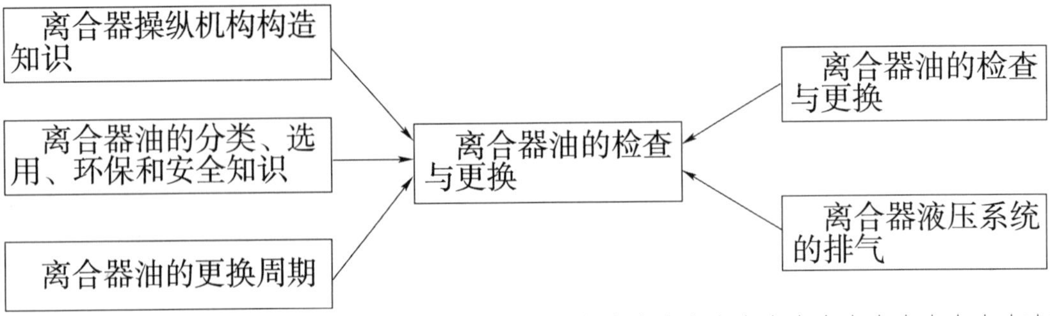

一 资料收集

离合器操纵机构功用

引导问题1 什么是离合器操纵机构？它包括哪些类型？

离合器操纵机构是驾驶人借以使离合器分离、又使之柔和接合的一套机构，它起始于离合器踏板，终止于膜片弹簧(或分离杠杆)。

按照分离离合器时所需操纵力的不同，离合器操纵机构分为人力式操纵机构和助力式操纵机构两种。人力式操纵机构又可分为机械式操纵机构和液压式操纵机构两种；助力式操纵机构又可分为气压助力式操纵机构和弹簧助力式操纵机构两种。人力式操纵机构是以驾驶人作用在离合器踏板上的力作为唯一的操纵力。助力式操纵机构除了驾驶人的力以外，一般主要以其他形式的力作为操纵力。

引导问题2 离合器机械式操纵机构有哪些种类？它们的结构特点是什么？

离合器机械式操纵机构有杠杆传动式和钢索传动式两种形式。

杠杆传动式操纵机构如图3-1所示，主要由离合器踏板、连接杆、分离叉及复位弹簧等组成。

杠杆传动的优点是：结构简单，工作可靠，成本低，维修方便。不足之处是：铰接点多，易磨损，维护里程短；空间尺寸大，不利于其他机件的布置，车架或车身变形以及发动机发生位移时会影响其正常工作；操纵费力，尤其是在重型车辆上，因发动机输出转矩大，离合器需要较大的离合器踏板力才能分离。这种结构形式目前只在一些轻、中型货车上采用。

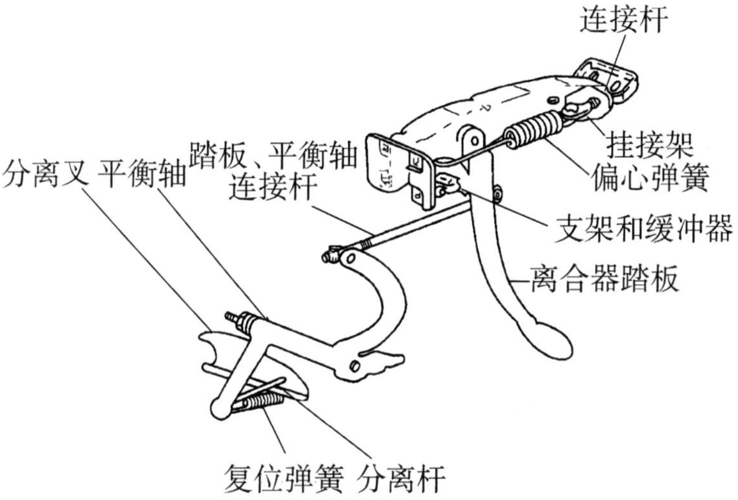

图 3-1　杠杆传动式操纵机构

钢索传动式操纵机构如图 3-2 所示。钢索传动式操纵机构和杠杆传动式操纵机构基本相同,只是杠杆传动中的拉杆用钢索来代替。由于钢索是挠性件,因此,对其他机件的布置没有大的影响,安装方便,成本低,维护容易,使用较多。不足之处是:使用过程中,钢索会被拉长,导致离合器踏板自由行程变大,造成离合器分离不彻底;不能增大离合器踏板力,操纵较费力。因此,这种结构形式多用于微型、轻型车辆以及部分早期的乘用车上。

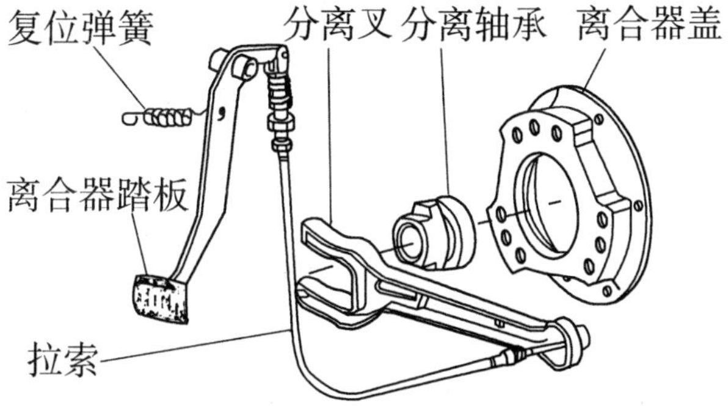

图 3-2　钢索传动式操纵机构

机械式操纵机构不论是杠杆传动还是钢索传动,在目前设计的车辆上均已逐渐被淘汰,而以液压式操纵机构所替代。

引导问题 3　离合器液压式操纵机构的结构是怎样的?它是如何工作的?

离合器液压式操纵机构如图 3-3 所示,由离合器踏板、离合器主缸、离合器工作缸、分离叉和油管等组成。

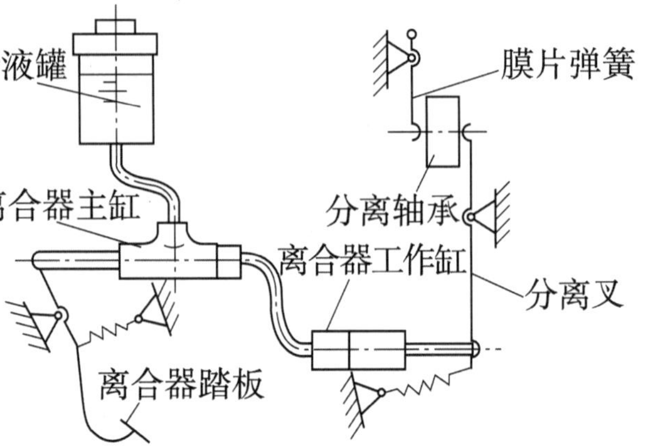

图3-3　离合器液压式操纵机构

1 离合器主缸

离合器主缸的结构如图3-4所示。离合器主缸壳体上的进、回油孔和补偿孔通过进油软管与储液罐相通。离合器主缸内装有活塞,活塞两端装有皮碗,左端中部装有止回阀,经小孔与活塞右方离合器主缸内腔的油室相通。当离合器踏板处于完全放松位置时,活塞左端皮碗位于进、回油孔与补偿孔之间,两孔均与储液罐相通。

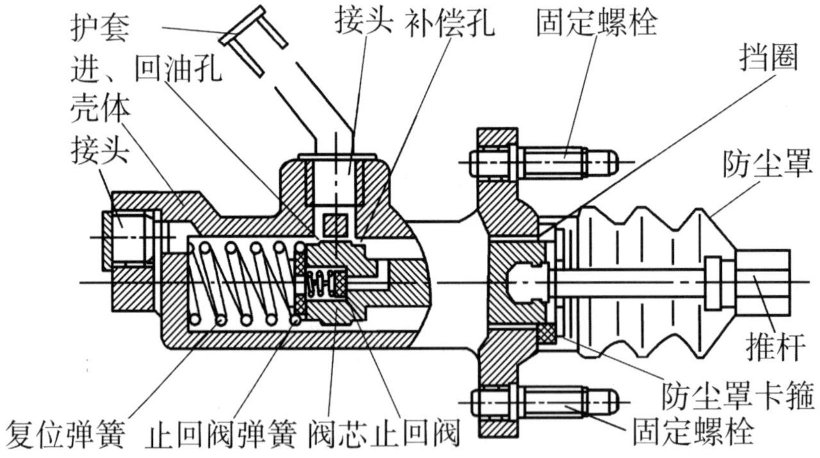

图3-4　离合器主缸的结构

2 离合器工作缸

离合器工作缸的结构如图3-5所示。离合器工作缸内装有活塞、皮碗、推杆等,壳体上还设有放气螺塞。当管路内有空气存在而导致离合器不能分离或分离不彻底时,需要拧出放气螺塞进行放气。离合器工作缸活塞直径略大于离合器主缸活塞直径,故液压系统具有增力作用,以使其操纵轻便。

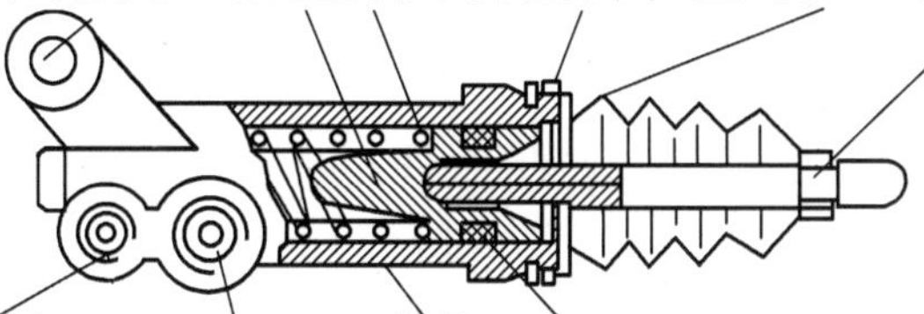

图 3-5　离合器工作缸结构

3 工作情况

(1)分离过程。当驾驶人踩下离合器踏板时,通过离合器主缸推杆使离合器主缸活塞向左移动,此时止回阀关闭。当离合器主缸活塞移动到将进、回油孔关闭后,管路中的油压上升,在该油压的作用下,离合器工作缸中的活塞和推杆被推动向右移动,直接推动离合器分离叉和分离轴承向前移动,通过膜片弹簧使压盘后移,解除对从动盘的压力,使离合器处于分离状态。

(2)接合过程。当驾驶人放松离合器踏板时,离合器主缸推杆、活塞及离合器工作缸推杆、活塞在各自复位弹簧和膜片弹簧的作用下,回到初始位置,油液经进、回油孔和补偿孔回到储液罐。压盘在膜片弹簧的作用下,将从动盘压紧在压盘和飞轮之间,从动盘利用其和压盘、飞轮接触面的摩擦将发动机转矩由从动轴传给变速器,离合器处于接合状态。

(3)补偿过程。当管路中渗入少量空气或由于某些元件松动、磨损等原因导致离合器难以分离时,可通过两次踩下离合器踏板,利用补偿孔临时解决离合器的分离难问题。另外,当管路系统渗入空气时,也是利用补偿孔来排除渗入的空气。其补偿过程如下:当驾驶人踩下离合器踏板难以使离合器分离时,可迅速放松离合器踏板,在离合器踏板复位弹簧的作用下,离合器主缸活塞快速右移。由于液体流动存在阻力,因此,活塞左腔就形成一定的真空度。在这一真空度的作用下,储液罐中的油液从补偿孔经离合器主缸活塞上的止回阀流入活塞左腔以弥补左腔的真空度。然后再迅速踩下离合器踏板,这样离合器主缸左腔及管路中的总油量比第一次踩下离合器踏板时要多。由于液体不可压缩,因此,第二次踩下离合器踏板时,离合器工作缸活塞前移量增大,以弥补因从动盘磨损或系统渗入少量空气后,引起的在相同离合器踏板位置离合器工作缸活塞移动量的不足,从而保证离合器的正常工作。

液压式操纵机构的优点:摩擦阻力小,且能增大离合器踏板力,操作轻便;布置方便,其工作不受车身、车架变形及发动机位移和其他机件的影响,适合远距离操纵;离合器踏板可采用吊挂式结构,有利于驾驶室空间布置,接合柔和,在长期工作中不会引起离合器踏板力明显增加,减轻了驾驶人的劳动强度。其不足之处是:维修不方便;系统要有良好的密封性;液压油对机件有腐蚀作用。

引导问题4 离合器油(制动液)怎样分类和选用的?

目前,汽车所使用的离合器油为制动液,市场上制动液产品等级很多,正确选择和使用制动液是确保汽车行驶安全、可靠工作的重要环节。

1 制动液的分类

我国现行的汽车用制动液国家标准为《机动车辆制动液》(GB 12981—2012),本标准涉及机动车液压制动系统和离合器液压式操纵机构用非石油基型制动液一个产品系列,产品系列名为HZY,其中,H、Z、Y三个大写字母分别为"合成""制动""液体"三个汉语词组第一个汉字的汉语拼音首字母。按产品使用工况温度和黏度要求的不同,分为HZY3、HZY4、HZY5、HZY6四种级别,分别对应国际标准ISO 4925:2005中Class3、Class4、Class5.1、Class6,其中HZY3、HZY4、HZY5对应于美国交通运输部制动液类型的DOT3、DOT4、DOT5.1。

2 制动液的选择

不同性能指标和不同类型车辆所要求使用的制动液产品质量等级不同,汽车制造厂家在车辆使用说明书中一般都明确规定或推荐了该车辆应该使用的制动液产品质量等级,有的生产厂家还指明了具体的制动液产品品牌和型号。因此,车辆使用和维修人员首先应该按照车辆使用说明书上的规定选择使用相应的制动液产品。

当车辆使用和维修人员由于某些原因不愿意使用车辆制造厂家推荐的制动液产品时,或该产品不易获得需要重新选用制动液产品时,一般应遵循以下原则:

(1)选用的制动液产品质量等级应等于或高于车辆制造厂家规定的制动液质量等级。

(2)所选用的制动液产品类型应与车辆制造厂家规定的制动液产品类型相同。

(3)尽量选择正规厂家生产的、性能稳定、质量有保证的制动液产品。

(4)选择合成制动液。

部分汽车要求使用的离合器油(制动液)的级别见表3-1。

部分汽车要求的离合器油(制动液)的级别　　表3-1

汽车型号	离合器油(制动液)级别
科鲁兹1.6L	DOT4 +
宝来	VW 501 14 B 000 750
卡罗拉1.6L	SAE J1703 或 FMVSS No.116 DOT 3
凯越	DOT 4
北京切诺基	DOT 3 或 DOT 4
捷达	DOT 4
五菱宏光	DOT 4

引导问题5　对离合器油(制动液)的环境保护和安全措施有哪些?

1 环境保护

(1)制动液会对水造成污染,不允许排入地表水域或下水道,作业时只能在防渗的地面上进行。

(2)废弃的制动液要单独盛装,并妥善保管和回收利用。

(3)沾上制动液的抹布或物品,不得作为生活垃圾处理。

(4)溅出的制动液必须用液态吸附材料清除。

(5)制动液对油漆有侵蚀作用,因此,溅到油漆上的制动液必须立即用水冲洗干净。

2 安全措施

(1)制动液对人皮肤有损害,作业时应戴防护手套和穿防护服。

(2)沾上制动液的衣服或鞋,必须立即更换。

(3)若皮肤上撒上制动液,应立即用水和肥皂清洗,勿用汽油或溶剂作为清洁剂。

(4)眼睛接触到制动液后,应用清水认真冲洗,然后尽快去医院治疗。

(5)吞食制动液后,应喝大量清水并到有新鲜空气的地方,并立即到医院就诊。

引导问题6 常见车型离合器油(制动液)更换的周期是多长?

离合器油(制动液)在使用过程中,由于受到高温、高压和与其金属或橡胶零件的催化作用等因素的影响,会因氧化变质或吸水而使其质量指标产生衰变和下降。因此,必须对在用的离合器油(制动液)进行适时的更换,不可以一用到底。离合器油(制动液)的更换周期一般由汽车制造厂家或制动液生产厂家根据汽车行驶里程或使用时间来制定。

部分汽车的离合器油(制动液)更换周期见表3-2。

部分汽车的离合器油(制动液)更换周期 表3-2

汽车型号	离合器油(制动液)更换周期
科鲁兹1.6L	每2年或行驶里程超过3万km
宝来	每2年
卡罗拉1.6L	每24个月或行驶里程超过4万km
凯越	每18个月或行驶里程超过3万km
北京切诺基	每24个月或行驶里程超过2.4万km
捷达	每24个月或行驶里程超过3万km
五菱宏光	每36个月或行驶里程超过6万km

二 实施作业

引导问题7 作业需要哪些工具、设备和材料?

(1)车辆:卡罗拉(1.6L)乘用车。

(2)普通设备及工具:举升机、组合工具、扭力扳手。

(3)其他:容器、塑料软管、卡罗拉(1.6L)乘用车离合器油(图3-6):SAE J1703 或 FMVSS No. 116 DOT 3。

图3-6　卡罗拉(1.6L)乘用车离合器油(制动液)

引导问题8　通过查询和查找,填写以下信息。

生产年份________,车牌号码________,行驶里程________,发动机型号及排量________,车辆识别代码(VIN)________。

引导问题9　作业前的准备工作有哪些?

(1)汽车进入工位前,将工位清理干净,准备好相关的器材。

(2)将汽车停驻在举升机中央位置。

(3)拉紧驻车制动器操纵杆,并将换挡杆置于空挡位置。

(4)套上转向盘防尘罩、换挡杆手柄套和座椅套,铺设脚垫。

(5)在车内拉动发动机舱盖手柄,在车外打开并支撑发动机舱盖。

(6)粘贴翼子板和前脸磁力护裙。

引导问题10　如何进行离合器油的检查与排气?

如果离合器油接触到任何涂漆表面,请立即进行清洗。如果要对离合器系统进行任何操作或怀疑离合器管路内有空气进入,则对离合器液压系统进行排气。

1 检查储液罐中的离合器油(制动液)

(1)如图3-7所示,检查储液罐中制动液液位是否处于MIN线与MAX线之间。

(2)如果制动液液位低于MIN线,检查是否泄漏,给储液罐加注制动液(制动液型号:SAE J1703或FMVSS No.116 DOT 3),如图3-8所示。

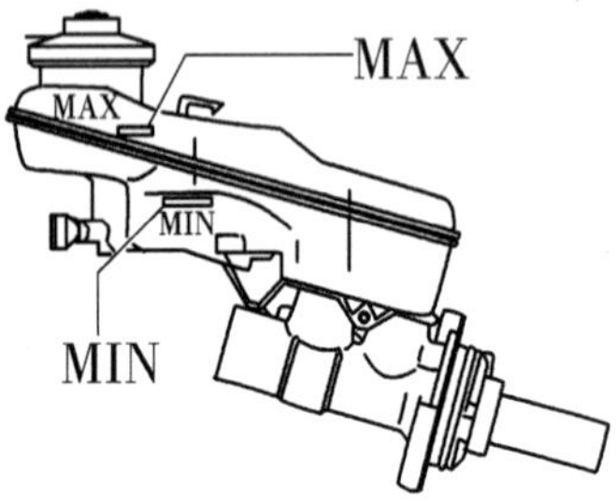

图3-7 检查制动液液位

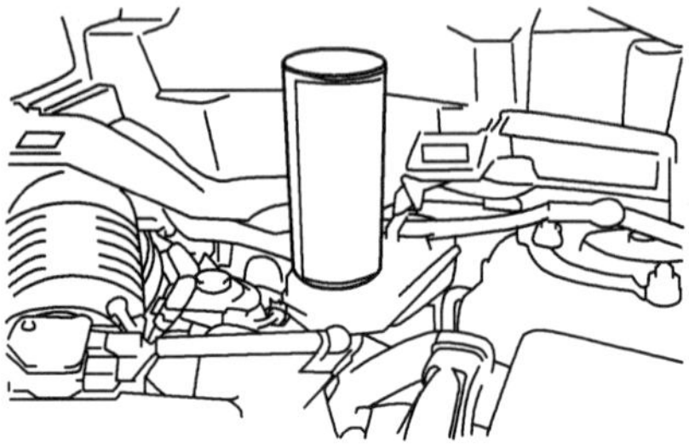

图3-8 加注制动液

2 对离合器管路进行排气

(1)拆下放气螺塞盖。

(2)将塑料软管连接至放气螺塞,如图3-9所示。

(3)踩下离合器踏板数次,并在踩下离合器踏板时松开放气螺塞,如图3-10所示。

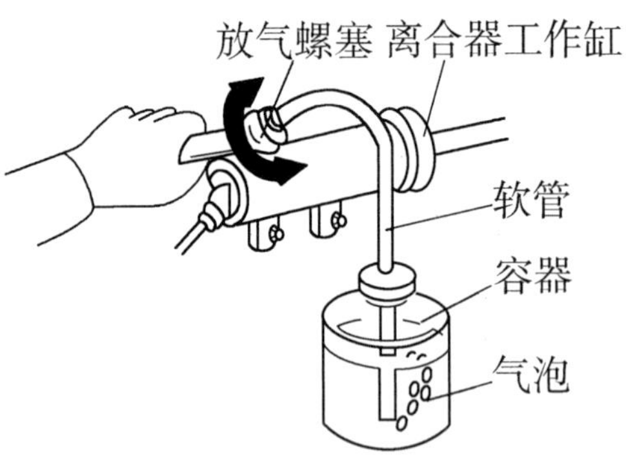

图3-9 连接塑料软管

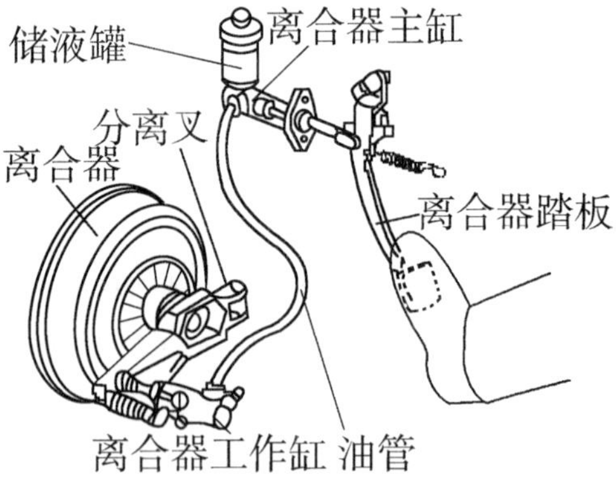

图3-10 踩住离合器踏板

(4)制动液不再外流时,拧紧放气螺塞,然后松开离合器踏板。

(5)重复前两步操作直至制动液中的空气全部排出。

(6)拧紧放气螺塞,拧紧力矩:8.3N · m。

(7)安装放气螺塞盖。

(8)检查并确认离合器管路中的空气已全部排出。

3 重新检查储液罐中的制动液液位

重新检查储液罐中的制动液液位是否处于 MIN 线与 MAX 线之间,若不足,则添加至规定值。

三 评价与反馈

(1)对本学习任务进行评价,见表 3-3。

评　分　表　　　　表 3-3

考核项目	评分标准	分数	学生自评	小组互评	教师评价	小计
团队合作	是否和谐	5				
活动参与	是否积极主动	5				
安全生产	有无安全隐患	10				
现场 5S	是否做到	10				
任务方案	是否正确、合理	15				
操作过程	举升机操作; 离合器油的检查与更换; 离合器液压系统的排气	30				
任务完成情况	是否圆满完成	5				

续上表

考核项目	评分标准	分数	学生自评	小组互评	教师评价	小计
工具和设备使用	是否规范、标准	10				
劳动纪律	是否能严格遵守	5				
工单填写	是否完整、规范	5				
总分		100				
教师签名：			年　月　日		得分	

(2)在实施作业时每一个安全事项都注意到了吗？如没有，找出忽略的地方和原因。

(3)能否向车主解释离合器油添加与排气的方法？如不能，分析原因并提出改进措施。

四 学习拓展

(1)查阅资料，说明卡罗拉(1.6L)乘用车离合器主缸、离合器工作缸的拆装方法。

(2)查阅资料，说明科鲁兹、宝来乘用车离合器油的检查与更换方法。

(3)添加或更换离合器油后，为什么要进行排气工作？

学习任务四
手动变速器油的检查与更换

学习目标

完成本学习任务后，你应当能：

1. 叙述变速器的功用及分类方法；
2. 熟悉变速器油的分类、选用及环保和安全措施；
3. 正确使用工具和设备；
4. 规范地检查手动变速器油液面高度；
5. 与同学密切合作，安全地更换手动变速器油。

建议完成本学习任务的时间为 8 学时。

学习任务描述

一辆科鲁兹乘用车，行驶 60000km，车主要求对整车进行维护。需要你按照“维护标准和要求”，对手动变速器油进行检查和更换。

学习内容

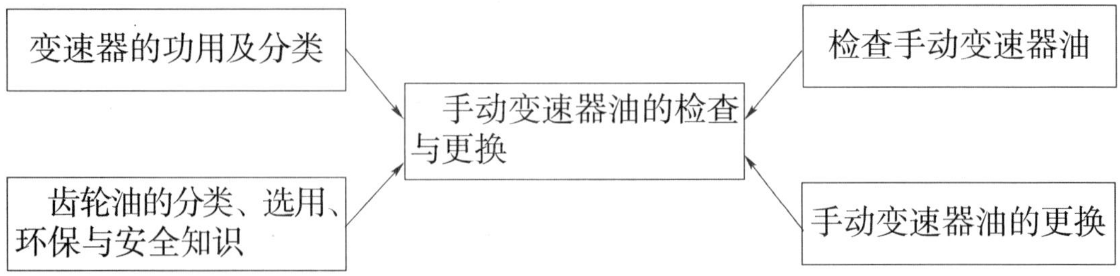

一 资料收集

变速器功用

引导问题1 变速器的功用是什么?

变速器安装位置如图4-1所示,其作用是将离合器传来的动力传给万向传动装置或驱动桥,具体功用如下:

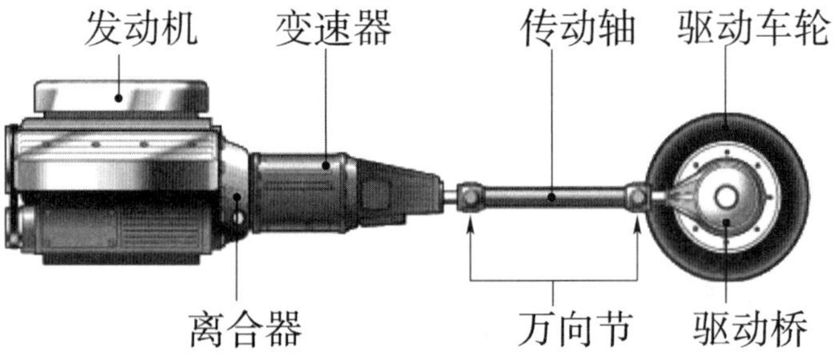

图4-1 变速器安装位置

(1)实现变速、变矩。汽车上所应用的发动机具有转矩变化范围小、转速高的特点,无法适应汽车实际的行驶状况。如果没有变速器而直接将发动机与驱动桥连接在一起,就会因为发动机的转矩小,不能克服汽车的行驶阻力,而使汽车根本无法起步;即使假设汽车可以行驶起来,也会由于车速太高而不实用,甚至无法驾控。所以必须改变发动机的转矩和转速特性,使发动机的转矩增大、转速下降,以适应汽车实际行驶的要求。变速器是通过不同的挡位来实现这一功用的。

(2)实现倒车。汽车从前往后看,发动机的旋转方向为顺时针方向,且是不能改变的,为了实现汽车的倒向行驶,变速器中设置了倒挡。

(3)实现中断动力传递。在发动机起动、怠速运转、变速器换挡、汽车滑行和暂时停车等情况下,都需要中断发动机的动力传递,因此变速器中设有空挡。

另外,变速器还可以作为动力输出装置,驱动某些附属装置,如举升、起吊装置等。

引导问题2　变速器是如何分类的?

现代汽车上所采用的变速器有多种结构形式,车用变速器都采用齿轮作为传力元件。根据所设计的传动比数量、前进挡位个数、换挡操作方式、内部结构特点等情况有多种分类方式。

1 按传动比的变化方式分类

变速器按传动比级数的不同,变速器可分为有级式、无级式和综合式三种。

(1)有级式变速器。有级式变速器采用齿轮传动,具有若干个可供选择的定值传动比。乘用车和轻、中型货车变速器多采用3~5个前进挡和一个倒挡,每个挡位对应一个传动比。重型汽车行驶的路况复杂,变速器的挡位较多,可有8~20个挡位。注意:变速器的挡数都是指前进挡的个数。

按所采用的齿轮机构不同,有级变速器又可分为普通齿轮变速器(又称固定轴式齿轮变速器或定轴轮系变速器)和行星齿轮变速器(又称旋转轴式齿轮变速器或周转轮系变速器)两类。

齿轮式变速器具有结构简单、易于制造、工作可靠、传动效率高等优点。

(2)无级式变速器。无级式变速器英文缩写为CVT,它的传动比可在一定范围内连续变化。目前无级变速器一般都是采用金属带(或金属链)传递动力,通过主、从动带轮直径的变化实现无级变速。

(3)综合式变速器。综合式变速器是由液力变矩器和有级式齿轮变速器组成的,一般都是由计算机自动实现换挡控制,所以多把这种变速器称为自动变速器。这种变速器的传动比可在最大值与最小值之间的几个间断的范围内作无级变化。

2 按变速器操纵方式分类

按变速器操纵方式的不同,变速器可分为手动变速器、自动变速器和手动自动一体变速器三种。

(1)手动变速器。手动变速器的英文缩写为MT,即Manual Transmission的缩写。换挡杆每一个位置对应一个挡位,通过驾驶人用手操纵换挡杆来选定挡位,并直接通过变速器的操纵机构进行挡位变换,齿轮式有级变速器大多数都采用这种换挡方式。

(2)自动变速器。自动变速器的英文缩写为AT,即Automatic Transmission的缩写。汽车前进时各挡位的变换是自动进行的,变速器的自动控制系统根据发动机的负荷和车速的变化情况自动地选定挡位,并进行挡位变换,即自动地改变传动比。驾驶人只需操纵加速踏板(油门踏板)和制动踏板。

(3)手动自动一体变速器。这种变速器可以自动换挡,也可以手动换挡。

3 按变速器前进时齿轮机构所用轴的数目不同分类

按变速器前进时齿轮机构所用轴的数目不同,变速器可分为两轴式和三轴式两类。两轴式变速器通常与前置发动机前轮驱动的布置类型相配;三轴式变速器一般与前置发动机后轮驱动的布置类型相配。

4 按前进时变速器的挡位数不同分类

按前进时变速器的挡位数不同,变速器可分为三挡变速器、四挡变速器、五挡变速器和六挡变速器等。

引导问题3 齿轮油是怎样分类和选用的?

1 车辆齿轮油的分类

车辆齿轮油主要指汽车手动变速器和驱动桥所用的润滑油。目前世界上广泛采用美国汽车工程师学会(SAE)的车辆齿轮油黏度分类和美国石油学会(API)的车辆齿轮油使用性能分类法对车辆齿轮油进行分类。

(1)SAE车辆齿轮油黏度分类。《汽车齿轮润滑剂黏度分类》(SAE J306—2019)标准采用含字母W尾缀和不含字母W尾缀的两种黏度等级系列。含字母W尾缀的黏度等级代号由一组数字和字母W组成(如:70W、75W、80W、85W);不含字母W尾缀的黏度等级代号由一组数字组成(如:65、70、75、80、85、90、110、140、190、250)。含字母W尾缀是冬季用齿轮油,是根据齿轮油黏度达到150000mPa·s的最高温度和100℃时的最小运动黏度划分的。不带W尾缀的是夏季用齿轮油,是以100℃时的运动黏度范围划分的。

车辆齿轮油的黏度等级有单级和多级之分,一个多黏度等级的车辆齿轮油,其低温黏度满足一个含W级的要求,并且100℃运动黏度在一个不含W级规定的黏度范围之内。例如80W-90,其黏度应满足80W的低温性能要求,并且在90

的高温性能要求符合规定范围。

(2)API 车辆齿轮油使用性能分类。世界上广泛采用美国石油学会(API)的车辆齿轮油使用性能分类法。根据齿轮的形式和负载情况对车辆齿轮油进行质量等级分类,该分类将车辆齿轮油分为 GL-1、GL-2、CL-3、GL-4、GL-5、GL-6 六级,数字越大,品质越高。

(3)我国车辆齿轮油的分类。目前我国车辆齿轮油是根据《汽车齿轮润滑剂黏度分类》(GB/T 17477—2012)标准进行黏度分类的,该标准是参照采用《汽车齿轮润滑剂黏度分类》(SAE J306—2005)制定,该分类将车辆齿轮油按黏度分为 11 个等级,即 70W、75W、80W、85W、80、85、90、110、140、190 和 250,见表 4-1。

汽车齿轮润滑剂黏度分类　　表 4-1

黏度等级	黏度达到 150Pa·s 的最高温度(℃)	100℃运动黏度(mm^2/s)	
		最小	最大
70W	-55	4.1	—
75W	-40	4.1	—
80W	-26	7.0	—
85W	-12	11.0	—
80	—	7.0	<11
85	—	11.0	<13.5
90	—	13.5	<18.5
110	—	18.5	<24
140	—	24.0	<32.5
190	—	32.5	<41
250	—	41.0	—

车辆齿轮油的黏度等级不应与发动机油黏度等级相混淆。当车辆齿轮油与发动机油有相同的黏度时,两者黏度分类所定义的黏度等级相差较大。如:75W 车辆齿轮油黏度与 10W 发动机油有相同的黏度,90 车辆齿轮油与 40 或 50 发动机油黏度相当。

按使用性能分类,我国车辆齿轮油主要分为普通车辆齿轮油(GL-3)、中负荷车辆齿轮油(GL-4)、重负荷车辆齿轮油(GL-5)三级,分别与美国石油学会(API)的车辆齿轮油使用性能分类中的GL-3、GL-4、GL-5相对应。

GL-4中负荷车辆齿轮油适用于在高速低转矩、低速高转矩下操作的各种手动变速器、各种齿轮,主要适用于各种形式的小型车;GL-4重负荷车辆齿轮油适用于要求使用API GL-4规格油品的各种车辆的手动变速器及齿轮箱齿轮的润滑。

GL-5重负荷车辆齿轮油具有优异的极压抗磨性、热氧化安定性、防锈性、防腐蚀性等,适用于要求使用API GL-5规格油品的各种车辆的手动变速器及齿轮箱齿轮的润滑。GL-5手动变速器齿轮油适用于高速冲击负荷、高速低转矩及低速高转矩工况下,要求使用API GL-5规格油品的各种车辆的前后驱动桥、工程机械驱动桥及部分手动变速器齿轮的润滑,尤其是配有双曲线齿轮的车辆。

GL-6高偏置双曲面齿轮油适用于在高速、冲击负荷等极端苛刻运行条件工作的各种齿轮。

2 齿轮油的选择

正确选用齿轮油必须做到两点:一是根据齿轮的类型和工作条件确定油品的质量档次;二是根据最低使用环境温度和齿轮传动装置的运行最高温度来确定黏度等级(牌号)。

部分汽车手动变速器齿轮油规格见表4-2。

部分汽车手动变速器齿轮油规格 表4-2

汽车型号	齿轮油规格
卡罗拉1.6L	丰田纯正手动变速器齿轮油LV API GL-4 SAE 75W
科鲁兹1.6L	BOT 130 M(SAE 75W/90)
新宝来	N 052 512 00
捷达	GL-4(MIL-L2105)SAE 80或G50 SAE75W-90
凯越	SAE80W
中华	SAE 75W-85W,API GL-4及以上级
奇瑞A5	API-GL4,SAE75W-90
五菱宏光	GL-4 90(我国南方或北方夏季用);GL-4 75W/90(严寒地区或北方地区冬季用)

引导问题4　对车辆齿轮油的环境保护和安全措施有哪些？

1 环境保护

(1)车辆齿轮油会对水造成污染，不允许排入地表水域或下水道，作业时只能在防渗的地面上。

(2)齿轮油是易燃品，存放和作业必须远离火源。

(3)废弃的齿轮油要单独盛装，并妥善保管和回收利用。

(4)沾上齿轮油的抹布或物品，不得作为生活垃圾处理。

2 安全措施

(1)齿轮油对人皮肤有损害，作业时应戴防护手套和穿防护服。

(2)沾上齿轮油的衣服或鞋，必须立即更换。

(3)若皮肤上撒上齿轮油，应立即用水和肥皂清洗，勿用汽油或溶剂作为清洁剂。

(4)眼睛接触到车辆齿轮油后，应用清水认真冲洗，然后尽快去医院治疗。

二 实施作业

引导问题5　作业需要哪些工具、设备和材料？

(1)车辆：科鲁兹乘用车(图4-2)。

图4-2　科鲁兹乘用车

(2)普通设备及工具:举升机、组合工具、扭力扳手。

(3)专用工具:EN-45059 角度测量仪。

(4)其他:手动变速器油、盛油容器、衬垫。

引导问题6 通过查询和查找,填写以下信息。

生产年份________,车牌号码________,行驶里程________,发动机型号及排量________,车辆识别代码(VIN)________。注意:车辆识别代码位于副驾驶侧前排车门和座椅之间的地板盖下。

引导问题7 作业前的准备工作有哪些?

(1)汽车进入工位前,将工位清理干净,准备好相关的器材。

(2)将汽车停驻在举升机中央位置。

(3)拉紧驻车制动器操纵杆,并将换挡杆置于空挡位置。

(4)套上转向盘防尘罩、换挡杆手柄套和座椅套,铺设脚垫。

(5)在车内拉动发动机舱盖手柄,在车外打开并支撑发动机舱盖。

(6)粘贴翼子板和前脸磁力护裙。

引导问题8 如何排放、加注和检查手动变速器油?

科鲁兹(1.6L)乘用车手动变速器油的型号为 BOT 130 M(SAE 75W/90);汽车每行驶 10000km 或 6 个月检查一次变速器油,必要时添加(正常使用条件下不必换油);变速器油量为 1.8L。

1 排放程序

注意

当变速器处于工作温度时,变速器油很烫,将变速器油从变速器中排出时必须小心以免造成人身伤害;在排气隔热罩周围作业时要小心,隔热罩可能有锐边,如果不小心接触,会导致人员受伤,务必在隔热罩上暂时安装护盖以降低受伤的风险;拆卸任何螺塞时一定要小心,清洁此螺塞的周围区域。

(1)举升并支撑车辆。

(2)如图4-3所示,拆下11个离合器和差速器壳体盖螺栓,拆下离合器和差速器壳体盖。

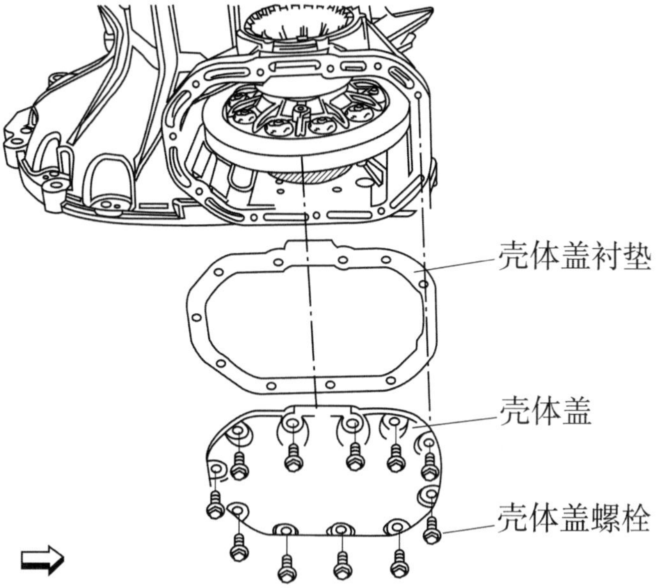

图4-3　拆下离合器和差速器壳体盖螺栓

(3)将变速器油排入合适的盛油容器中。

(4)让变速器油排放10min。

(5)拆下并报废离合器和差速器壳体盖衬垫。

(6)检查收集的变速器油中是否有燃烧的油残留物、金属碎屑和其他异物。如果发现以上情况,则查找原因。

(7)安装新的离合器和差速器壳体盖衬垫,安装离合器和差速器壳体盖,安装离合器和差速器壳体盖螺栓并紧固至15N·m(图4-3)。

2 加注和检查程序

(1)使车辆传动系统及其排气系统冷却。

(2)如图4-4所示,拆下并报废变速器检查螺塞。

(3)降下车辆。

(4)如图4-5所示,拆下变速器油加注口盖和加油螺塞,加注变速器油,直至变速器油从检查螺塞孔中溢出。

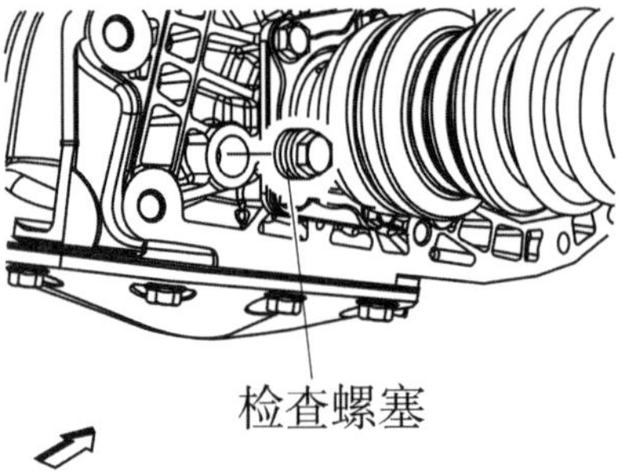

图4-4　拆下变速器检查螺塞

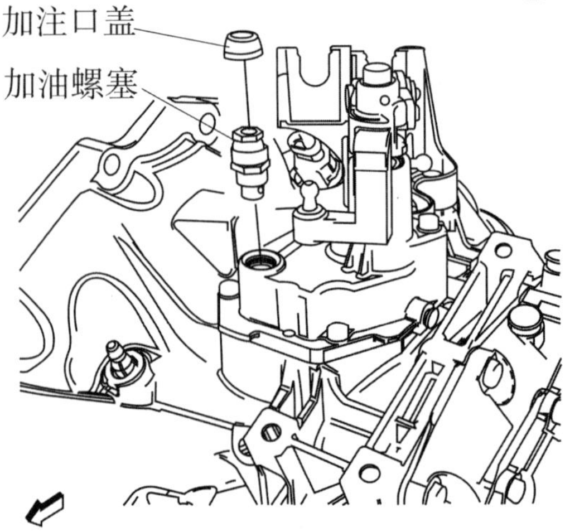

图4-5　拆下变速器油加注口盖和加油螺塞

(5)安装变速器加油螺塞和加注口盖,并紧固至35N·m。

(6)举升车辆。

(7)安装新的变速器油检查螺塞并紧固至6N·m。使用EN-45059角度测量仪,最后紧固变速器油检查螺塞一圈以增加45°~180°。

(8)降下车辆。

三 评价与反馈

(1)对本学习任务进行评价,见表4-3。

评　分　表　　表4-3

考核项目	评分标准	分数	学生自评	小组互评	教师评价	小计
团队合作	是否和谐	5				
活动参与	是否积极主动	5				
安全生产	有无安全隐患	10				
现场5S	是否做到	10				
任务方案	是否正确、合理	15				

续上表

考核项目	评分标准	分数	学生自评	小组互评	教师评价	小计
操作过程	举升机操作；手动变速器油的检查与更换	30				
任务完成情况	是否圆满完成	5				
工具和设备使用	是否规范、标准	10				
劳动纪律	是否能严格遵守	5				
工单填写	是否完整、规范	5				
总分		100				
教师签名：			年　　月　　日		得分	

(2)在实施作业时每一个安全事项都注意到了吗？如没有，找出忽略的地方和原因。

(3)能否向车主解释手动变速器油检查与更换的过程？如不能，分析原因并提出改进措施。

四 学习拓展

(1)查阅资料，说明威朗、朗逸乘用车手动变速器油的检查与更换方法。

(2)查阅资料，说明不同车型手动变速驱动桥齿轮油的检查及更换周期。

(3)检查手动变速器油液面高度时，如果油液过多或过少会引起哪些故障？

学习任务五
手动变速器挂挡困难故障检修

学习目标

完成本学习任务后，你应当能：

1. 叙述齿轮传动的基本原理；
2. 叙述二轴、三轴手动变速器的结构及动力传递路线；
3. 叙述同步器的结构和工作原理；
4. 叙述变速器操纵机构的结构和工作原理；
5. 读懂给定的“检测工艺流程”，对测试结果进行分析；
6. 正确使用工具和设备；
7. 与同学密切合作，规范地进行手动变速驱动桥的检查及装配。

建议完成本学习任务的时间为 14 学时。

学习任务描述

一辆卡罗拉(1.6L)乘用车进厂修理，客户反映：该车挂挡时不能顺利挂入挡位，常发生齿轮撞击声。经检查确认离合器技术状况良好，需对手动变速器进行检修。

学习内容

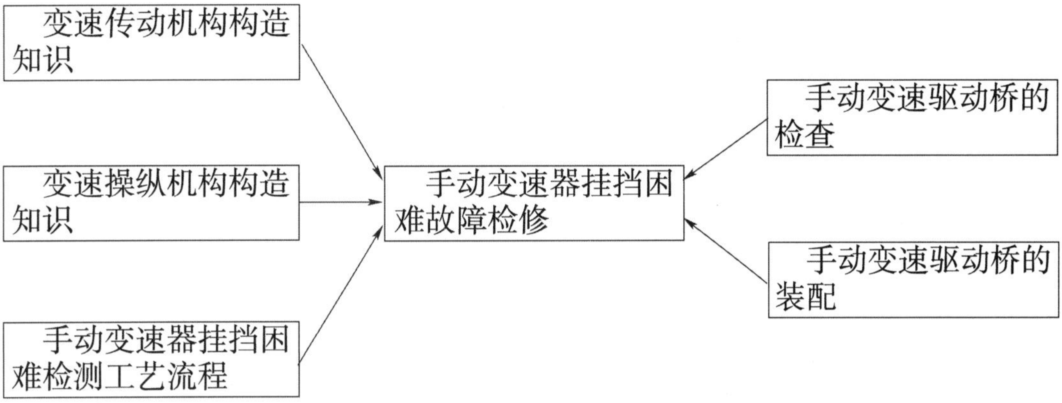

一 资料收集

齿轮传动基本原理

引导问题 1　齿轮机构是如何实现传动的?

齿轮传动的基本原理如图 5-1 所示,一对齿数不同的齿轮啮合传动时可以实现变速,而且两齿轮的转速比与其齿数成反比。

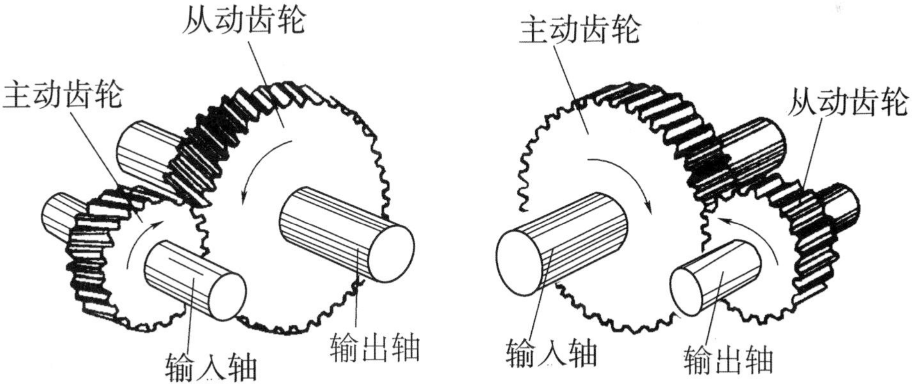

a)减速运动　　b)增速运动

图 5-1　齿轮传动的基本原理

设主动齿轮转速为 n_1、齿数为 z_1;从动齿轮转速为 n_2、齿数为 z_2;主动齿轮(即输入轴)转速与从动齿轮(即输出轴)转速之比值为传动比(i_{12}),则:

$$i_{12}=\frac{n_1}{n_2}=\frac{z_2}{z_1}$$

当小齿轮为主动齿轮,带动大齿轮转动时,输出转速降低,即 $n_2 < n_1$,为减速传动,此时传动比大于1;当大齿轮驱动小齿轮时,输出转速升高,即 $n_2 > n_1$,为增速传动,此时传动比小于1。汽车变速器就是根据这一原理,利用若干大小不同的齿轮副传动而实现变速的。

一对齿轮传动只能得到一个固定的传动比,从而得到一种输出转速,并构成一个挡位。为了扩大变速器输出转速的变化范围,普通齿轮式变速器通常都采用多组大小不同的齿轮啮合传动,这样就构成了多个不同的挡位。不同的挡位对应于不同的传动比值,从而得到各种不同的输出转速。图5-2所示为两级齿轮传动示意图,主动齿轮1驱动从动齿轮2转动,主动齿轮3与从动齿轮2固连在一根轴上,转速相同,主动齿轮3再驱动从动齿轮4转动,并输出动力,此时由主动齿轮1传到从动齿轮4的传动比为:

$$i_{14} = \frac{n_1}{n_4} = \frac{Z_2 Z_4}{Z_1 Z_3} = i_{12} i_{34}$$

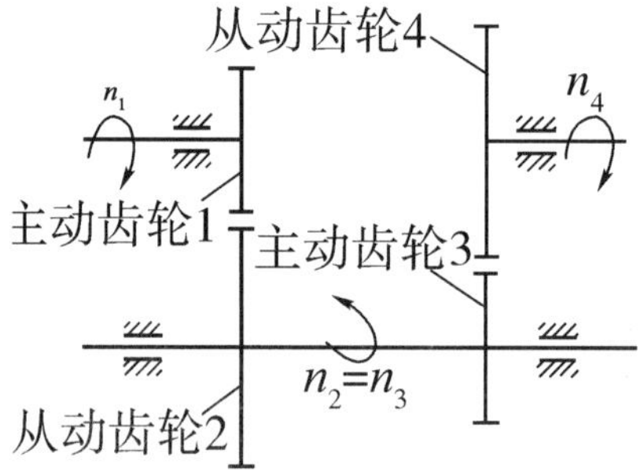

图5-2　两级齿轮传动示意图

因此,多级齿轮传动的传动比可以总结为:

$$i = \frac{\text{所有从动齿轮齿数的乘积}}{\text{所有主动齿轮齿数的乘积}} = \text{各级齿轮传动比的乘积}$$

对于变速器,各挡的传动比 i 就是变速器输入轴转速 $n_{输入}$ 与输出轴转速 $n_{输出}$ 之比,或输出轴转矩 $T_{输出}$ 与输入轴转矩 $T_{输入}$ 之比,即:

$$i = \frac{n_{输入}}{n_{输出}} = \frac{T_{输出}}{T_{输入}}$$

当 $i > 1$ 时,$n_{输出} < n_{输入}$,$T_{输出} > T_{输入}$,此时实现降速增矩,为变速器的低挡位,且 i 越大,挡位越低;当 $i = 1$ 时,$n_{输出} = n_{输入}$,$T_{输出} = T_{输入}$,为变速器的直接挡;当 $i < 1$ 时,$n_{输出} > n_{输入}$,$T_{输出} < T_{输入}$,此时实现升速降矩,为变速器的超速挡。

如图5-3所示,外啮合的一对齿轮传动,两齿轮旋转方向相反,每经一级传动副,其输出轴就改变一次旋转方向,变速器就是通过增加一级齿轮传动副来实现倒挡的。

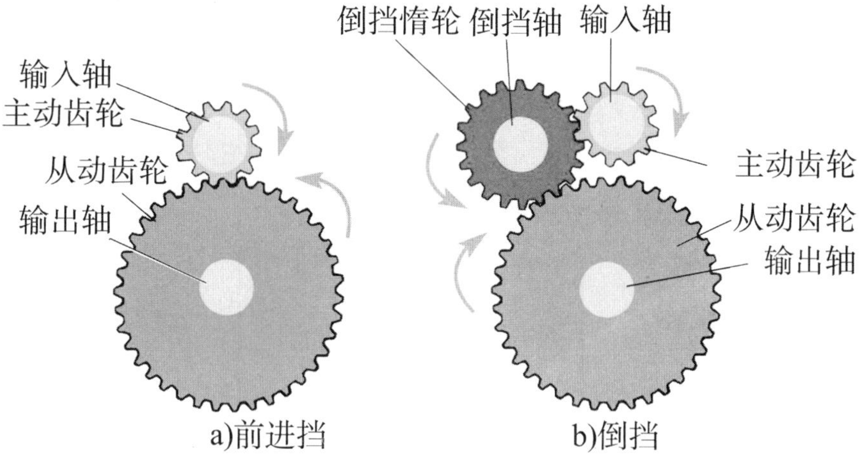

图 5-3　齿轮传动的变向原理

引导问题 2　手动变速器变速传动机构的基本结构是什么?

手动变速器由变速传动机构和操纵机构两大部分组成(图 5-4)。变速传动机构的主要作用是改变转矩、转速的数值和动力传递的方向;操纵机构的作用是实现变速器传动比的变换——换挡。

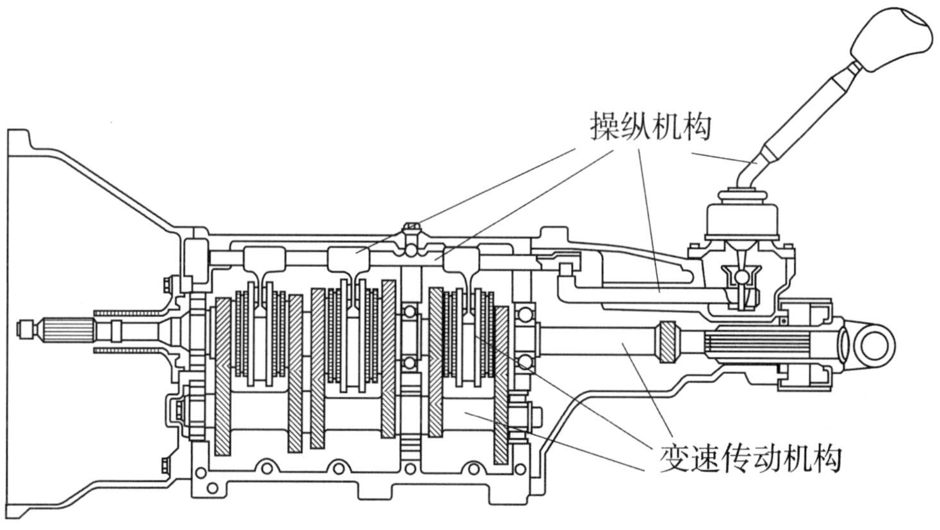

图 5-4　变速器的组成

变速传动机构是变速器的主体。手动变速器按工作轴的数量(不包括倒挡轴)可分为二轴式变速器和三轴式变速器。

二轴式变速器多用于发动机前置前轮驱动的汽车,一般与驱动桥(前桥)合称为手动变速驱动桥(又称手动传动桥)。前置发动机有纵向布置和横向布置两种形式(图5-5和图5-6),与其配用的二轴式变速器也有两种不同的结构形式。发动机纵置时,主减速器为一对锥齿轮;发动机横置时,主减速器采用一对圆柱齿轮。三轴式变速器多用于发动机前置后轮驱动的汽车。

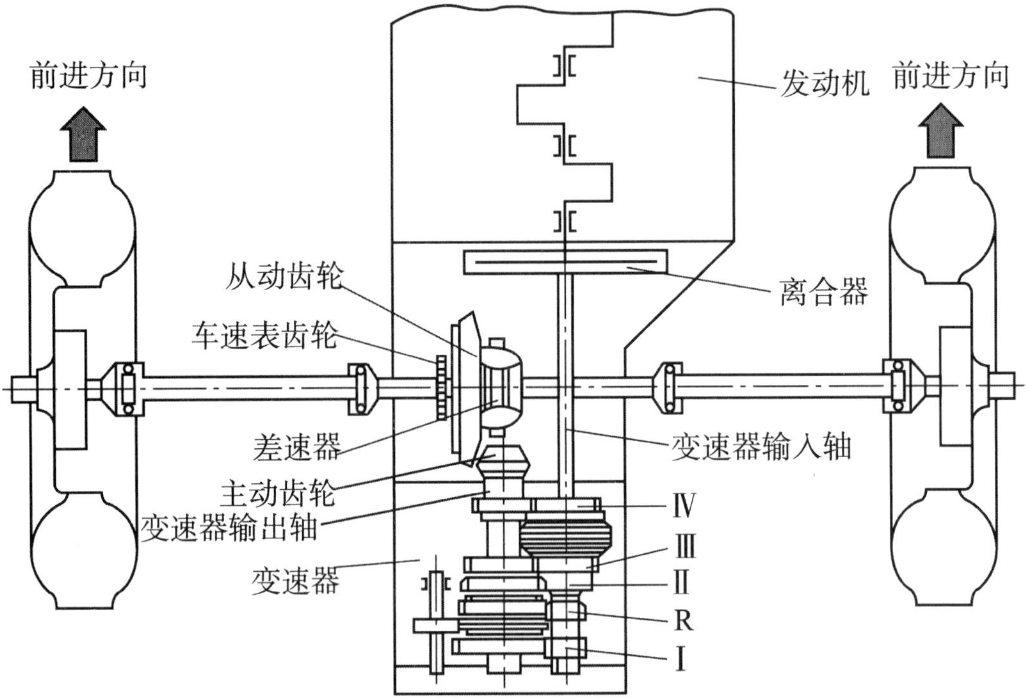

图5-5 发动机纵置的二轴变速器传动示意图

引导问题3 手动变速器的动力是如何传递的?

图5-7所示为发动机横置前轮驱动二轴式五挡手动变速器的变速传动机构。变速器各挡的动力传递路线如下:

(1)1挡。操纵换挡杆,挂入1挡,从动轴上的1、2挡同步器的接合套左移,与从动轴1挡齿轮接合齿圈接合,实现:动力→主动轴→主动轴1挡齿轮→从动轴1挡齿轮→1、2挡同步器→从动轴→主减速器主动齿轮→主减速器从动齿轮→动力输出,如图5-8所示。

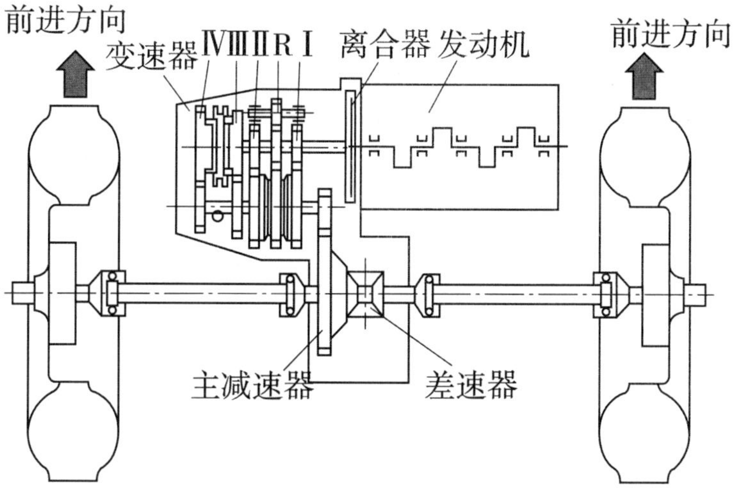

图 5-6　发动机横置的二轴变速器传动示意图

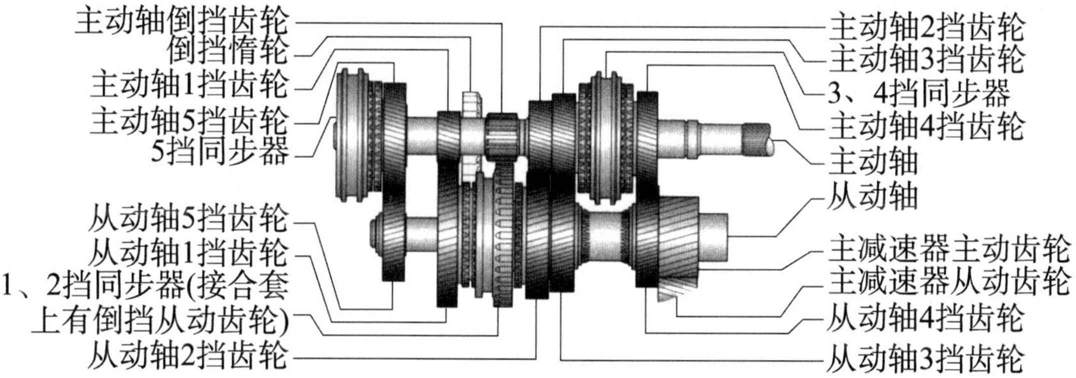

图 5-7　二轴式五挡手动变速器的变速传动机构

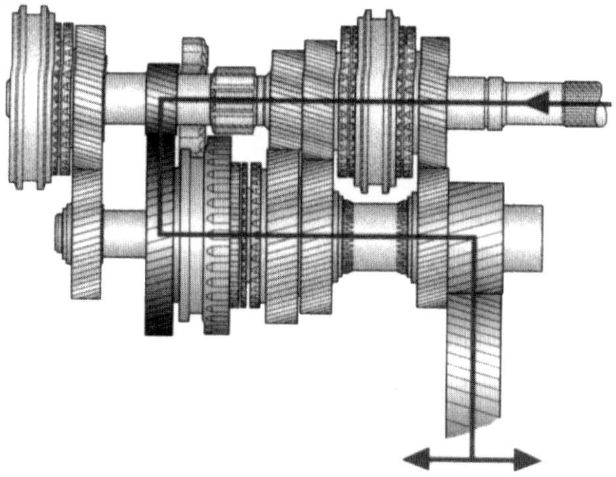

图 5-8　1 挡动力传递路线

(2)2 挡。操纵换挡杆,挂入 2 挡,将从动轴上的 1、2 挡同步器的接合套右移,与从动轴 2 挡齿轮接合齿圈接合,实现:动力→主动轴→主动轴 2 挡齿轮→从动轴 2 挡齿轮→1、2 挡同步器→从动轴→主减速器主动齿轮→主减速器从动齿轮→动力输出,如图 5-9 所示。

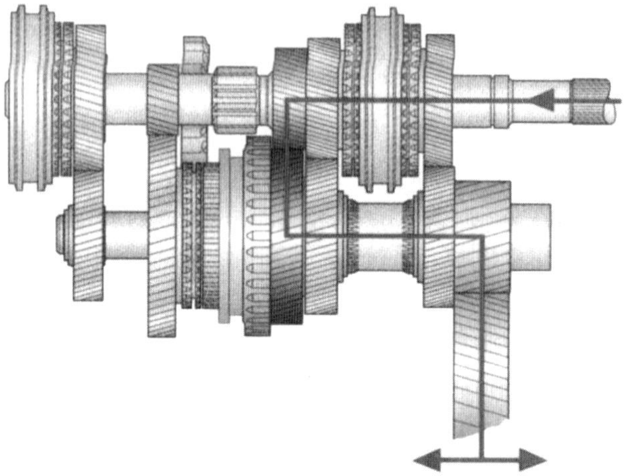

图 5-9　2 挡动力传递路线

(3)3 挡。操纵换挡杆,挂入 3 挡,主动轴上的 3、4 挡同步器的接合套左移,与主动轴 3 挡齿轮接合齿圈接合,实现:动力→主动轴→3、4 挡同步器→主动轴 3 挡齿轮→从动轴 3 挡齿轮→从动轴→主减速器主动齿轮→主减速器从动齿轮→动力输出,如图 5-10 所示。

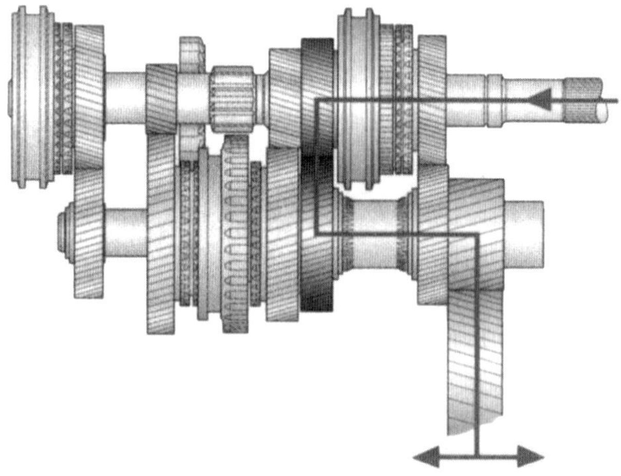

图 5-10　3 挡动力传递路线

(4)4 挡。操纵换挡杆,挂入 4 挡,主动轴上的 3、4 挡同步器的接合套右移,与主动轴 4 挡齿轮接合齿圈接合,实现:动力→主动轴→3、4 挡同步器→主动轴 4

挡齿轮→从动轴4挡齿轮→从动轴→主减速器主动齿轮→主减速器从动齿轮→动力输出，如图5-11所示。

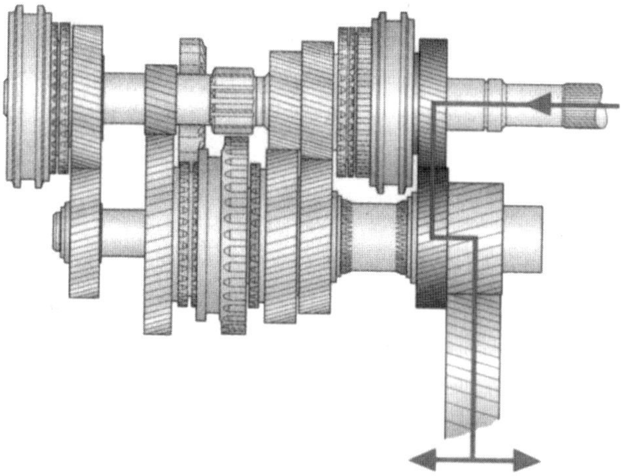

图5-11　4挡动力传递路线

(5)5挡。操纵换挡杆，挂入5挡，主动轴5挡同步器的接合套右移，与主动轴5挡齿轮接合齿圈接合，实现：动力→主动轴→5挡同步器→主动轴5挡齿轮→从动轴5挡齿轮→从动轴→主减速器主动齿轮→主减速器从动齿轮→动力输出，如图5-12所示。

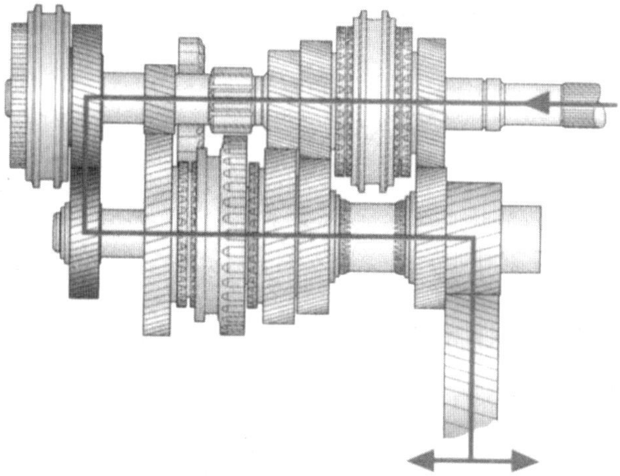

图5-12　5挡动力传递路线

(6)倒挡。操纵换挡杆，挂入倒挡，倒挡轴上的倒挡惰轮右移，与主动轴倒挡齿轮及1、2挡同步器接合套上的倒挡从动齿轮同时接合，实现：动力→主动轴→主动轴倒挡齿轮→倒挡惰轮→1、2挡同步器接合套上的倒挡从动齿轮→从动轴→主减速器主动齿轮→主减速器从动齿轮→动力反向输出，如图5-13所示。

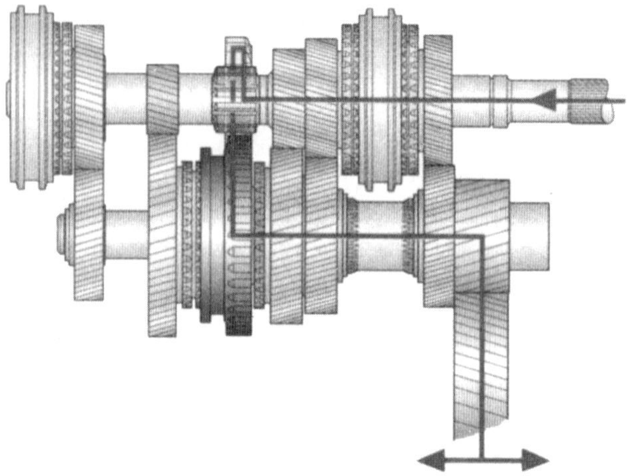

图 5-13　倒挡动力传递路线

引导问题 4　三轴式变速器的结构是怎样的?动力是如何传递的?

东风 EQ1092 中型货车的变速器为三轴式变速器,其结构简图如图 5-14 所示,该变速器有 3 根主要的传动轴,即一轴、二轴和中间轴,所以称为三轴式变速器,另外还有倒挡轴。

东风 EQ1092 中型货车的三轴式变速器为五挡变速器,各挡的动力传递路线如下:

(1)空挡。二轴上的各接合套、传动齿轮均处于中间空转的位置,动力不传给二轴。

(2)1 挡。前移二轴 1 挡、倒挡直齿滑动齿轮与中间轴 1 挡齿轮啮合。实现:动力→一轴→一轴常啮合齿轮→中间轴常啮合齿轮→中间轴→中间轴 1 挡齿轮→二轴 1 挡、倒挡直齿滑动齿轮→二轴,使二轴顺时针旋转(与一轴同向)并且动力输出。

(3)2 挡。后移 2 挡、3 挡接合套与二轴 2 挡齿轮接合齿圈啮合。实现:动力→一轴→一轴常啮合齿轮→中间轴常啮合齿轮→中间轴→中间轴 2 轴齿轮→二轴 2 挡齿轮→二轴 2 挡齿轮接合齿圈→2 挡、3 挡接合套→2 挡、3 挡花键毂→二轴,使二轴顺时针旋转并且动力输出。

(4)3 挡。前移 2 挡、3 挡接合套与二轴 3 挡齿轮接合齿圈啮合。实现:动力→一轴→一轴常啮合齿轮→中间轴常啮合齿轮→中间轴→中间轴 3 轴齿轮→二轴 3 挡齿轮→二轴 3 挡齿轮接合齿圈→2 挡、3 挡接合套→2 挡、3 挡花键毂→

二轴,使二轴顺时针旋转并且动力输出。

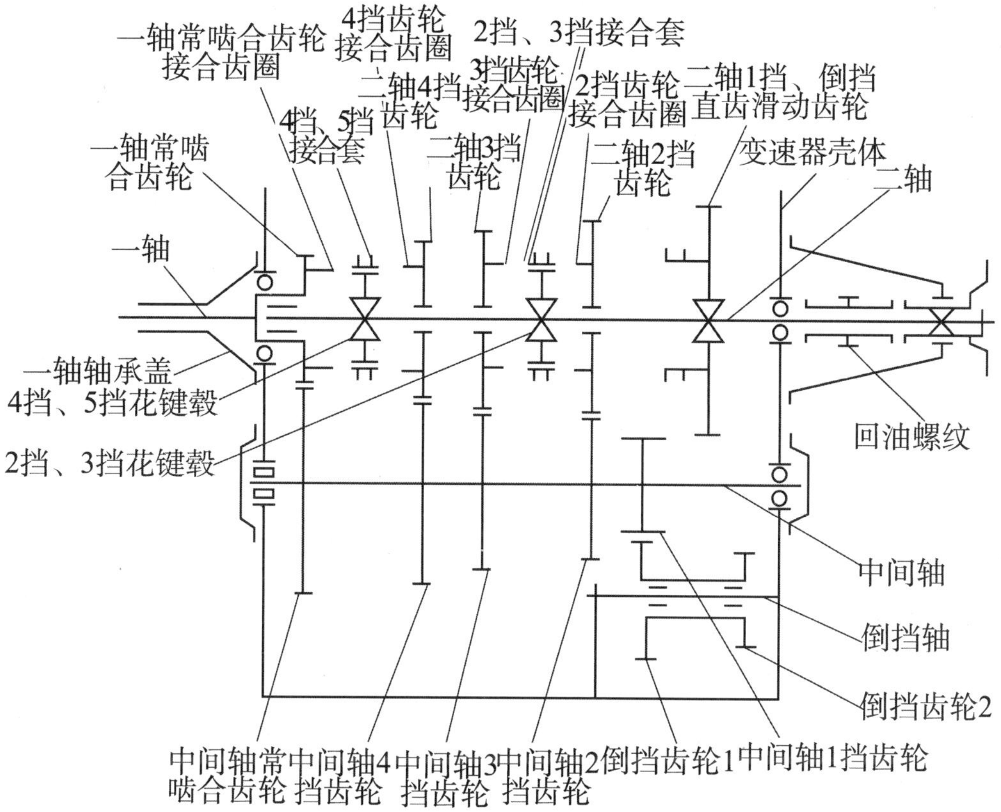

图 5-14　东风 EQ1092 中型货车的三轴式变速器

(5)4 挡。后移 4 挡、5 挡接合套与二轴 4 挡齿轮接合齿圈啮合。实现:动力→一轴→一轴常啮合齿轮→中间轴常啮合齿轮→中间轴→中间轴 4 挡齿轮→二轴 4 挡齿轮→二轴 4 挡齿轮接合齿圈→4 挡、5 挡接合套→4 挡、5 挡花键毂→二轴,使二轴顺时针旋转并且动力输出。

(6)5 挡。前移 4 挡、5 挡接合套与一轴常啮合齿轮接合齿圈啮合。实现:动力→一轴→一轴常啮合齿轮→一轴常啮合齿轮接合齿圈→4 挡、5 挡接合套→4 挡、5 挡花键毂→二轴,使二轴顺时针旋转并且动力输出,此时传动比为 1。由于二轴的转速与一轴相同,故此挡称为直接挡。

(7)倒挡。后移二轴上的 1 挡、倒挡直齿滑动齿轮与倒挡齿轮 2 啮合。实现:动力→一轴→一轴常啮合齿轮→中间轴常啮合齿轮→中间轴→中间轴 1 挡齿轮→倒挡轴上的倒挡中间齿轮 1 和倒挡齿轮 2→二轴 1 挡、倒挡直齿滑动齿轮→二轴,使二轴逆时针旋转并且动力输出,汽车倒向行驶。倒挡动力传递路线与其他挡位相比较,由于多了倒挡齿轮的传动,所以改变了二轴的旋转方向。

引导问题 5 同步器有什么功用？锁环式惯性同步器是如何工作的？

目前汽车中手动、普通齿轮变速器换挡的方式有两种：一是采用直齿滑动齿轮，如东风 EQ1092 的 1 挡、倒挡的换挡方式；二是采用同步器换挡，这种方式应用最广泛，几乎所有的变速器都是采用同步器进行换挡。

同步器的功用是使接合套与待啮合齿轮的接合齿圈迅速同步，缩短换挡时间；防止在同步前啮合而产生换挡冲击。目前采用的同步器几乎都是摩擦式惯性同步器，按锁止装置的不同，同步器分为锁环式惯性同步器和锁销式惯性同步器。锁环式同步器尺寸小、结构紧凑、摩擦力矩也小，多用于乘用车和轻型车辆。锁销式惯性同步器摩擦力矩大，多用于中型以上货车。

同步器类型

下面以锁环式同步器为例介绍其结构和工作原理。

锁环式同步器的结构如图 5-15 所示，花键毂用内花键套装在轴的外花键上，用垫圈、卡环轴向定位。3 个滑块分别装在花键毂上 3 个均布的轴向槽内，沿槽可以轴向移动。花键毂两端与齿轮的接合齿圈之间各有一个青铜制成的锁环（即同步环）。锁环的内锥面上制有细密螺旋槽，以使其与接合齿圈锥面相接触后，能破坏油膜，从而增加锥面的摩擦力；锁环上也开有 3 个缺口，3 个滑块可插入其内；另外，在锁环上还制有短花键齿圈，它的尺寸、齿数和花键毂上的花键齿相同，且对着接合套一端的短齿都有倒角，与接合套齿端的倒角相同，起锁止作用，故称为锁止角。

下面以 2 挡换 3 挡为例，说明同步器的工作原理，如图 5-16 所示。

(1)空挡位置。接合套刚从 2 挡退入空挡时，如图 5-16a）所示，3 挡齿轮、接合套、锁环以及与其有关联的运动件，因惯性作用而沿原方向继续旋转（图示箭头方向）。由于待啮合齿轮的接合齿圈是高挡齿轮（相对于 2 挡齿轮来说），所以接合套、锁环的转速低于待啮合齿轮接合齿圈的转速。

(2)挂挡。欲换入 3 挡时，驾驶人通过换挡杆使拨叉推动接合套连同滑块一起向左移动，如图 5-16b）所示，滑块又推动锁环移向待啮合齿轮的接合齿圈，使锥面接触。驾驶人作用在接合套上的轴向推力，使两锥面有正压力 N，又因两者有转速差，所以产生摩擦力矩。通过摩擦作用，齿轮带动锁环相对于接合套向前转动一个角度，使锁环缺口靠在滑块的另一侧（上侧）为止，此时接合套的内齿与锁环的花键齿圈错开了约半个齿宽，接合套的齿端倒角面与锁环的齿端倒角面互相抵住。

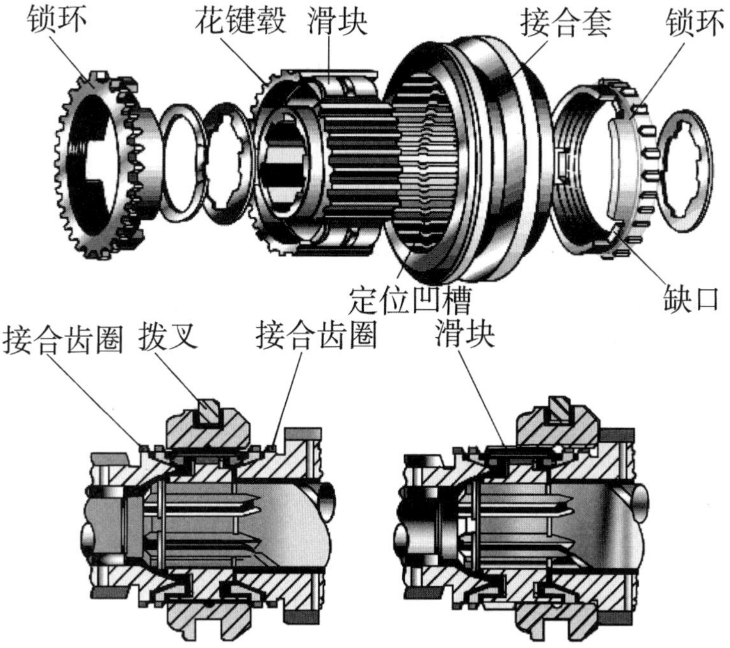

图 5-15　锁环式惯性同步器

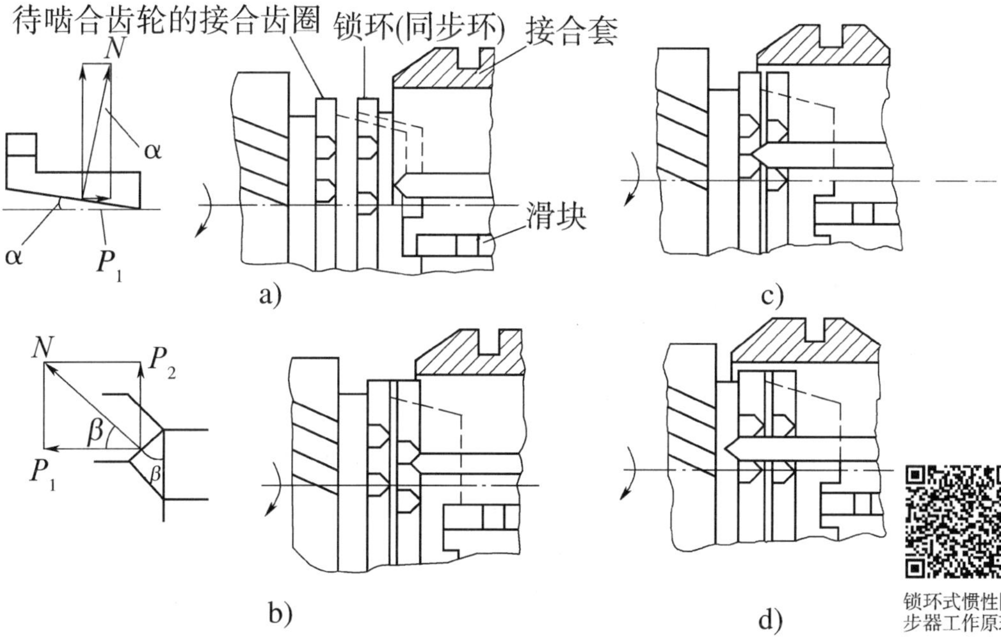

锁环式惯性同步器工作原理

图 5-16　锁环式惯性同步器工作原理

(3)锁止。驾驶人的轴向推力使接合套的齿端倒角面与锁环的齿端倒角面之间产生正压力,形成一个企图拨动锁环相对于接合套反转的力矩,称为拨环力矩。这样在锁环上同时作用着方向相反的摩擦力矩和拨环力矩,同步器的结构参数可以保证在同步前(存在摩擦力矩)拨环力矩始终小于摩擦力矩,所以在同步之前无论驾驶人施加多大的操纵力,都不会挂上挡,即产生锁止作用。

(4)同步啮合。随着驾驶人施加于接合套上的推力加大,摩擦力矩不断增加,使待啮合的齿轮转速迅速降低。当待啮合齿轮的接合齿圈、接合套和锁环达到同步时,作用在锁环上的摩擦力矩消失,此时在拨环力矩的作用下,锁环、待啮合齿轮的接合齿圈以及与之相连的各零件相对于接合套反转一角度,滑块处于锁环缺口的中央,如图5-16c)所示,齿端倒角不再抵触,锁环的锁止作用消除。接合套压下弹簧圈继续左移(滑块脱离接合套的内环槽而不能左移),与锁环的花键齿圈进入啮合。进而再与待啮合齿轮的接合齿圈进入啮合,如图5-16d),换入3挡。

引导问题6 变速器操纵机构的功用是什么?有哪些类型?

在汽车行驶过程中,需要经常进行换挡以变换传动比,从而得到不同的路面和行车情况所需要的车速和相应的驱动力。这时需要驾驶人通过变速器的操纵机构使相应挡位的齿轮进入啮合或使相应挡位的同步器进入啮合状态,以实现动力自发动机经变速器传到驱动车轮。此外,当需要暂时中断动力传递或停车时,变速器应由工作挡位退入空挡位置,这一操作也是由变速器操纵机构来实现的,这便是变速器操纵机构的作用。

变速器操纵机构功用

变速器操纵机构按照变速换挡杆位置的不同,可分为直接操纵式和远距离操纵式两种类型。

变速器直接操纵式操纵机构(图5-17)布置在驾驶人座椅附近,换挡杆由驾驶室底板伸出,驾驶人可以直接操纵,多用于发动机前置后轮驱动的车辆。

在有些汽车上,由于变速器离驾驶人座位较远,则需要在换挡杆与拨叉之间加装一些辅助杠杆或一套传动机构,构成远距离操纵式操纵机构(图5-18),这种操纵机构多用于发动机前置前轮驱动的乘用车上,由于其变速器安装在前驱动桥处,远离驾驶人座椅,需要采用这种操纵方式。

有些乘用车和轻型货车的变速器,将换挡杆安装在转向柱管上,如图5-19所示,在换挡杆与变速器之间也是通过一系列的传动件进行传动,这也属于远距离操纵式操纵机构,这种操纵机构具有换挡杆占据驾驶室空间小、乘坐方便等优点。

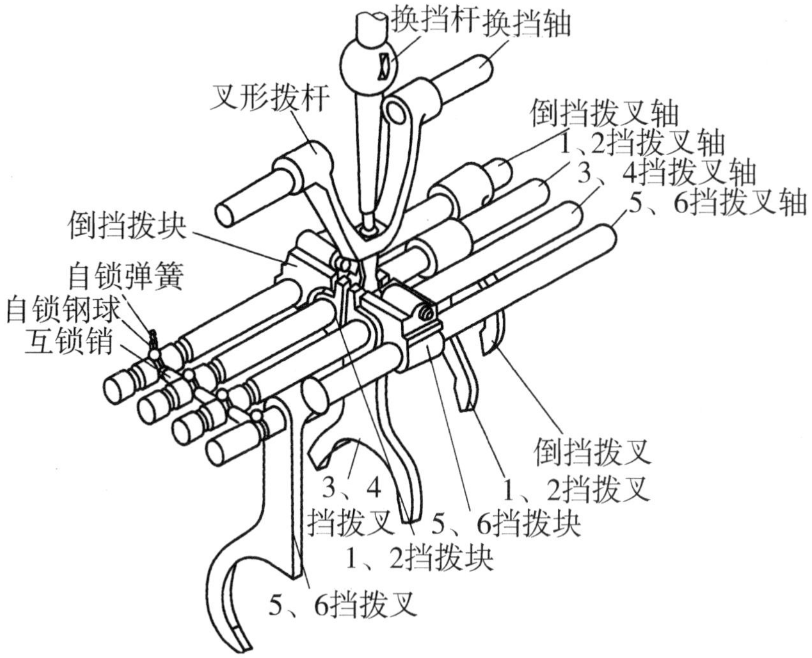

图 5-17　解放 CA1091 型中型货车六挡变速器直接操纵式操纵机构

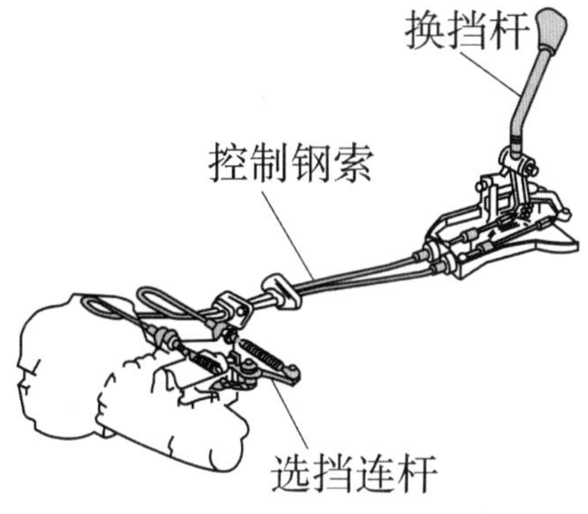

图 5-18　变速器远距离操纵式操纵机构

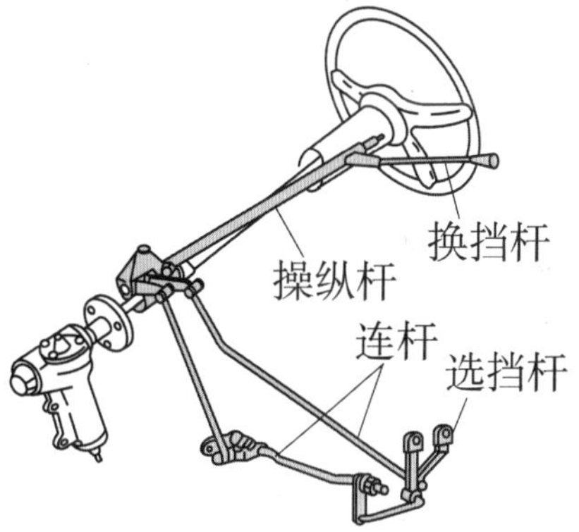

图 5-19　变速器柱式操纵机构

引导问题 7　常用的换挡锁装置有哪些？是如何工作的？

为了保证变速器在任何情况下都能准确、安全、可靠地工作，变速器操纵机构一般都具有换挡锁装置，包括自锁装置、互锁装置和倒挡锁装置。自锁装置用于防止变速器自动脱挡或挂挡，并保证轮齿以全齿宽啮合；互锁装置用于防止同时挂上两个挡位；倒挡锁装置用于防止误挂倒挡。

(1) 自锁装置。自锁装置用于防止变速器自动脱挡或挂挡，并保证轮齿以全齿宽啮合。大多数变速器的自锁装置都是采用自锁钢球对拨叉轴进行轴向定位

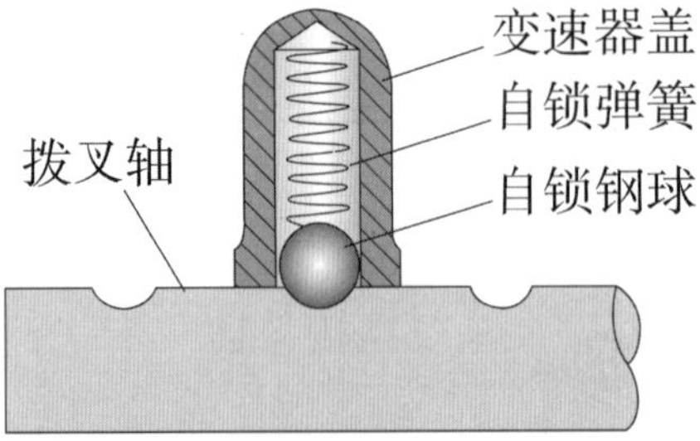

图 5-20　自锁装置

锁止。如图 5-20 所示,在变速器盖中钻有三个深孔,孔中装入自锁钢球和自锁弹簧,其位置处于拨叉轴的正上方,每根拨叉轴对着自锁钢球的表面沿轴向设有三个凹槽,槽的深度小于自锁钢球的半径。中间的凹槽对正自锁钢球时为空挡位置,前边或后边的凹槽对正自锁钢球时则为某一工作挡位置,相邻凹槽之间的距离保证变速器齿轮处于全齿宽啮合或是完全退出啮合。凹槽对正自锁钢球时,自锁钢球便在自锁弹簧的压力作用下嵌入该凹槽内,拨叉轴的轴向位置便被固定,不能自行挂挡或自行脱挡。

当需要换挡时,驾驶人通过换挡杆对拨叉轴施加一定的轴向力,克服自锁弹簧的压力而将自锁钢球从拨叉轴凹槽中挤出并推回孔中,拨叉轴便可滑过自锁钢球进行轴向移动,并带动拨叉及相应的接合套轴向移动,当拨叉轴移至其另一凹槽与自锁钢球对正时,自锁钢球又被压入凹槽,驾驶人具有很强的手感,此时拨叉所带动的接合套或滑动齿轮便被拨入空挡或被拨入另一工作挡位。

(2)互锁装置。互锁装置用于防止同时挂上两个挡位。互锁装置由互锁钢球和互锁销组成,如图 5-21 所示。

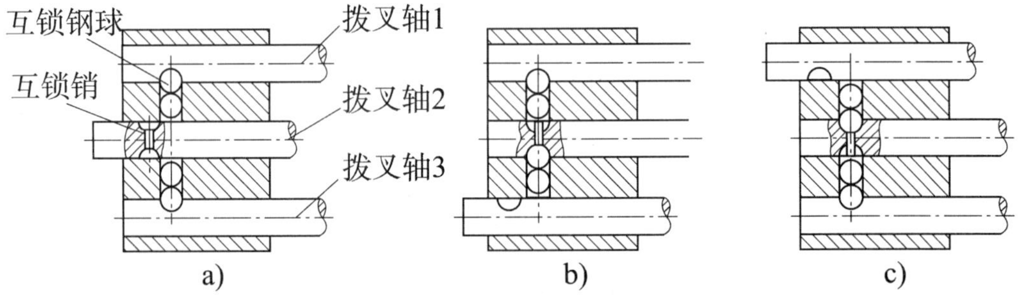

图 5-21　互锁装置

当变速器处于空挡时,所有拨叉轴的侧面凹槽同互锁钢球、互锁销都在一条直线上。当移动拨叉轴 2 时,如图 5-21a)所示,拨叉轴 2 两侧的内侧互锁钢球从其侧凹槽中被挤出,而两外侧互锁钢球则分别嵌入拨叉轴 1 和拨叉轴 3 的侧面凹槽中,因而将拨叉轴 1 和拨叉轴 3 刚性地锁止在其空挡位置。若欲移动拨叉轴 3,则应先将拨叉轴 2 退回到空挡位置。于是在移动拨叉轴 3 时,互锁钢球便从拨叉轴 3 的凹槽中被挤出,同时通过互锁销和其他互锁钢球将拨叉轴 2 和拨叉轴 1 均锁止在空挡位置,如图 5-21b)所示。同理,当移动拨叉轴 1 时,拨叉轴 2 和拨叉轴 3 被锁止在空挡位置,如图 5-21c)所示。由此可知,互锁装置工作的机理是当驾驶人用换挡杆推动某一拨叉轴移动时,自动锁止其余拨叉轴,从而防止同时挂上两个挡位。

(3)倒挡锁装置。倒挡锁装置用于防止误挂倒挡。图5-22所示为常见的锁销式倒挡锁装置,当驾驶人欲挂倒挡、换挡杆下端向倒、5挡拨叉轴移动时,必须压缩弹簧才能进入倒、5挡拨叉轴上的拨块凹槽中,这样,驾驶人必须对换挡杆施加更大的力,才能挂入倒挡,从而起到警示注意作用,以防误挂倒挡,防止了汽车前进时因误挂倒挡而导致零件损坏。

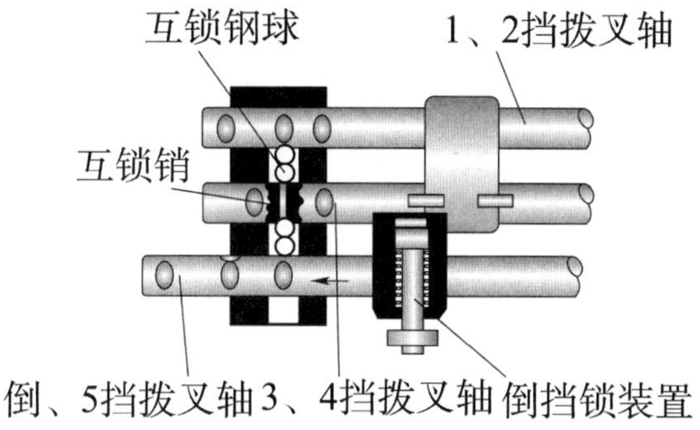

图5-22　倒挡锁装置

引导问题8　手动变速器挂挡困难检测工艺流程是怎样的?

手动变速器挂挡困难,说明同步器或齿轮等技术状况不良,应按照规定的检测工艺流程(图5-23)进行故障分析。

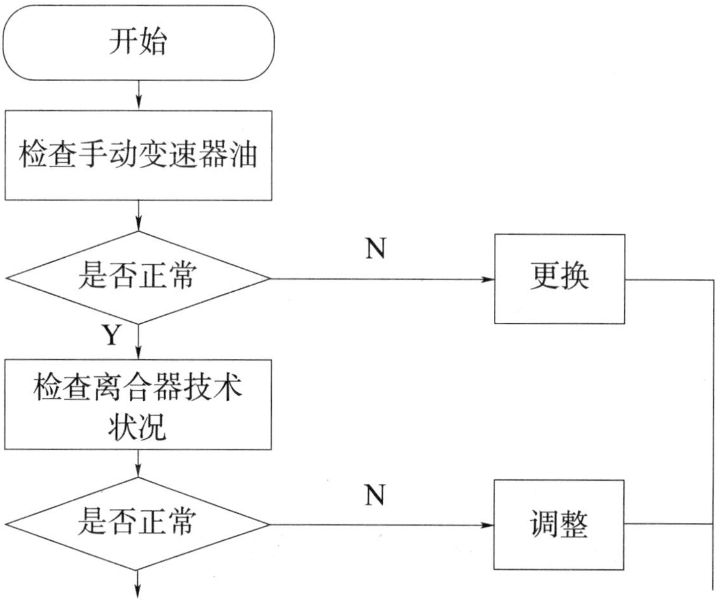

图　5-23

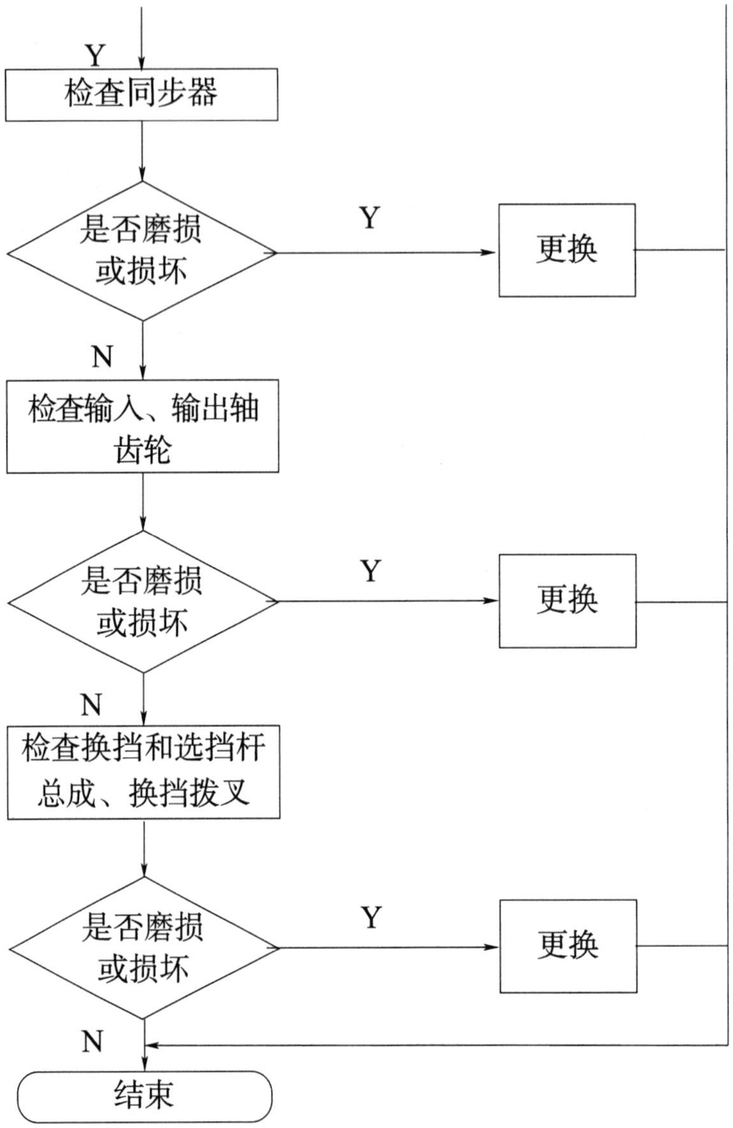

图5-23　手动变速器挂挡困难检测工艺流程

二 实施作业

引导问题9　作业需要哪些工具、设备和材料?

(1)车辆:卡罗拉(1.6L)乘用车。

(2)普通设备及工具:举升机、组合工具、扭力扳手、锤子(图5-24)、压力机、铜棒。

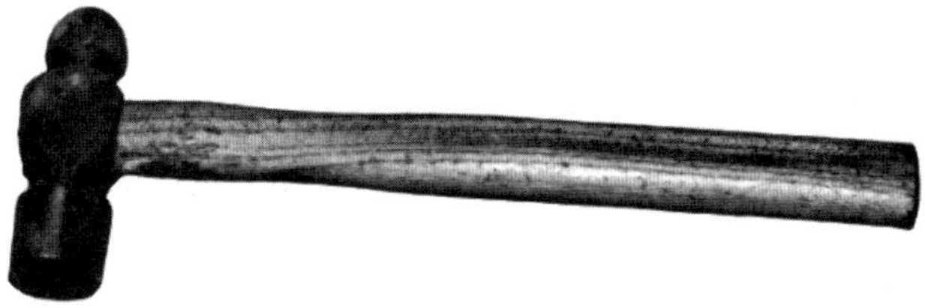

图5-24　锤子

(3)专用工具:SST 09950-60010 拆装工具组件、SST 09950-70010 手柄组件、SST 09316-60011 变速器和分动器轴承拆装工具、SST 09710-20011 前悬架衬套成套组件、SST 09950-60020 2 号拆装工具组件、SST 09309-36010 变速器后轴承拆装工具、SST 09564-32011 差速器预紧接合器、SST 09950-30012 拉出器 A 组件、SST 09608-04031 前轮毂内轴承内圈拆装工具、SST 09350-32014 丰田自动变速器成套工具、SST 09817-16011 倒车灯开关工具。

(4)检测设备及量具:游标卡尺、测径规(图5-25)、塞尺(图5-26)、千分尺(图5-27)。

图5-25　测径规

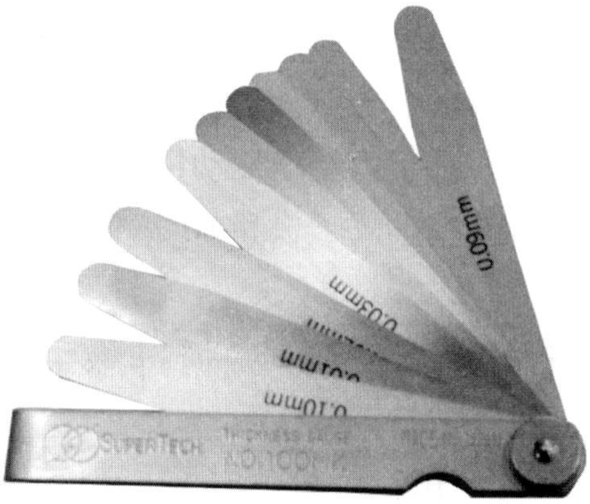

图5-26　塞尺

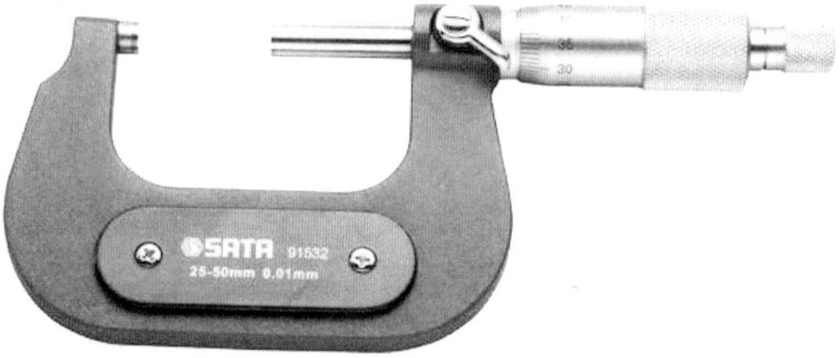

图 5-27　千分尺

(5)其他:手动变速器油、滑动球轴承、油封、通用润滑脂、圆锥滚子轴承、密封胶:丰田原厂黏结剂 1344、THREE BOND 1344 或同等产品、FIPG:丰田原厂密封胶 1281、THREE BOND 1281 或同等产品、O 形圈。

引导问题 10　通过查询和查找,填写以下信息。

生产年份________,车牌号码________,行驶里程________,发动机型号及排量________,车辆识别代码(VIN)________。

引导问题 11　作业前的准备工作有哪些?

(1)汽车进入工位前,将工位清理干净,准备好相关的器材。
(2)将汽车停驻在举升机中央位置。
(3)拉紧驻车制动器操纵杆,并将换挡杆置于空挡位置。
(4)套上转向盘防尘罩、换挡杆手柄套和座椅套,铺设脚垫。
(5)在车内拉动发动机舱盖手柄,在车外打开并支撑发动机舱盖。
(6)粘贴翼子板和前脸磁力护裙。

引导问题 12　如何排除手动变速器挂挡困难故障?

卡罗拉(1.6L)乘用车手动传动桥总成如图 5-28 ~ 图 5-33 所示。

1 检查手动变速器油

卡罗拉(1.6L)乘用车手动变速器油的容量为 1.9L;手动变速器油类型:

“TOYOTA Genuine Manual Transmission Gear Oil LV API GL-4”(丰田纯正手动变速器齿轮油 LV API GL-4)。

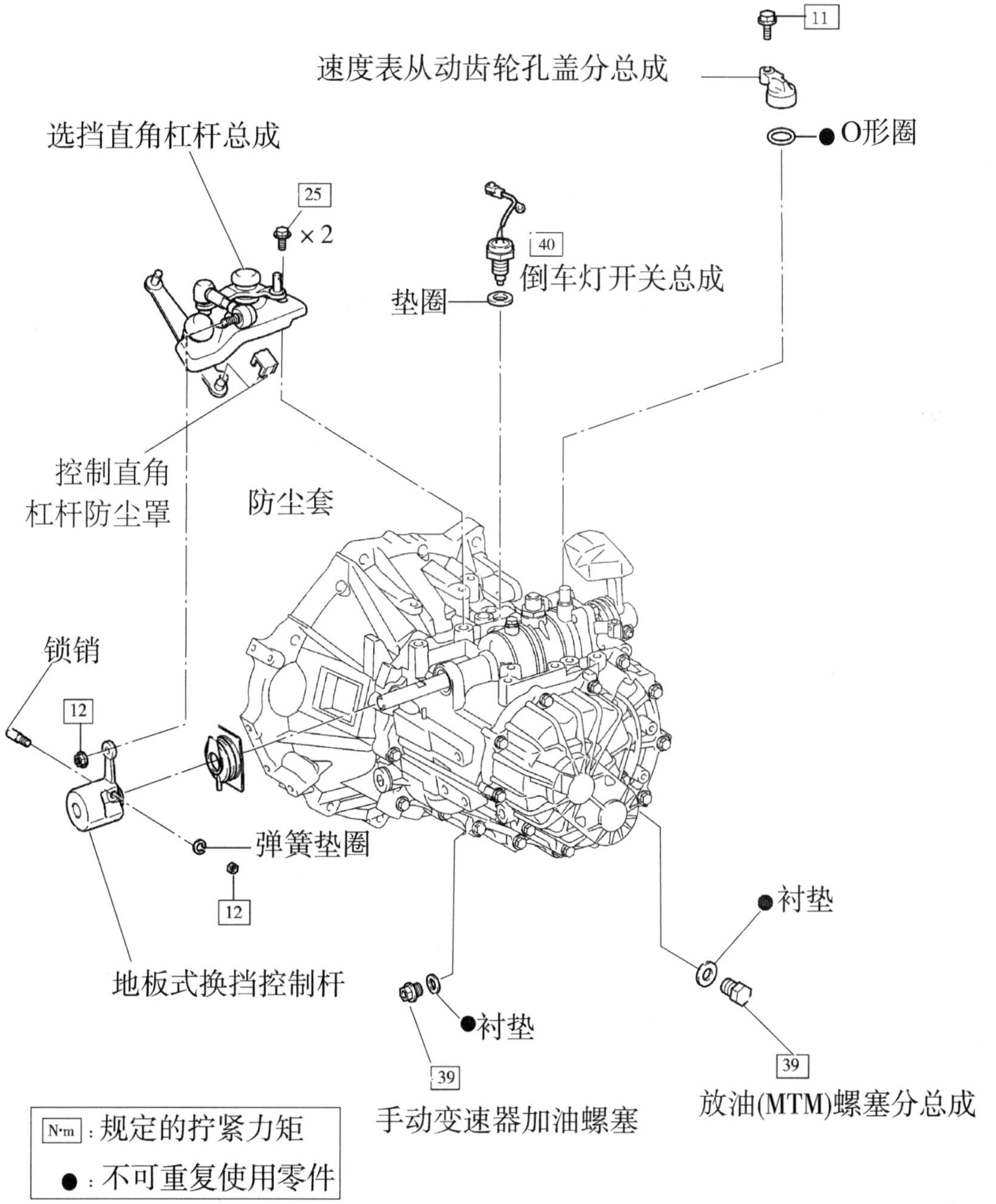

图 5-28　手动传动桥总成(一)

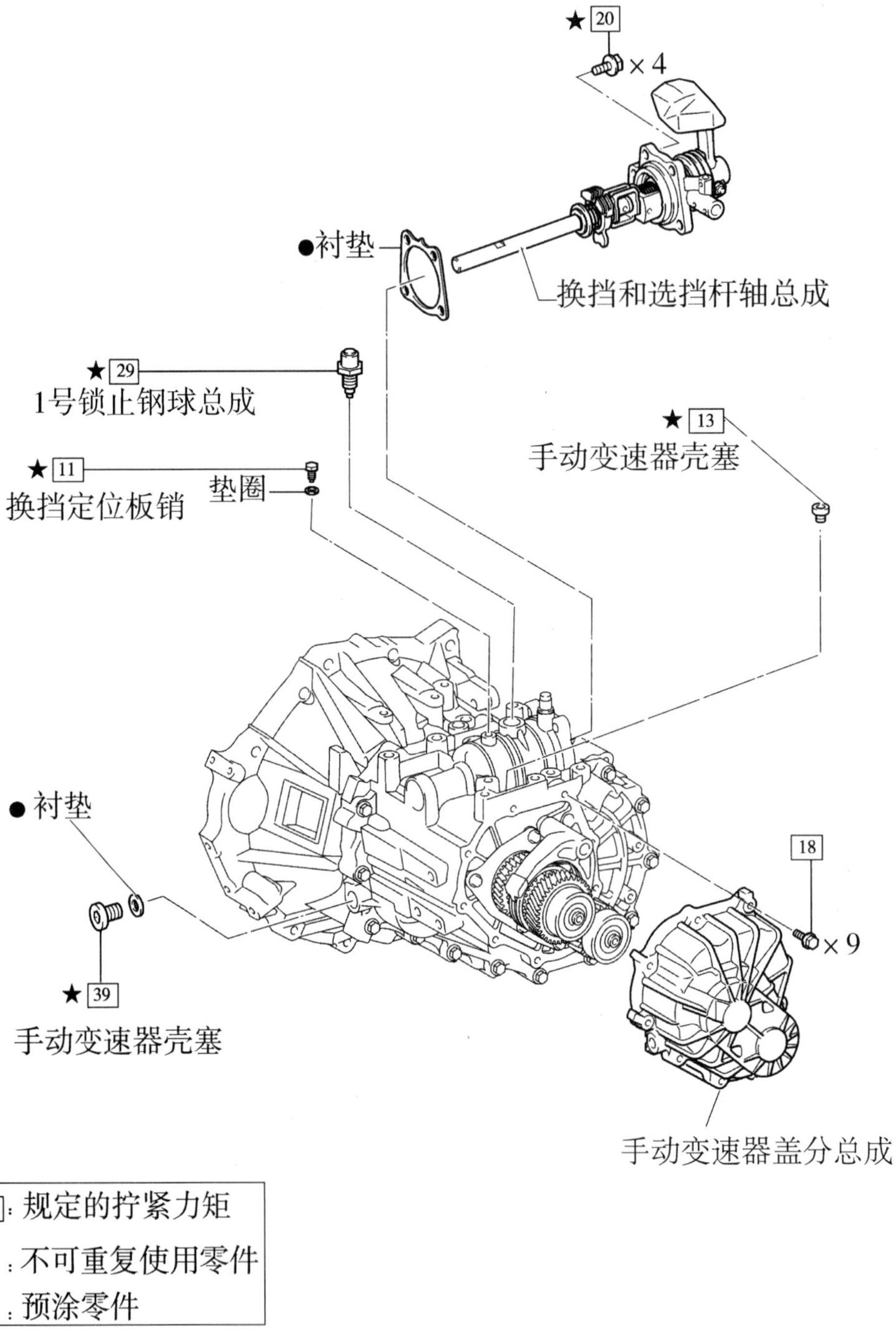

图5-29　手动传动桥总成(二)

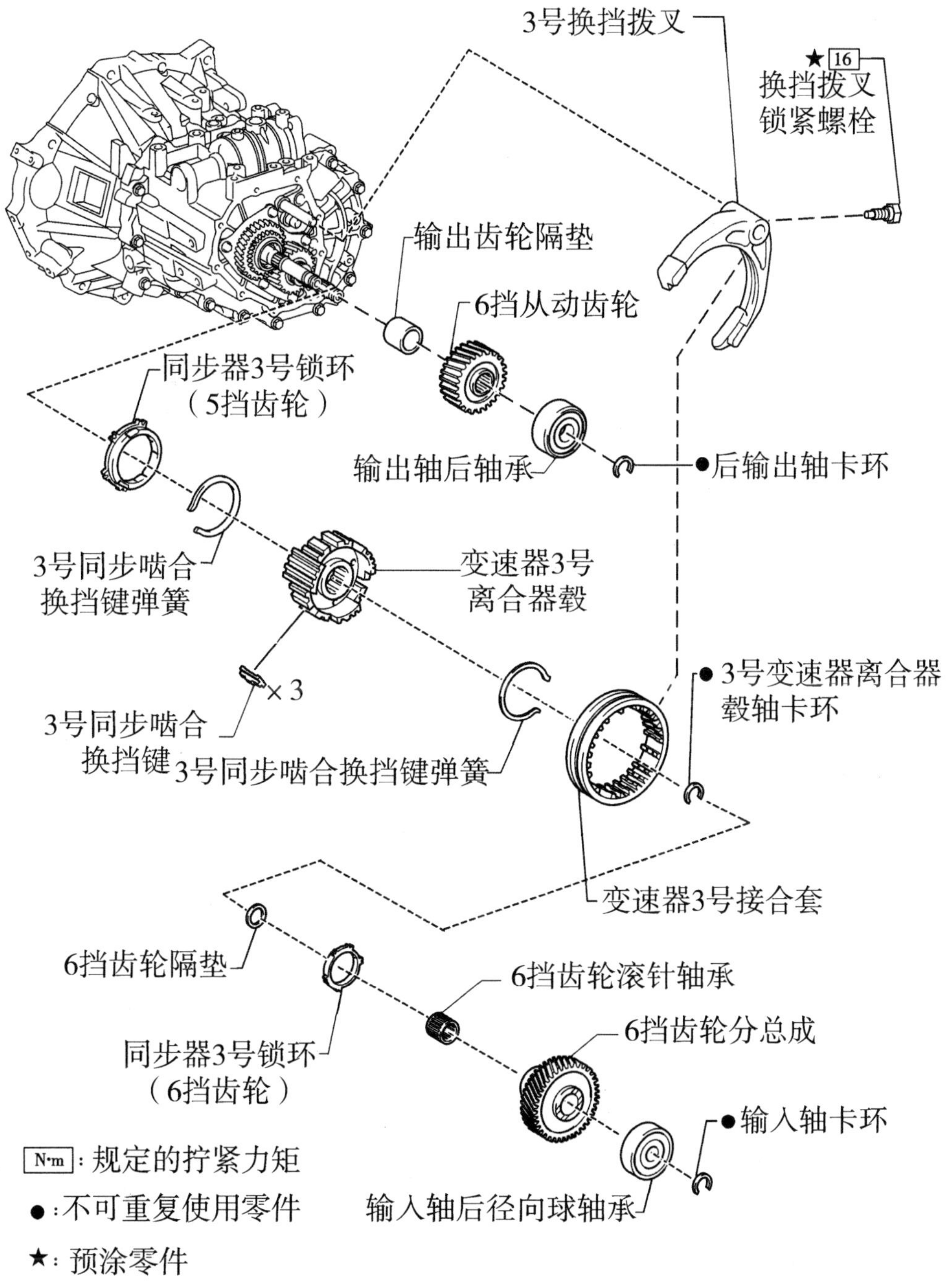

图 5-30　手动传动桥总成(三)

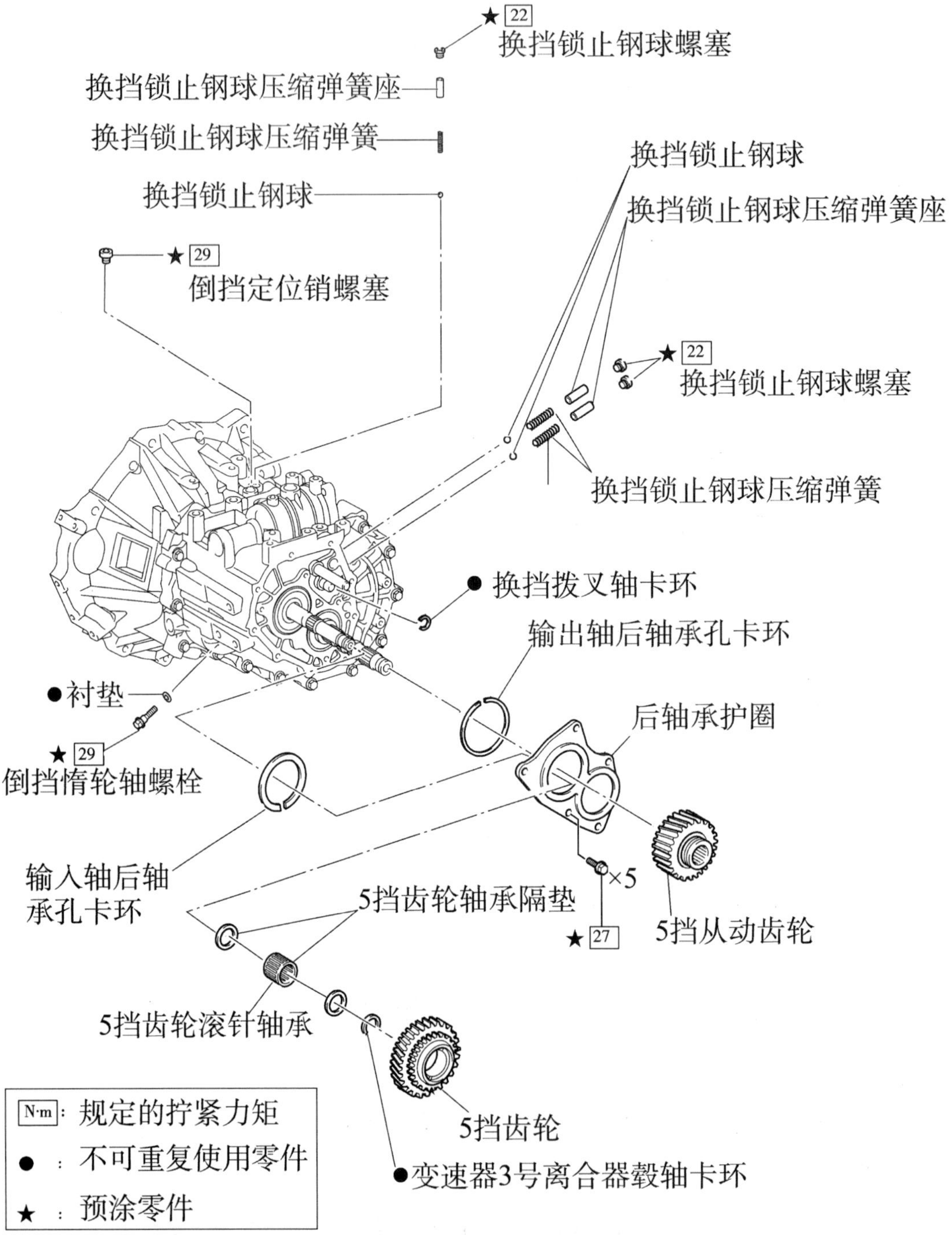

图 5-31　手动传动桥总成(四)

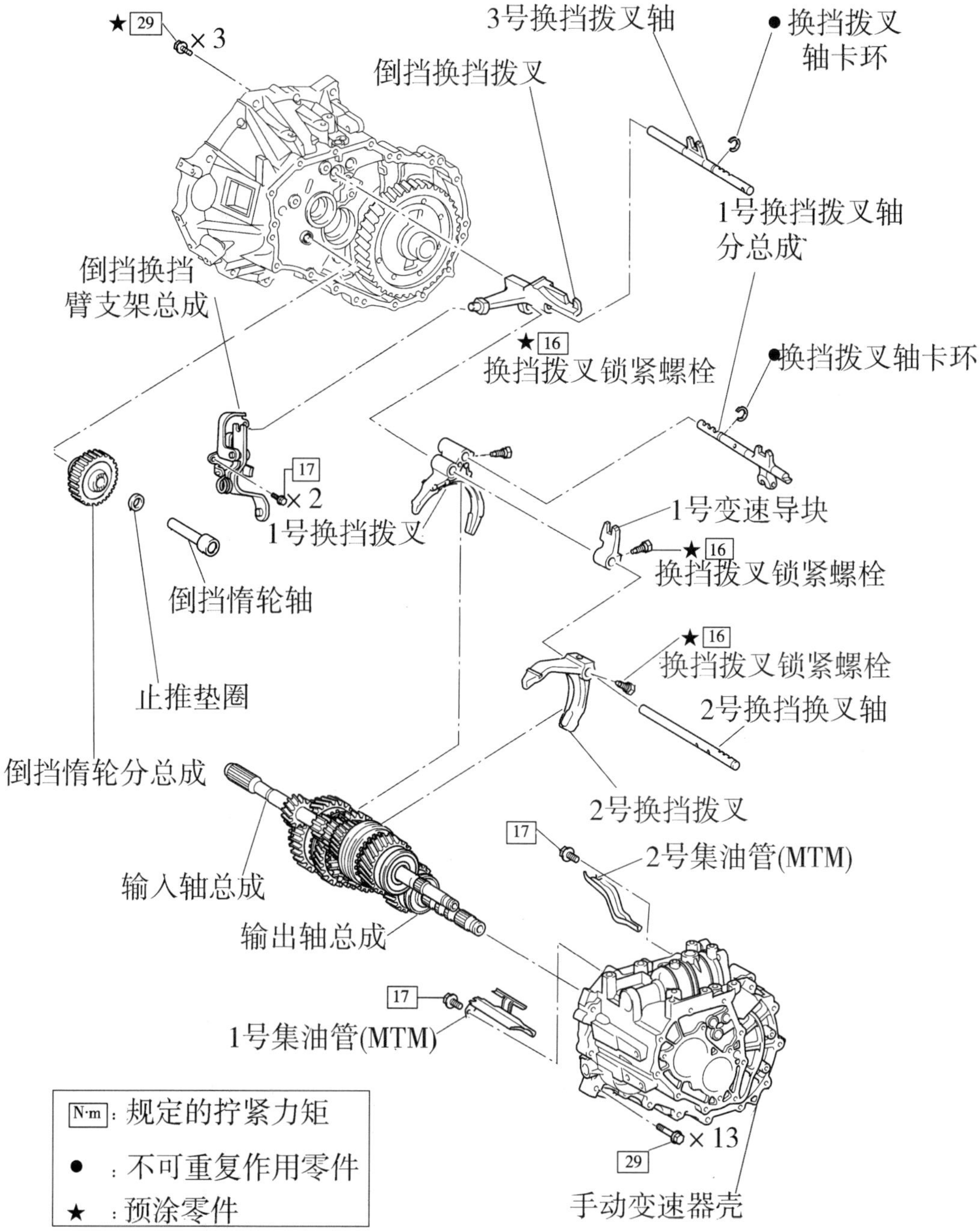

图 5-32　手动传动桥总成(五)

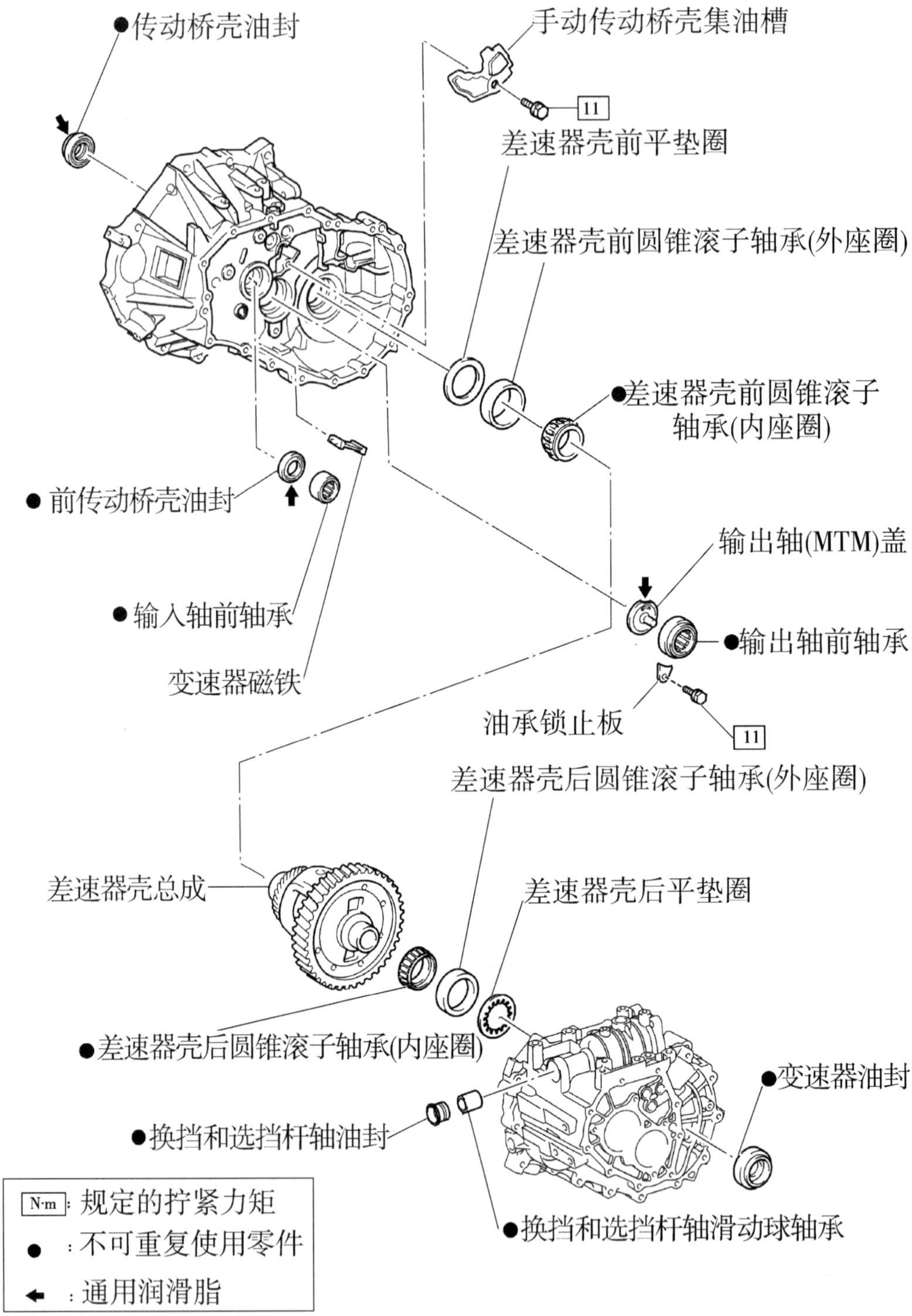

图 5-33 手动传动桥总成(六)

(1)拆下手动变速器加油螺塞和衬垫。

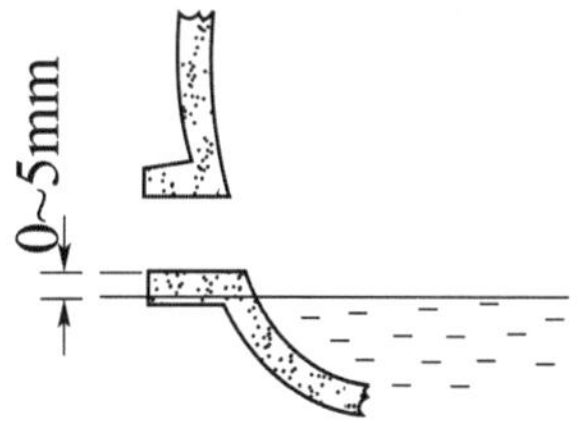

图 5-34　检查手动变速器油的油面高度

(2)检查并确认手动变速器油的油面在手动变速器加油螺塞开口最低点以下 5mm 范围内,如图 5-34 所示。注意:手动变速器油过多或过少都可能引起故障;更换手动变速器油后,驾驶车辆并再次检查手动变速器油位。

(3)手动变速器油位低时,检查手动变速器油是否泄漏。

(4)安装手动变速器加油螺塞和新衬垫,拧紧力矩:39N · m。

2 检查离合器技术状况(见学习任务二)

3 拆解手动传动桥总成

手动传动桥的拆解如图 5-28 ~ 图 5-33 所示。

4 检查手动传动桥部件

(1)检查手动变速器 3 号接合套。

①如图 5-35 所示,检查手动变速器 3 号接合套和手动变速器 3 号离合器毂之间的滑动情况。

②检查并确认手动变速器 3 号接合套的花键齿轮轮齿尖端未磨掉。

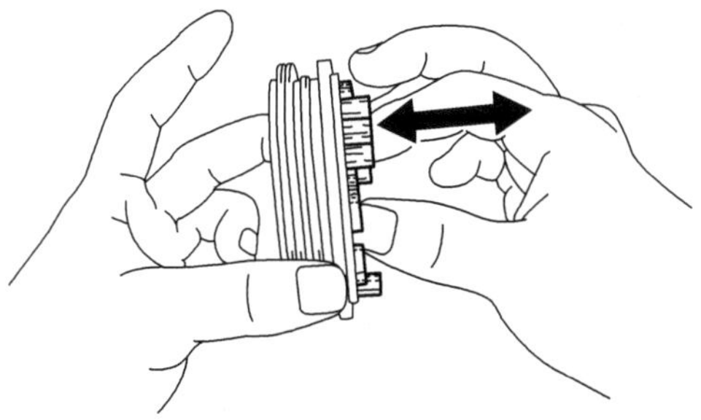

图 5-35　检查接合套和离合器毂之间的滑动情况

③如图 5-36 所示,用游标卡尺测量手动变速器 3 号接合套凹槽宽度 A 和 3 号换挡拨叉卡爪部分的厚度 B,并计算间隙,标准间隙:$A - B = 0.31 \sim 0.89$mm。如果间隙超出规定范围,更换手动变速器 3 号接合套和 3 号换挡拨叉。

(2)检查同步器 3 号锁环(6 挡齿轮)。

①检查磨损或损坏情况。

②如图5-37所示,在6挡齿轮锥面上涂抹手动变速器油。将同步器锁环推向6挡齿轮锥面的同时使其沿一个方向转动。检查并确认锁环锁止。如果同步器锁环未锁止,更换锁环或6挡齿轮。

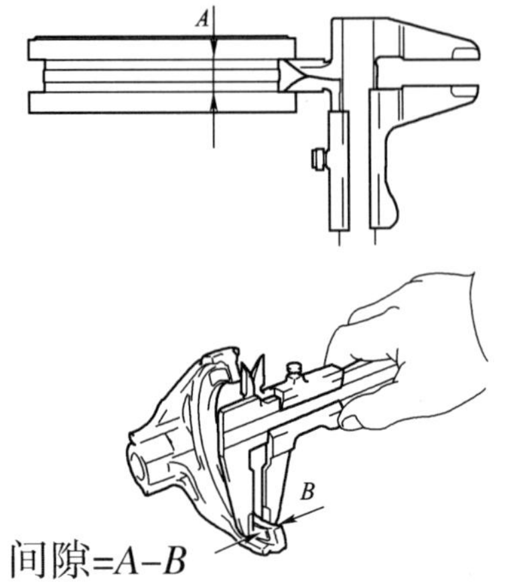

图5-36　测量接合套凹槽宽度和换挡拨叉卡爪部分的厚度

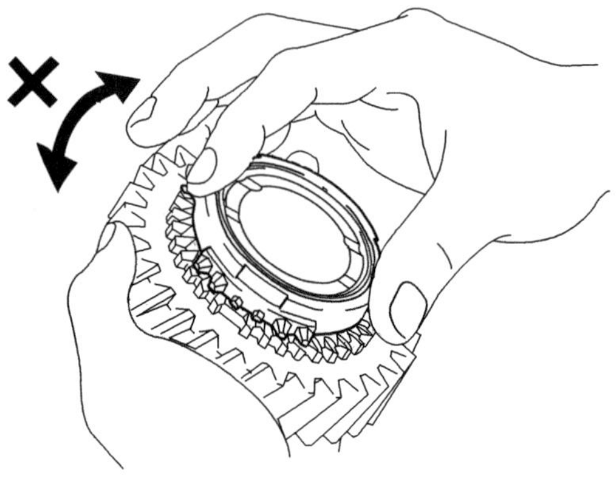

图5-37　检查锁环锁止情况

③如图5-38所示,用塞尺测量同步器锁环和齿轮花键末端之间的间隙,标准间隙:0.75~1.65mm。如果间隙超出规定范围,更换同步器3号锁环(6挡齿轮)。

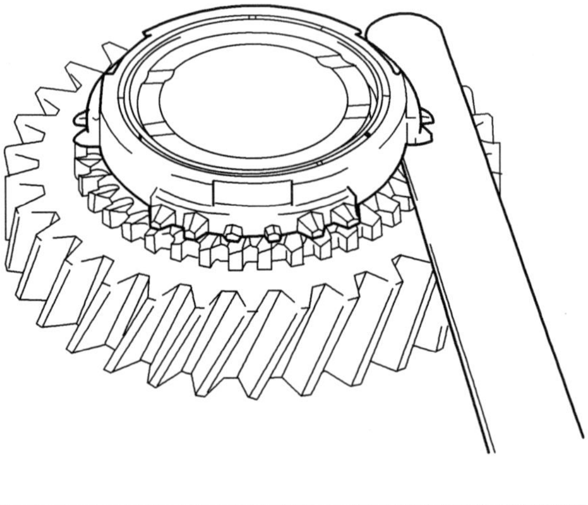

图5-38　测量同步器锁环和齿轮花键末端之间的间隙

(3)检查6挡齿轮分总成。如图5-39所示,用测径规测量6挡齿轮内径,标准值见表5-1。如果内径超过最大值,更换6挡齿轮分总成。

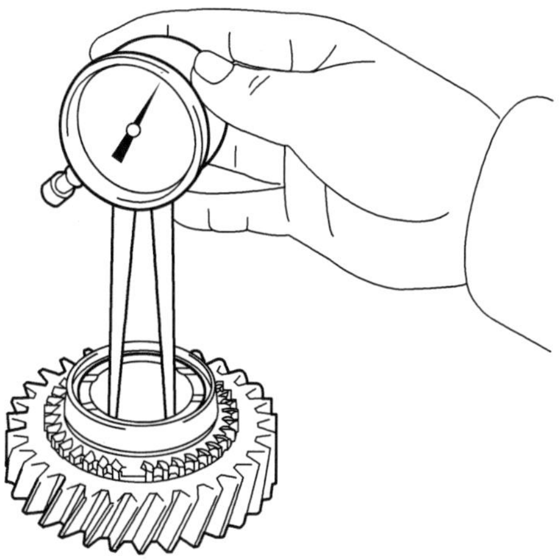

图 5-39　测量 6 挡齿轮内径

6 挡齿轮内径标准值　　表 5-1

新齿轮内径(mm)	最大内径(mm)
28.015～28.031	28.031

(4)检查同步器 3 号锁环(5 挡齿轮)。

①在 5 挡齿轮锥面上涂抹手动变速器油。将同步器锁环推向 5 挡齿轮锥面的同时使其沿一个方向转动,如图 5-40 所示。检查并确认锁环锁止。如果同步器外锁环未锁止,更换锁环或 5 挡齿轮。

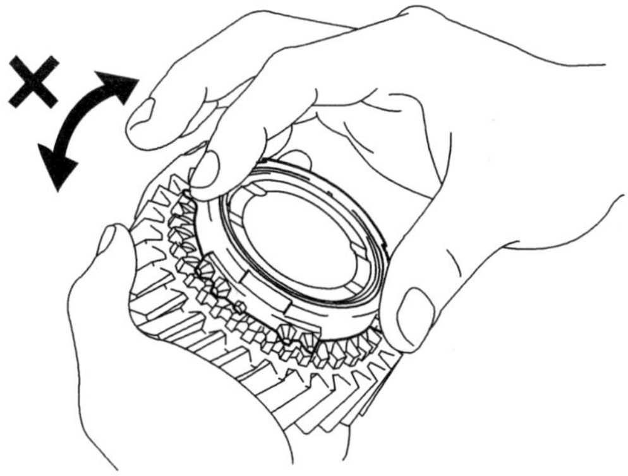

图 5-40　检查锁环锁止情况

②如图 5-41 所示,用塞尺测量同步器锁环和 5 挡齿轮花键末端之间的间隙。如果间隙超出规定范围,更换同步器 3 号锁环(5 挡齿轮)。

(5)检查5挡齿轮。如图5-42所示,用测径规测量5挡齿轮内径,标准值见表5-2。如果内径超过最大值,更换5挡齿轮。

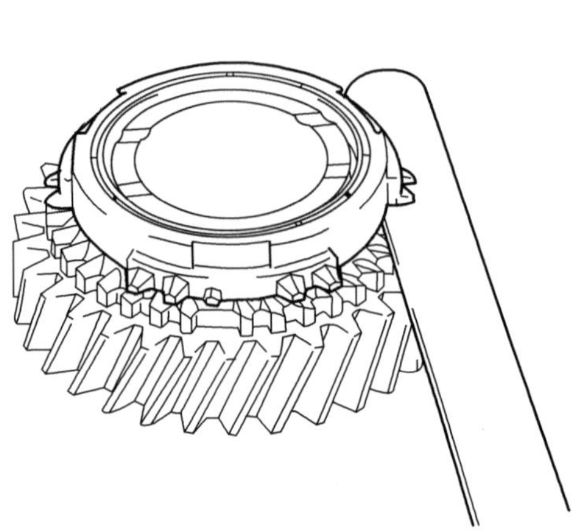

图5-41　测量同步器锁环和5挡齿轮花键末端之间的间隙

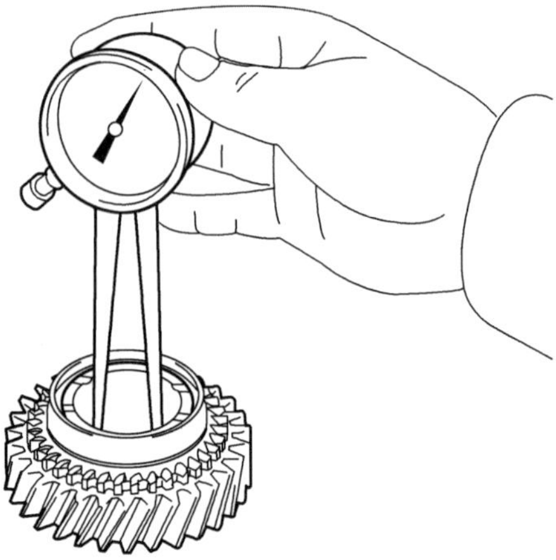

图5-42　测量5挡齿轮内径

5挡齿轮内径标准值　　表5-2

新齿轮内径(mm)	最大内径(mm)
29.915~29.931	29.931

(6)检查倒挡惰轮分总成。

①如图5-43所示,用测径规检查倒挡惰轮分总成。内径标准值见表5-3。如果内径超过最大值,更换倒挡惰轮分总成。

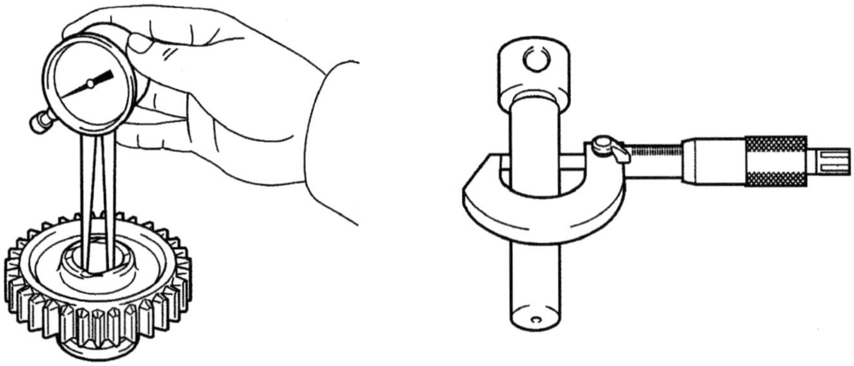

a)检查惰轮内径　　b)检查惰轮轴外径

图5-43　检查倒挡惰轮分总成

惰轮内径标准值　　表 5-3

新惰轮内径(mm)	最大内径(mm)
18.040 ~ 18.058	18.058

②用千分尺检查倒挡惰轮轴,如图 5-43 所示,外径标准值见表 5-4。如果外径小于最小值,更换倒挡惰轮轴。

惰轮轴外径标准值　　表 5-4

新惰轮轴外径(mm)	最小外径(mm)
17.966 ~ 17.984	17.966

5 装配手动传动桥总成

(1)安装换挡和选挡杆轴滑动球轴承。如图 5-44 所示,用 SST 09950-60010(09951-00220)、09950-70010(09951-07100)和锤子将新的换挡和选挡杆轴滑动球轴承安装至手动变速器壳,嵌入深度:0 ~ 0.5mm。

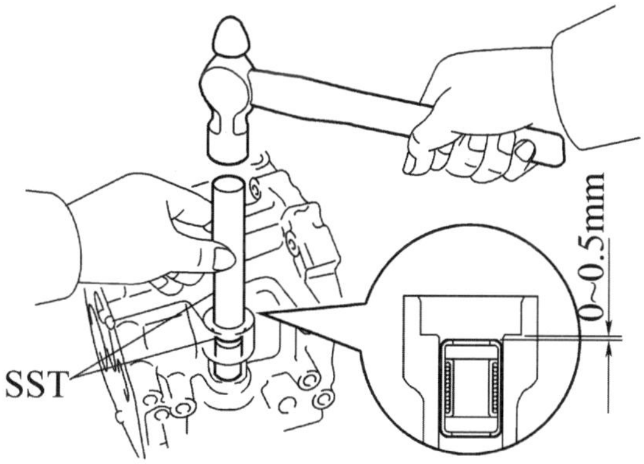

图5-44　安装换挡和选挡杆轴滑动球轴承

(2)安装换挡和选挡杆轴油封。如图 5-45 所示,用 SST 09950-60010(09951-00240)、09950-70010(09951-00240)将新的换挡和选挡杆轴油封安装至手动变速器壳,嵌入深度:9.7 ~ 10.3mm。

(3)安装输出轴(MTM)盖。如图 5-46 所示,在输出轴(MTM)盖上涂抹通用润滑脂,并将其安装到手动传动桥壳。注意:将输出轴盖键插入壳槽。

(4)安装手动变速器油封。

①如图 5-47 所示,用 SST 09316-60011(09316-00011)和锤子将新的手动变速器油封安装至手动变速器壳,嵌入深度:9.6 ~ 10.2mm。

②在手动变速器油封唇口上涂抹通用润滑脂。

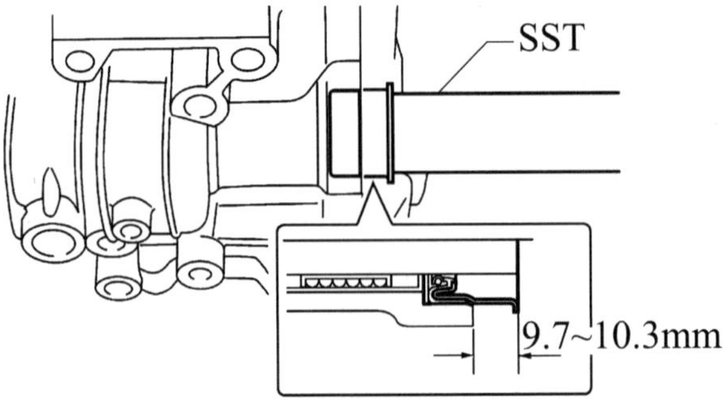

图 5-45　安装换挡和选挡杆轴油封

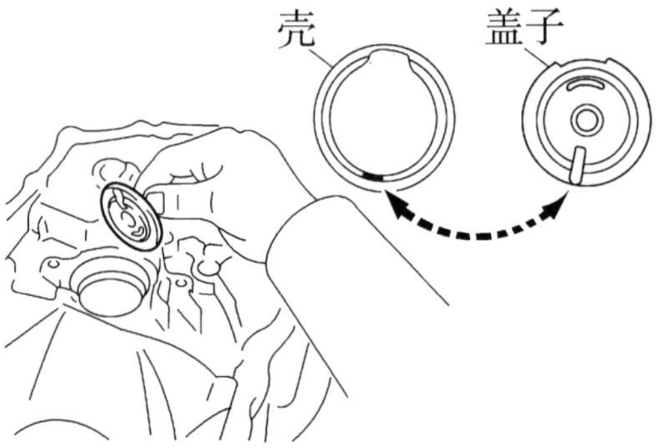

图 5-46　安装输出轴(MTM)盖

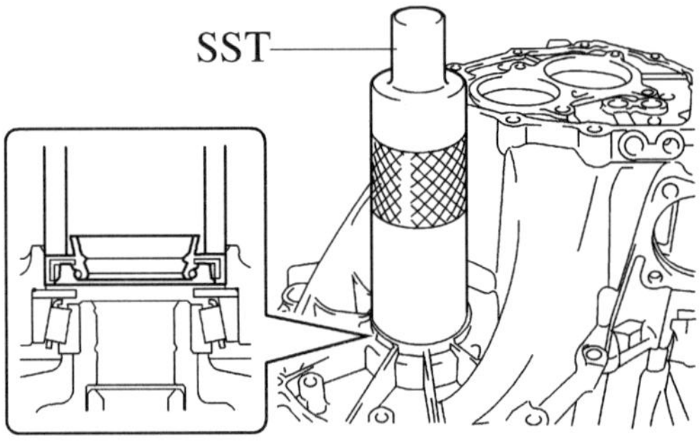

图 5-47　安装手动变速器油封

(5)安装手动传动桥壳油封。

①如图 5-48 所示,用 SST 09710-20011(09710-06071)、09950-70010(09951-07150)和锤子将新的手动传动桥壳油封安装至手动传动桥壳。嵌入深度:1.6～2.2mm。

②在手动传动桥壳油封唇口上涂抹通用润滑脂。

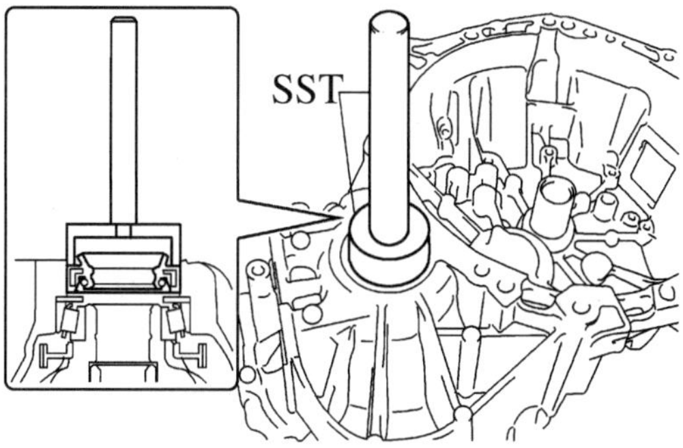

图 5-48　安装手动传动桥壳油封

(6)安装差速器壳前圆锥滚子轴承。

①如图 5-49 所示,用 SST 09350-32014(09351-32120)、09950-60010(09951-00530)和压力机将新的差速器壳前圆锥滚子轴承(内座圈)安装至差速器壳。

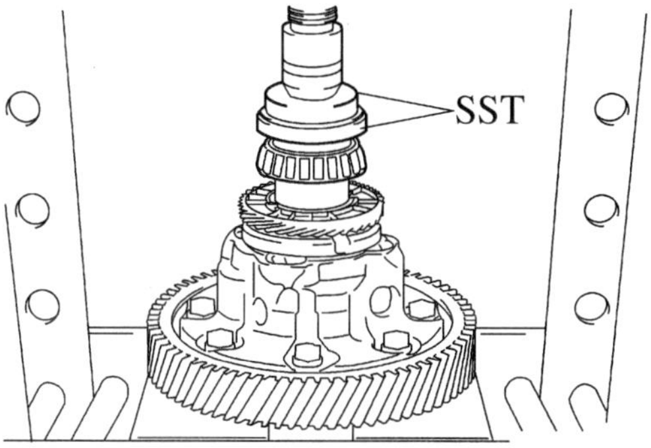

图 5-49　安装差速器壳前圆锥滚子轴承(内座圈)

②如图 5-50 所示,用 SST 09950-60020(09951-00680)、09950-70010(09951-07150)和压力机将差速器壳前平垫圈和差速器壳前圆锥滚子轴承(外座圈)安装至手动传动桥壳。

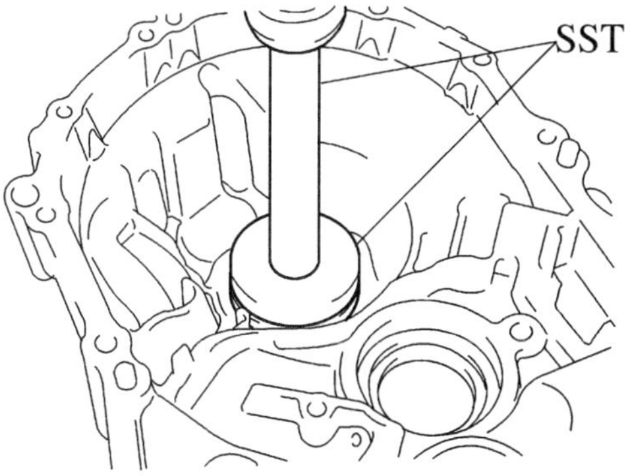

图 5-50　安装差速器壳前平垫圈和差速器壳前圆锥滚子轴承(外座圈)

(7)安装差速器壳后圆锥滚子轴承。

①如图 5-51 所示,用 SST 09350-32014(09351-32120)、09950-60010(09951-00530)和压力机将新的差速器壳后圆锥滚子轴承(内座圈)安装至差速器壳。

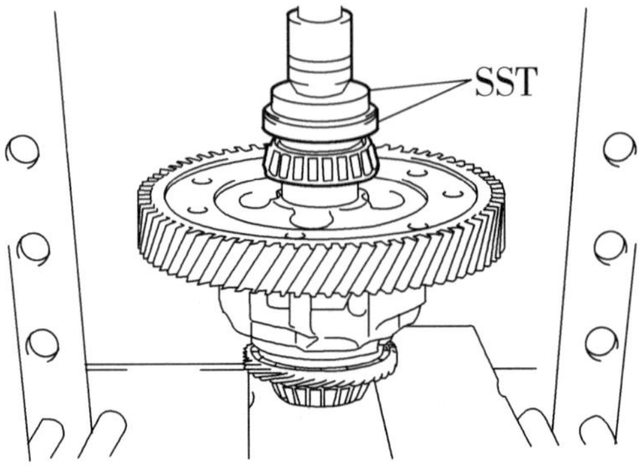

图 5-51　安装差速器壳后圆锥滚子轴承(内座圈)

②如图 5-52 所示,用 SST 09309-36010、09950-60020(09951-00710)、09950-70010(09951-07150)和压力机将差速器壳后平垫圈和差速器壳后圆锥滚子轴承(外座圈)安装至手动变速器壳。

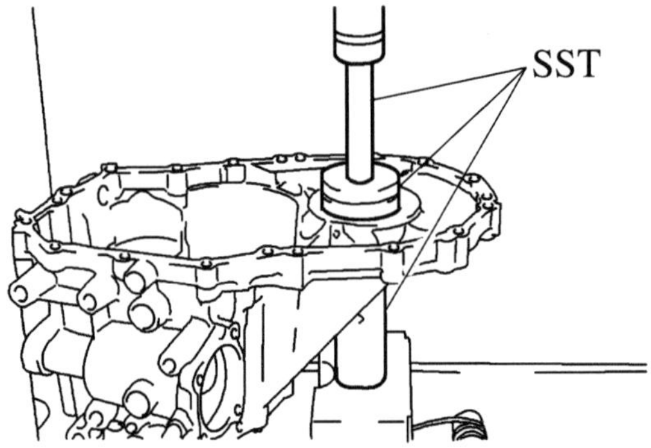

图 5-52　安装差速器壳后平垫圈和差速器壳后圆锥滚子轴承(外座圈)

(8)安装输出轴前轴承。如图 5-53 所示,在新的输出轴前轴承上涂抹手动变速器油,并用 SST 09950-60010(09951-00550)、09950-70010(09951-07150)和压力机将其安装至手动传动桥壳。

(9)调节差速器半轴轴承预紧力。

①在差速器壳总成上涂抹手动变速器油,并将其安装至手动传动桥壳。

②如图 5-54 所示,用 16 个螺栓安装手动变速器壳,拧紧力矩:29N · m。

③如图 5-55 所示,用 SST 09564-32011 和扭力扳手将差速器壳总成左右转动 2～3 次,以使轴承入座。

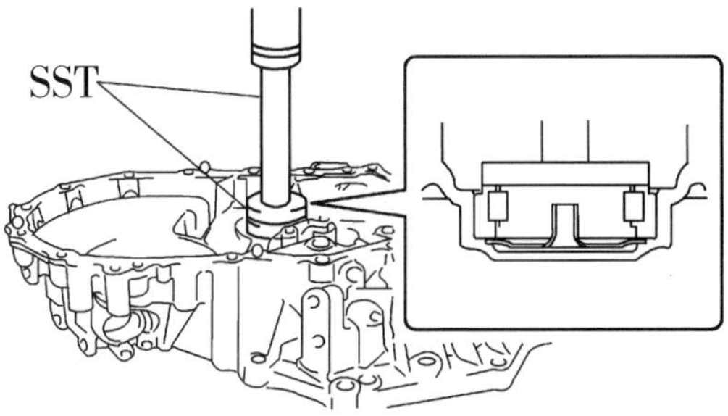

图 5-53　安装输出轴前轴承

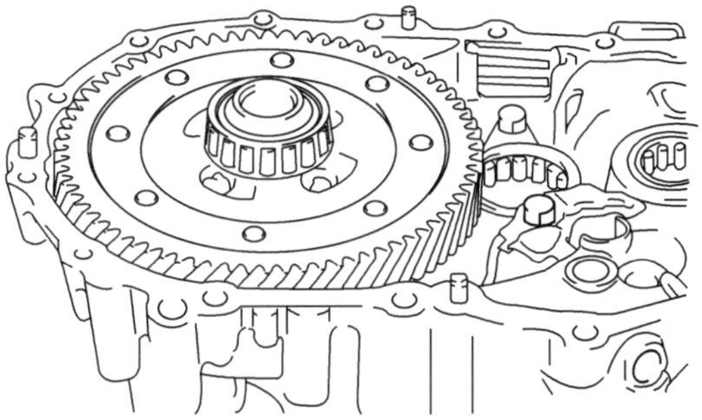

图 5-54　安装手动变速器壳

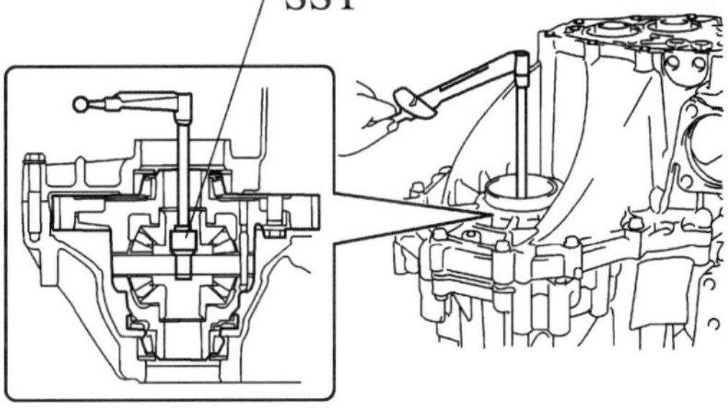

图 5-55　转动差速器壳总成使轴承入座

④用 SST 09564-32011 和扭力扳手测量预紧力(图 5-55),轴承预紧力标准值见表 5-5。注意:如果预紧力超出规定范围,选择合适的差速器壳后平垫圈并进行调节,见表 5-6。

轴 承 预 紧 力　　表 5-5

轴　　承	拧紧力矩(N·m)
新轴承	0.78 ~ 1.57
旧轴承	0.49 ~ 0.98

垫圈厚度 表5-6

零件号	厚度(mm)	标记
90564-41014	2.10	AA
90564-41015	2.15	BB
90564-41016	2.20	CC
90564-41017	2.25	DD
90564-41018	2.30	EE
90564-41019	2.35	FF
90564-41020	2.40	GG
90564-41021	2.45	HH
90564-41022	2.50	JJ
90564-41023	2.55	KK
90564-41024	2.60	LL
90564-41025	2.65	MM
90564-41026	2.70	NN
90564-41027	2.75	PP
90564-41028	2.80	QQ
90564-41029	2.85	RR
90564-41030	2.90	SS
90564-41031	2.95	TT
90564-41032	3.00	UU

⑤拆下16个螺栓和手动变速器壳。

⑥从手动传动桥壳上拆下差速器壳总成。

(10)安装前手动传动桥壳油封。

①如图5-56所示,用SST 09950-60010(09951-00370)、09950-70010(09951-

07150）和锤子将新的前手动传动桥壳油封安装至手动传动桥壳，嵌入深度：15.6～16.0mm。

②在前手动传动桥壳油封唇口上涂抹通用润滑脂。

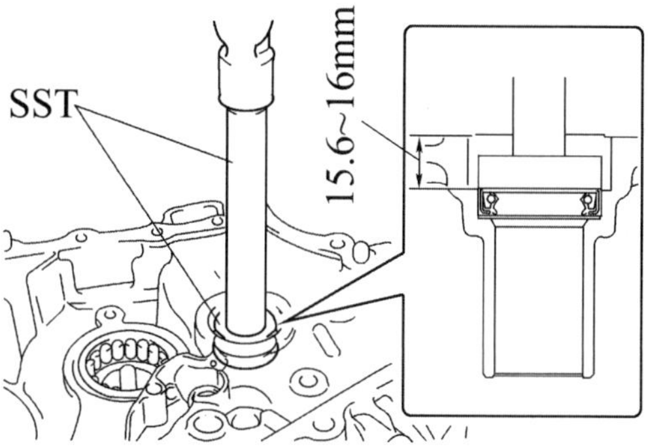

图 5-56　安装前手动传动桥壳油封

（11）安装输入轴前轴承。如图 5-57 所示，在新的输入轴前轴承上涂抹手动变速器油，并用 SST 09950-60010（09951-00420）、09950-70010（09951-07150）和压力机将其安装至手动传动桥壳，嵌入深度：0～0.30mm。

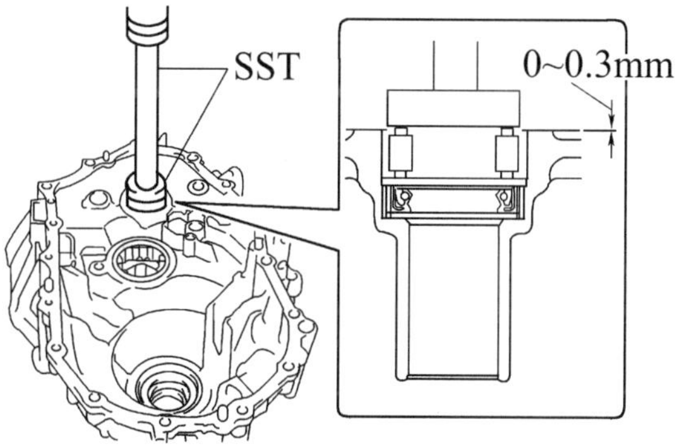

图 5-57　安装输入轴前轴承

（12）安装手动变速器磁铁。如图 5-58 所示，清洁手动变速器磁铁并将其安装至手动传动桥壳。

（13）安装轴承锁止板。如图 5-59 所示，用螺栓将轴承锁止板安装至手动传动桥壳，拧紧力矩：11N·m。

（14）安装手动传动桥壳集油槽。如图 5-60 所示，用螺栓将手动传动桥壳集油槽安装至手动传动桥壳，拧紧力矩：11N·m。

（15）安装差速器壳总成。如图 5-61 所示，在差速器壳圆锥滚子轴承上涂抹手动变速器油，并将差速器壳总成安装至手动传动桥壳。

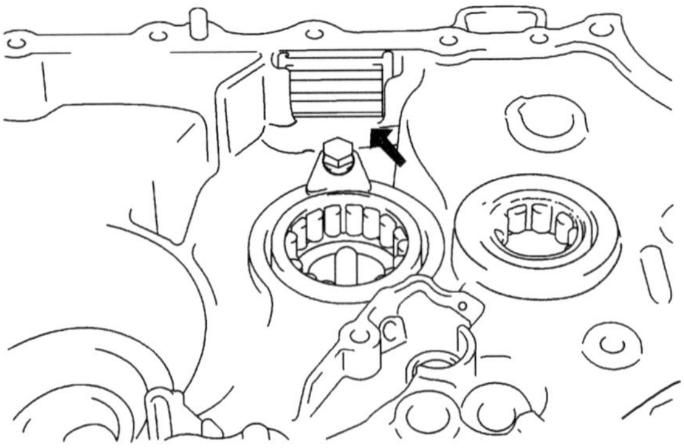

图 5-58　安装手动变速器磁铁

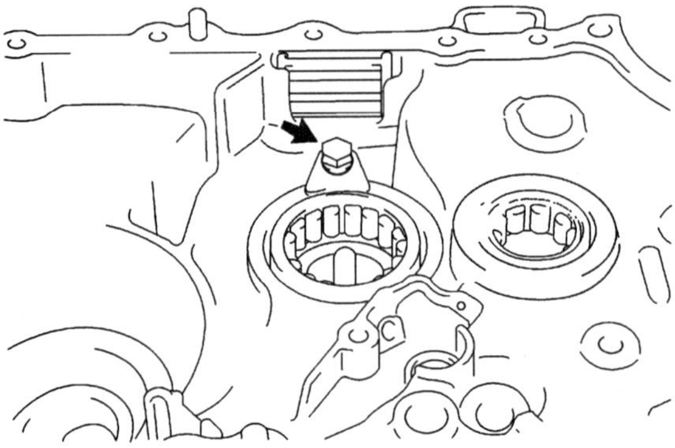

图 5-59　安装轴承锁止板

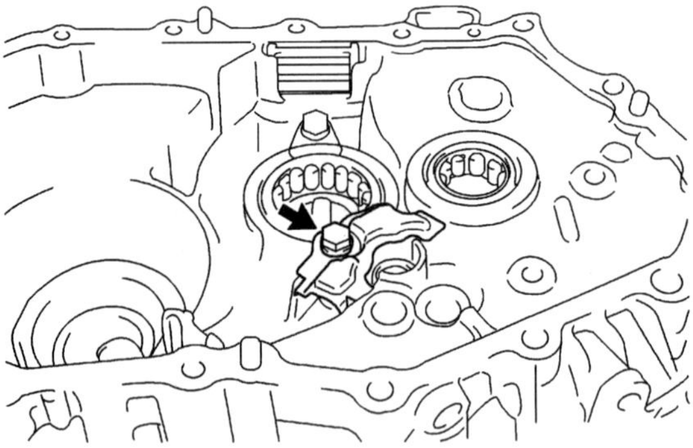

图 5-60　安装手动传动桥壳集油槽

(16)安装倒挡换挡臂支架总成。如图 5-62 所示,用 2 个螺栓将倒挡换挡臂支架总成安装至手动传动桥壳,拧紧力矩:17N·m。

(17)安装输入轴总成。如图 5-63 所示,在输入轴总成和输出轴总成滑动面和旋转面上涂抹手动变速器油,并将其安装至手动传动桥壳。

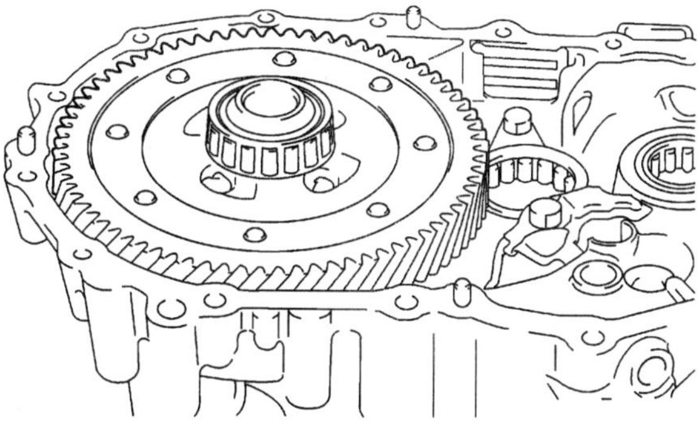

图 5-61　安装差速器壳总成

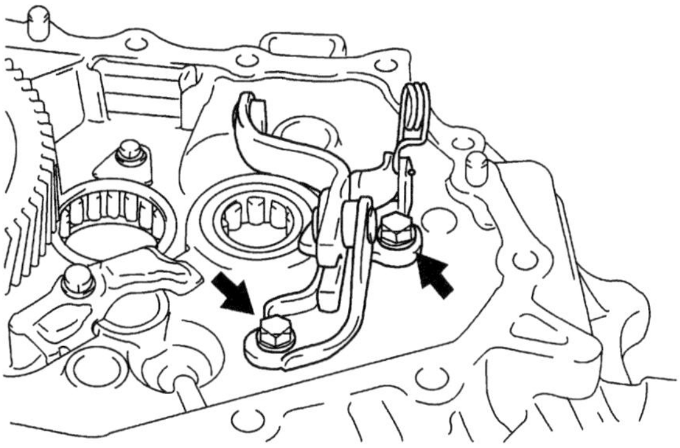

图 5-62　安装倒挡换挡臂支架总成

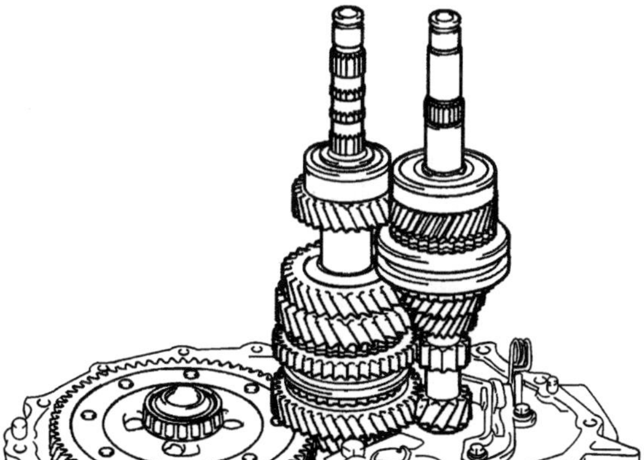

图 5-63　安装输入轴总成

(18)安装倒挡惰轮分总成。在倒挡惰轮分总成、止推垫圈和倒挡惰轮轴上涂抹手动变速器油,并将其安装至手动传动桥壳。注意:使倒挡惰轮轴上的标记和图 5-64 所示的螺栓孔对准。

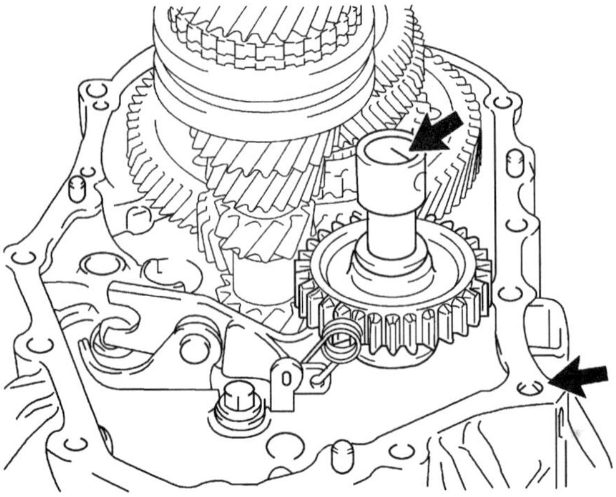

图5-64　安装倒挡惰轮分总成

(19)安装2号换挡拨叉轴。

①如图5-65所示,在2号换挡拨叉和1号换挡拨叉上涂抹手动变速器油,并将其安装至输入轴总成和输出轴总成。

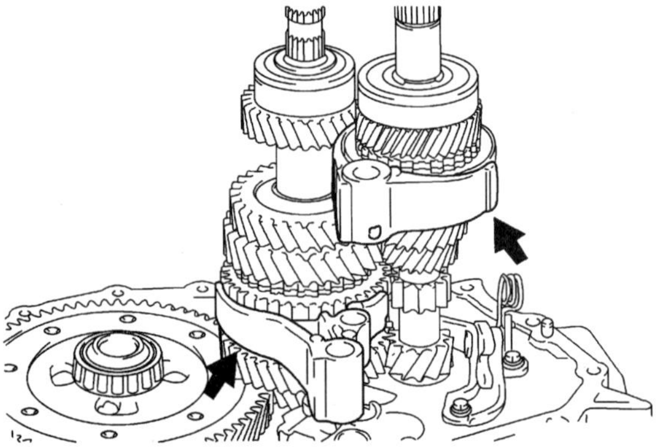

图5-65　安装2号换挡拨叉和1号换挡拨叉

②如图5-66所示,在2号换挡拨叉轴上涂抹手动变速器油,并安装1号变速导块、倒挡拨叉和2号换挡拨叉轴。

③如图5-67所示,在2个换挡拨叉锁止螺栓上涂抹密封胶(丰田原厂黏结剂1344、THREE BOND 1344或同等产品),并将其安装至2号换挡拨叉和1号变速导块,拧紧力矩:16N·m。

(20)安装3号换挡拨叉轴。

①如图5-68所示,用铜棒和锤子将新的轴卡环安装至3号换挡拨叉轴。

②如图 5-69 所示，在 3 号换挡拨叉轴上涂抹手动变速器油，并将其安装至手动传动桥壳。

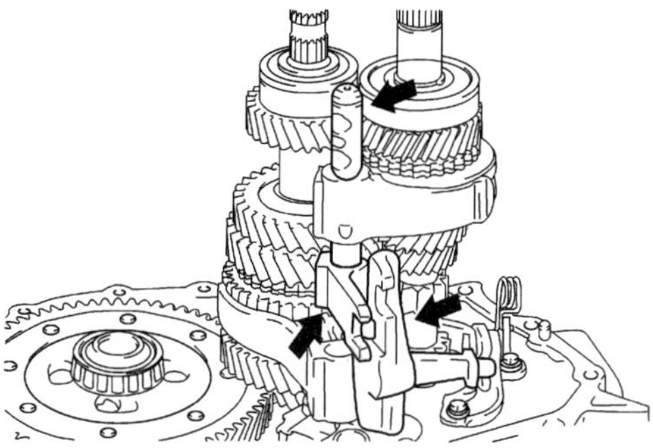

图 5-66　安装 1 号变速导块、倒挡拨叉和 2 号换挡拨叉轴

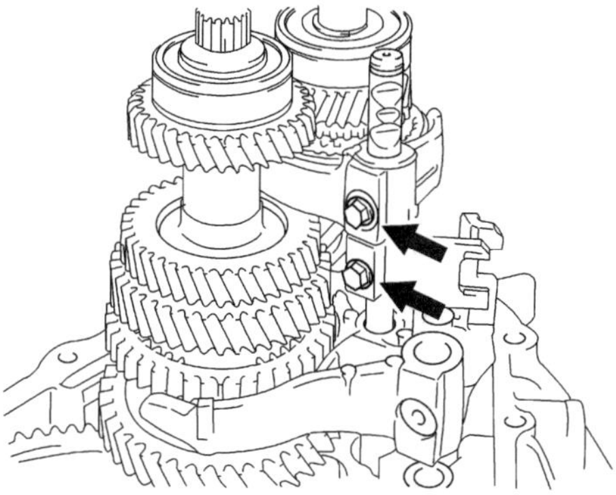

图 5-67　安装换挡拨叉锁止螺栓

图 5-68　安装 3 号换挡拨叉轴(一)

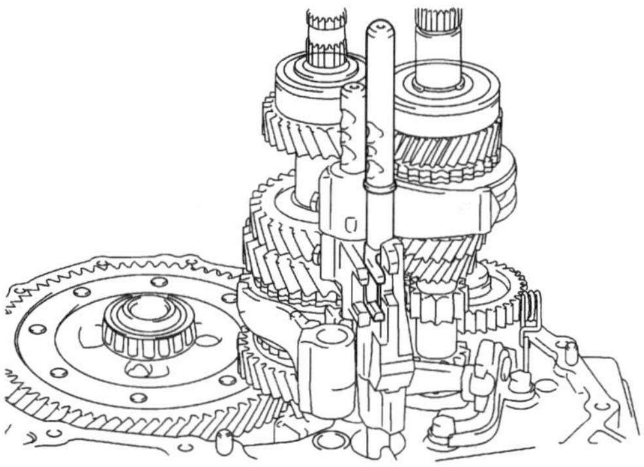

图 5-69　安装 3 号换挡拨叉轴(二)

(21)安装 1 号换挡拨叉轴分总成。

①在 1 号换挡拨叉轴分总成上涂抹手动变速器油，并将其安装至手动传动桥壳。

②如图 5-70 所示，在换挡拨叉锁止螺栓上涂抹密封胶(丰田原厂黏结剂 1344、THREE BOND 1344 或同等产品)，并将其安装至 1 号换挡拨叉，拧紧力矩：16N · m。

③如图 5-71 所示，用铜棒和锤子安装新的轴卡环。

(22)安装 2 号集油管(MTM)。用螺栓将 2 号集油管(MTM)安装至手动变速器壳，拧紧力矩：17N · m。注意：不要使 2 号集油管变形；如图 5-72 所示，将 2 号集油管固定在手动变速器壳上进行安装。

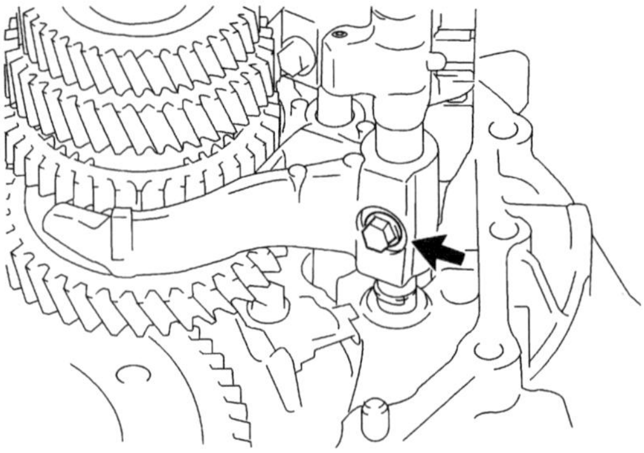

图 5-70　安装 1 号换挡拨叉轴分总成(一)

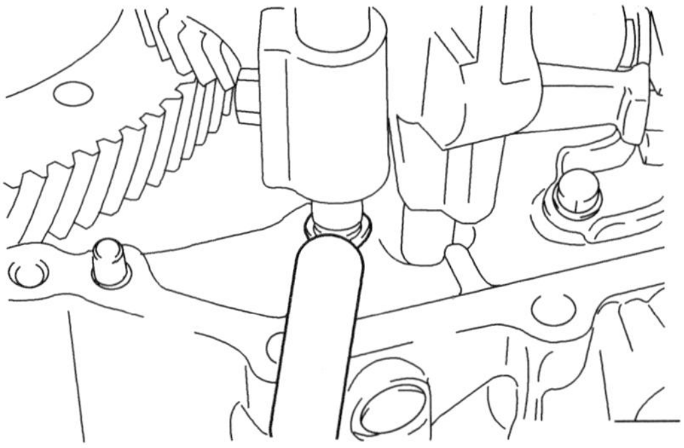

图 5-71　安装 1 号换挡拨叉轴分总成(二)

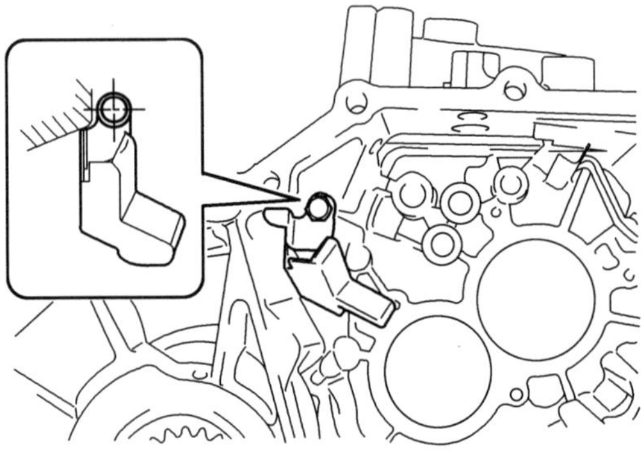

图 5-72　安装 2 号集油管(MTM)

(23)安装 1 号集油管(MTM)。用螺栓将 1 号集油管(MTM)安装至手动变速器壳,拧紧力矩:17N·m。注意:不要使 1 号集油管变形;如图 5-73 所示,将 1 号集油管固定在手动变速器壳上进行安装。

(24)安装手动变速器壳。

①如图 5-74 所示,在手动变速器壳上涂抹 FIPG(丰田原厂密封胶 1281、

THREE BOND 1281 或同等产品）。注意：必须在涂胶后 10min 内组装各零件。否则必须先清除填料（FIPG），然后重新涂抹。

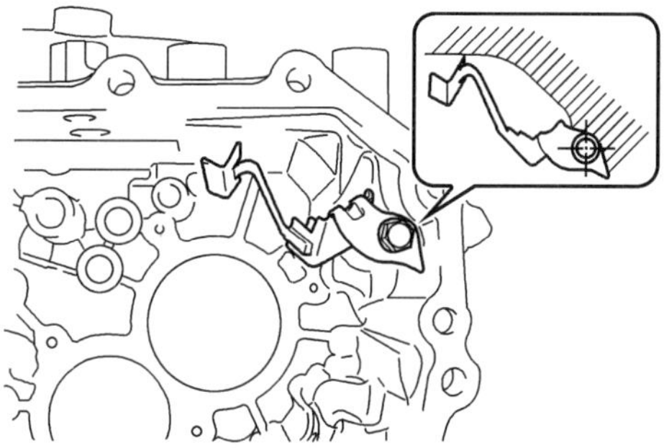

图 5-73　安装 1 号集油管（MTM）

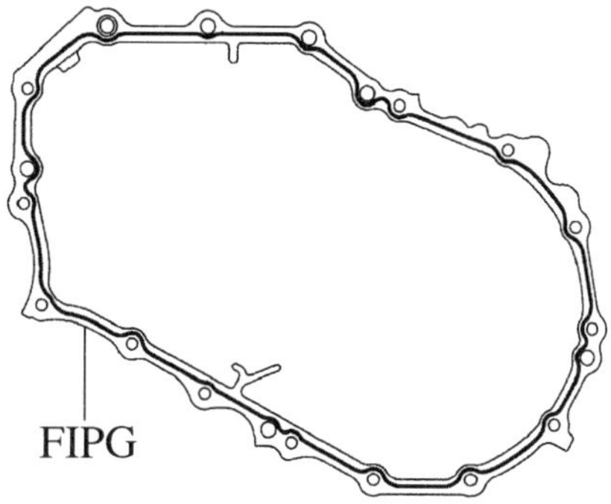

图 5-74　在手动变速器壳上涂抹 FIPG

②如图 5-75 所示，将 13 个螺栓安装至手动变速器，拧紧力矩：29N · m。

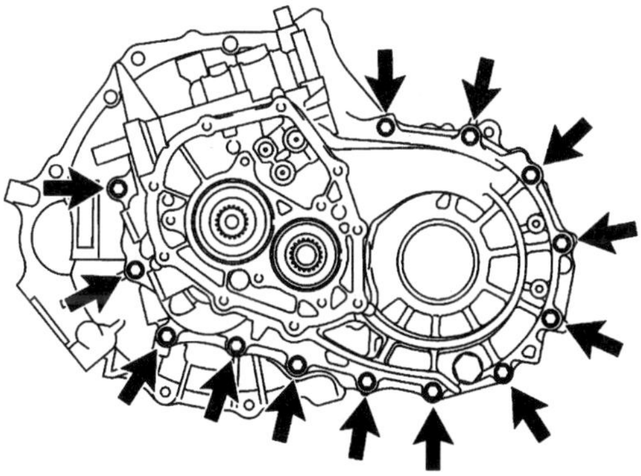

图 5-75　安装 13 个螺栓

③如图 5-76 所示，在 3 个螺栓上涂抹密封胶（丰田原厂黏结剂 1344、THREE BOND 1344 或同等产品），并将其安装至手动传动桥壳侧，拧紧力矩：29N · m。

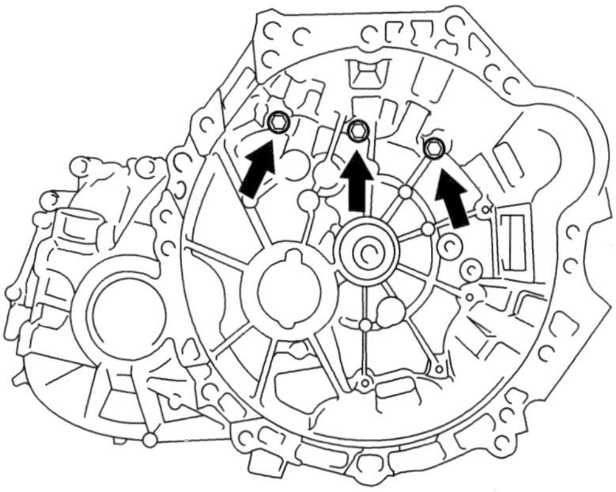

图 5-76　在 3 个螺栓上涂抹密封胶

(25)安装倒挡惰轮轴螺栓。如图5-77所示,在倒挡惰轮轴螺栓上涂抹密封胶(丰田原厂黏结剂1344、THREE BOND 1344或同等产品),并用新衬垫将其安装至手动变速器壳,拧紧力矩:29N·m。

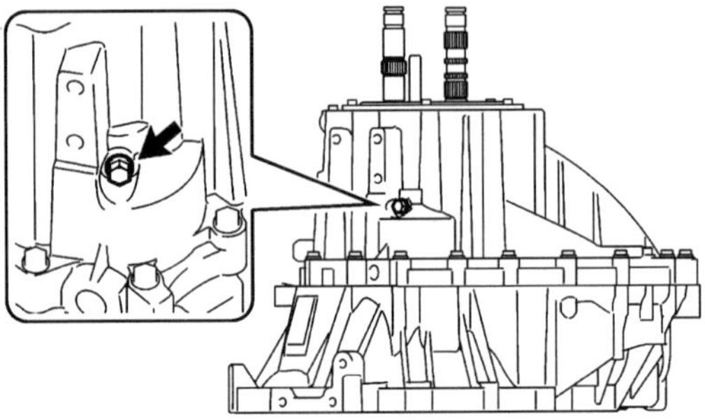

图5-77　安装倒挡惰轮轴螺栓

(26)安装倒挡定位销螺塞。如图5-78所示,在倒挡定位销螺塞上涂抹密封胶(丰田原厂黏结剂1344、THREE BOND 1344或同等产品),并用六角套筒扳手(6mm)将其安装至手动变速器壳,拧紧力矩:29N·m。

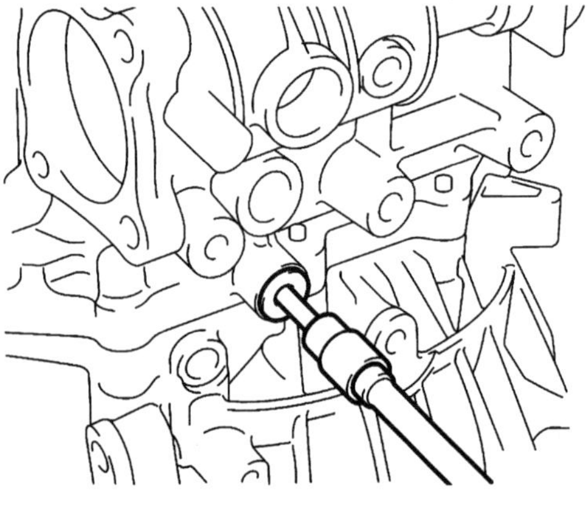

图5-78　安装倒挡定位销螺塞

(27)安装输入轴后轴承孔卡环。如图5-79所示,用卡环扩张器将输入轴后轴承孔卡环安装至输入轴总成。

(28)安装输出轴后轴承孔卡环。如图5-80所示,用卡环扩张器将输出轴后轴承孔卡环安装至输出轴总成。

(29)安装换挡锁止钢球。

①如图5-81所示,将换挡锁止钢球、换挡锁止钢球压缩弹簧和换挡锁止钢球压缩弹簧座安装至手动传动桥壳。

②如图5-82所示,在换挡锁止钢球螺塞上涂抹密封胶(丰田原厂黏结剂

1344、THREE BOND 1344 或同等产品)，并用 SST 将其安装至手动传动桥壳，拧紧力矩:22N · m。

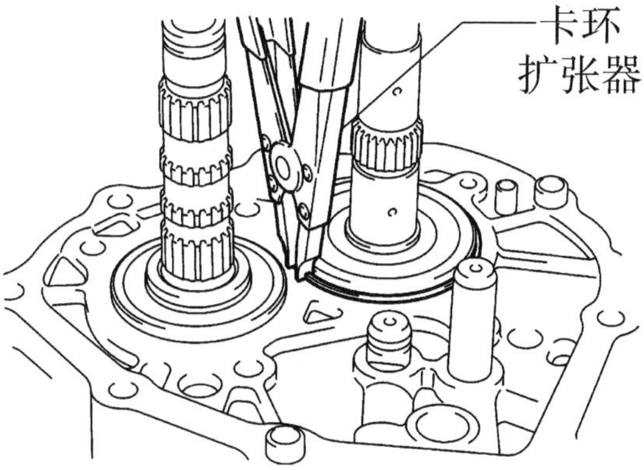

图 5-79　安装输入轴后轴承孔卡环

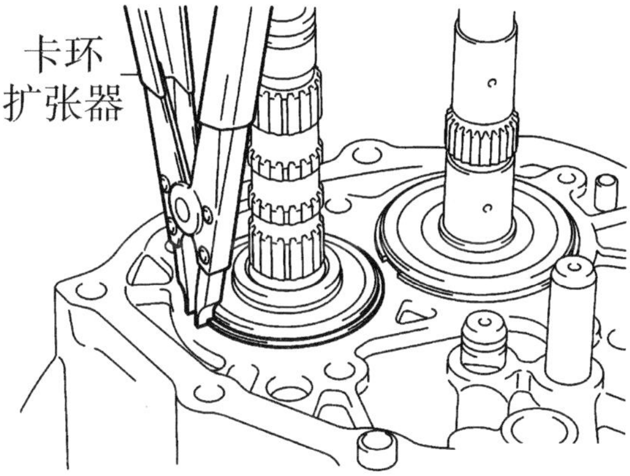

图 5-80　安装输出轴后轴承孔卡环

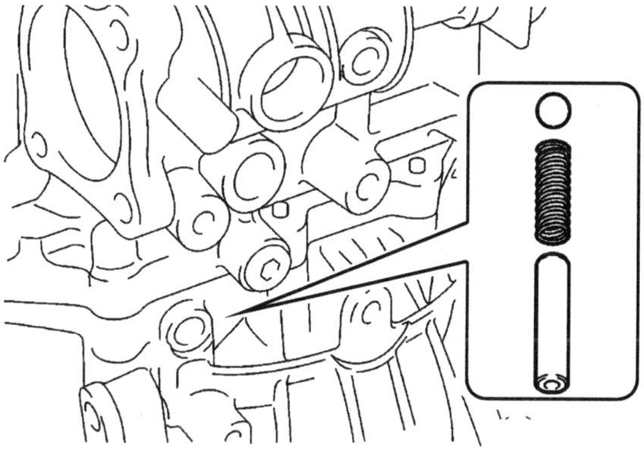

图 5-81　安装换挡锁止钢球(一)

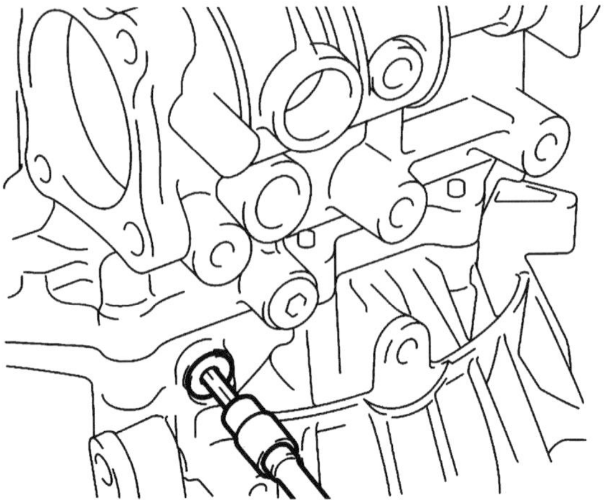

图5-82　安装换挡锁止钢球(二)

③如图5-83所示,将2个换挡锁止钢球、2个换挡锁止钢球弹簧和2个换挡锁止钢球弹簧座安装至手动变速器壳。

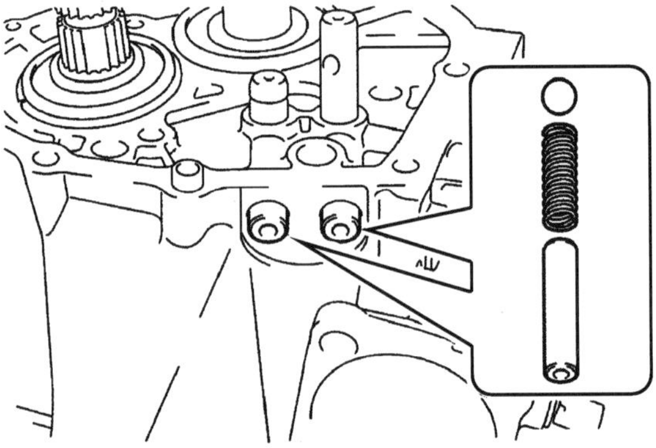

图5-83　安装换挡锁止钢球(三)

④如图5-84所示,在2个换挡锁止钢球螺塞上涂抹密封胶(丰田原厂黏结剂1344、THREE BOND 1344或同等产品),并将其安装至手动变速器壳,拧紧力矩:22N·m。

(30)安装后轴承护圈。如图5-85所示,在5个螺栓上涂抹密封胶(丰田原厂黏结剂1344、THREE BOND 1344或同等产品),并用这些螺栓将后轴承护圈安装至手动变速器壳,拧紧力矩:27N·m。

(31)安装换挡拨叉轴卡环。如图5-86所示,用铜棒和锤子将新的换挡拨叉轴卡环安装至2号换挡拨叉轴。

(32)安装5挡从动齿轮。如图5-87所示,用SST 09950-30012(09951-

03010、09953-03010、09954-03010、09955-03011、09956-03080）将5挡从动齿轮安装至输出轴总成。

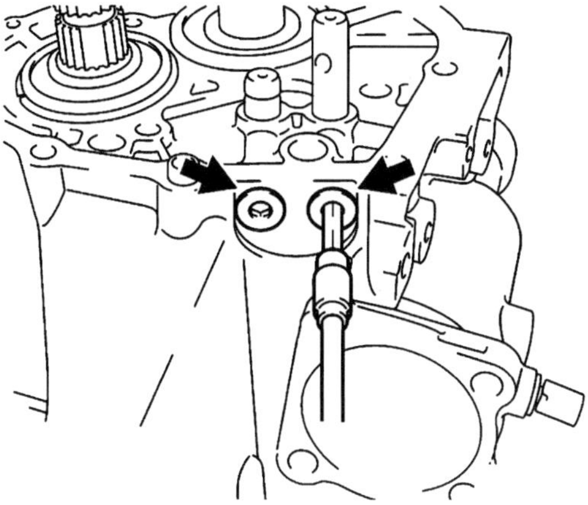

图5-84　安装换挡锁止钢球(四)

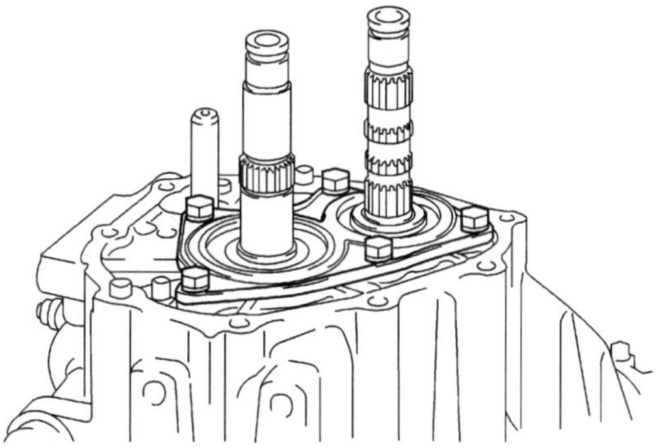

图5-85　安装后轴承护圈

图5-86　安装换挡拨叉轴卡环

(33)安装5挡齿轮滚针轴承。

①如图5-88所示,在两个5挡齿轮轴承隔垫和5挡齿轮滚针轴承上涂抹手动变速器油,并将其安装至输入轴总成。

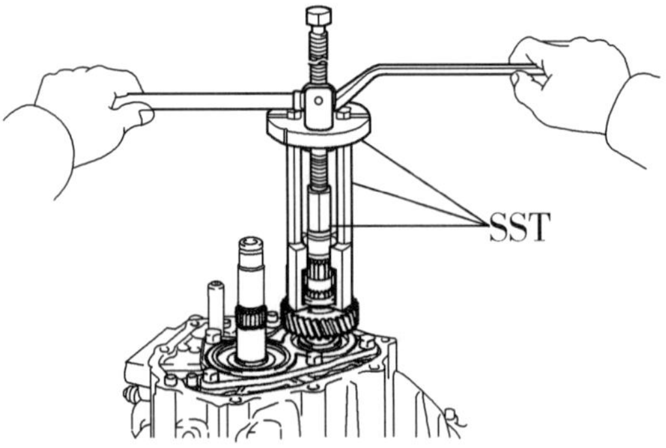

图5-87　安装5挡从动齿轮

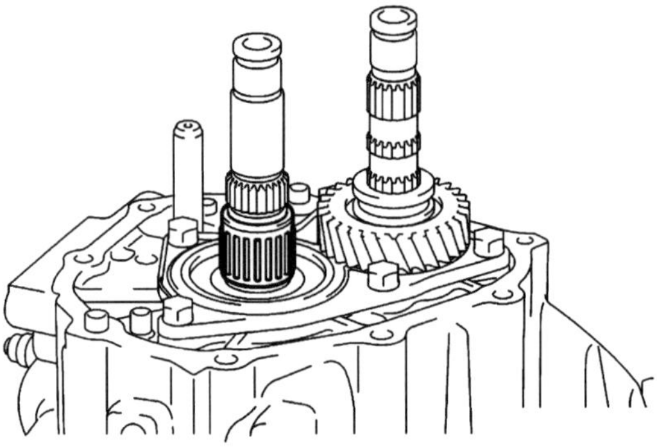

图5-88　安装5挡齿轮滚针轴承(一)

②如图5-89所示,用铜棒和锤子将新的手动变速器3号离合器毂轴卡环安装至输入轴总成。

图5-89　安装5挡齿轮滚针轴承(二)

(34)安装5挡齿轮。如图5-90所示,在5挡齿轮上涂抹手动变速器油,并将其安装到输入轴。

(35)安装同步器3号锁环(5挡齿轮)。如图5-91所示,在同步器3号锁环上涂抹手动变速器油,并将其安装至5挡齿轮。

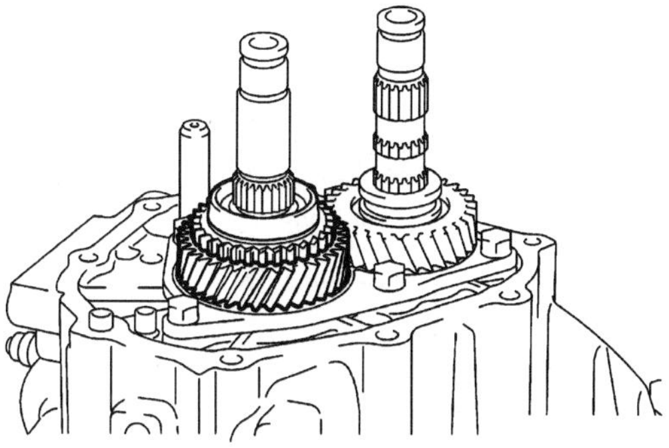

图 5-90　安装 5 挡齿轮

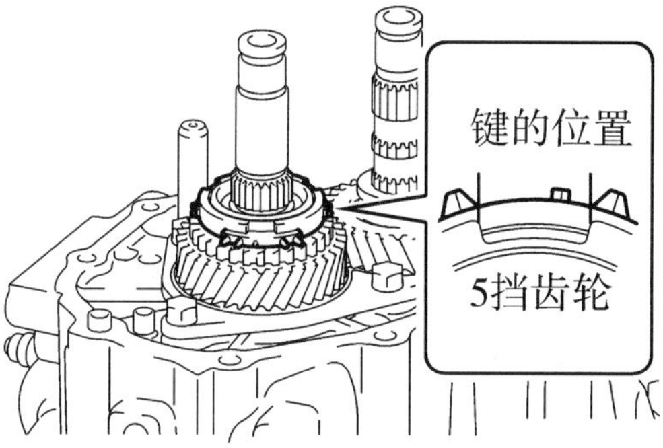

图 5-91　安装同步器 3 号锁环

(36)安装手动变速器 3 号离合器毂。

①如图 5-92 所示,将 3 个同步啮合换挡键和 2 个同步啮合换挡键弹簧安装至手动变速器 3 号离合器毂。注意:不要在同一位置设置 2 个换挡键弹簧开口。

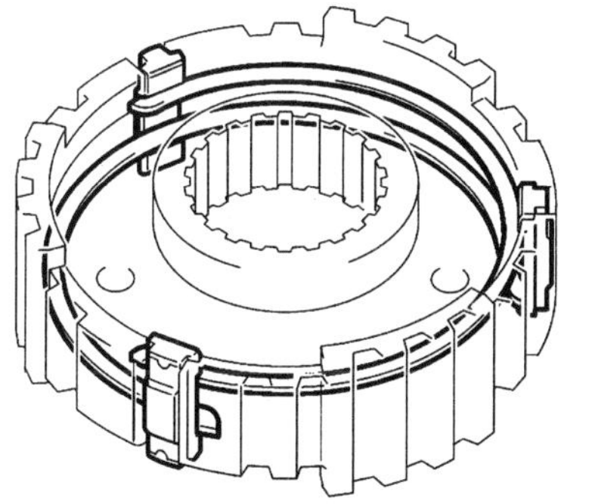

图 5-92　安装手动变速器 3 号离合器毂(一)

②如图 5-93 所示,将手动变速器 3 号接合套安装至手动变速器 3 号离合器毂。注意:使 A 侧朝下安装手动变速器 3 号离合器毂。使 B 侧朝上安装手动变速器 3 号接合套。

③将 3 号换挡拨叉安装至带手动变速器 3 号接合套的手动变速器 3 号离合

器毂(图5-93)。注意:使C面朝下安装3号换挡拨叉。

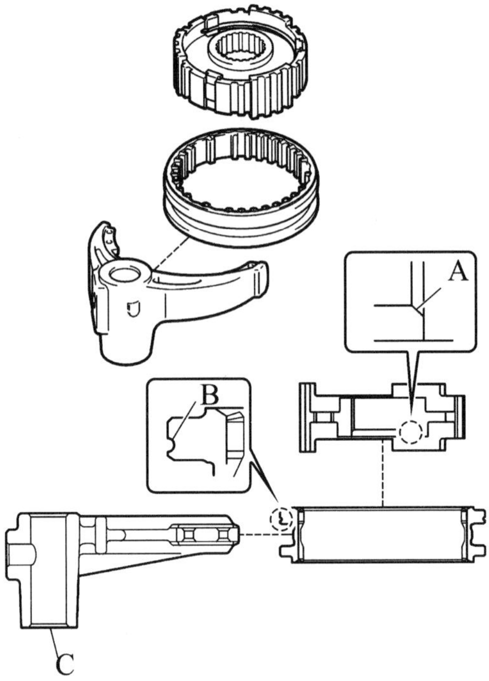

图5-93　安装手动变速器3号离合器毂(二)

④用SST 09608-04031和锤子将带3号换挡拨叉的手动变速器3号离合器毂安装至输入轴总成。注意:敲入手动变速器3号离合器毂前,如图5-94所示,将尺寸合适的木块放置在输入轴总成后端的下方;敲入离合器毂时,固定输入轴使其不被下压。否则输入轴后轴承将超载且可能损坏。

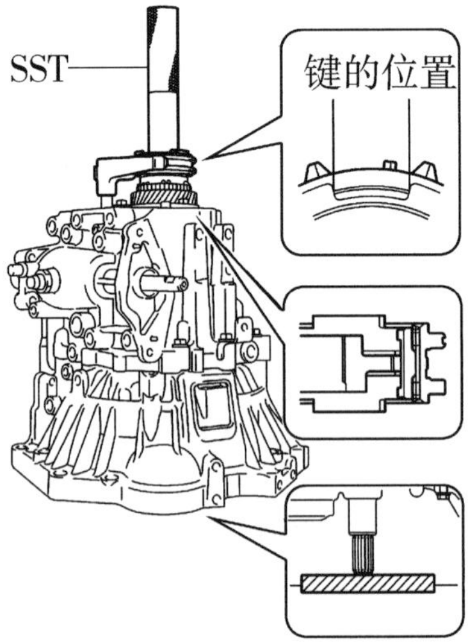

图5-94　安装手动变速器3号离合器毂(三)

⑤如图 5-95 所示,在换挡拨叉锁止螺栓上涂抹密封胶,并将其安装至 3 号换挡拨叉,拧紧力矩:16N·m。

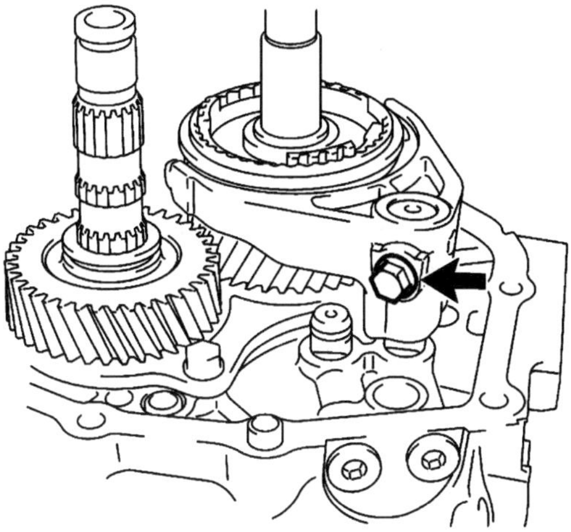

图 5-95 安装手动变速器 3 号离合器毂(四)

⑥选择一个可使轴向间隙最小的卡环(间隙:0.1mm 或更小)。卡环厚度标准值见表 5-7。

卡 环 厚 度 表 5-7

零 件 号	厚度标准值(mm)	标 记
90520-20074	1.75	A
90520-20075	1.80	B
90520-20076	1.85	C
90520-20077	1.90	D
90520-20078	1.95	E
90520-20079	2.00	F
90520-20080	2.05	G
90520-20081	2.10	H
90520-20082	2.15	J

⑦如图 5-96 所示,用铜棒和锤子将手动变速器 3 号离合器毂轴卡环安装至输入轴。

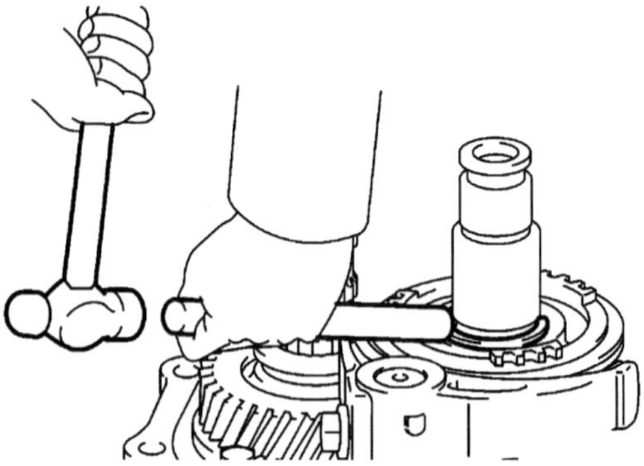

图 5-96　安装手动变速器 3 号离合器毂(五)

(37)安装同步器 3 号锁环(6 挡齿轮)。如图 5-97 所示,在同步器 3 号锁环(6 挡齿轮)上涂抹手动变速器油,并将其安装至手动变速器 3 号离合器毂。

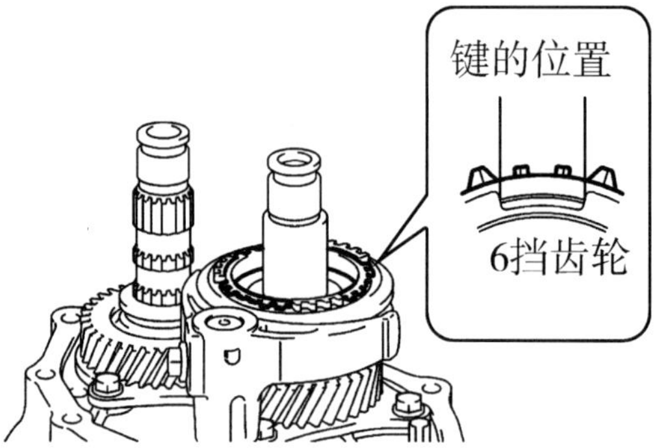

图 5-97　安装同步器 3 号锁环

(38)安装 6 挡齿轮滚针轴承。如图 5-98 所示,在 6 挡齿轮滚针轴承和 6 挡齿轮隔垫上涂抹手动变速器油,并将其安装到输入轴总成。

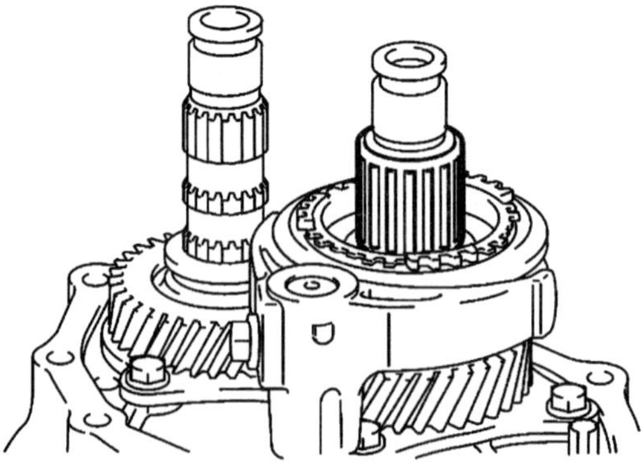

图 5-98　安装 6 挡齿轮滚针轴承

(39)安装6挡齿轮分总成。

①如图5-99所示,在6挡齿轮分总成上涂抹手动变速器油,并将其安装至输入轴总成。

②如图5-100所示,用SST 09608-04031、钢块和锤子,将输入轴后径向球轴承安装至输入轴总成。

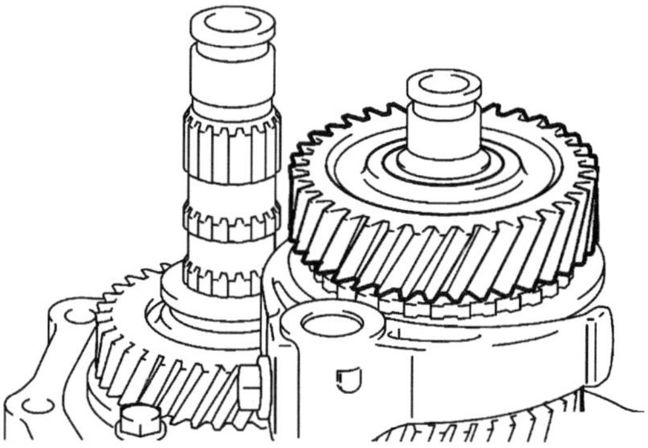

图5-99　安装6挡齿轮分总成

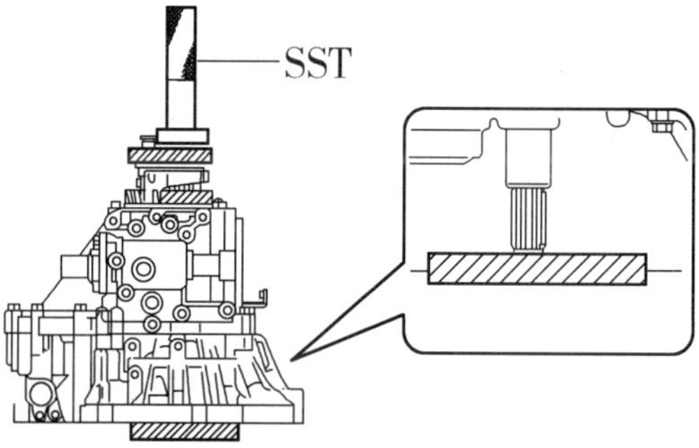

图5-100　安装球轴承

③如图5-101所示,选择一个可使轴向间隙最小的输入轴轴卡环(间隙:0.1mm或更小)。卡环厚度标准值见表5-8。

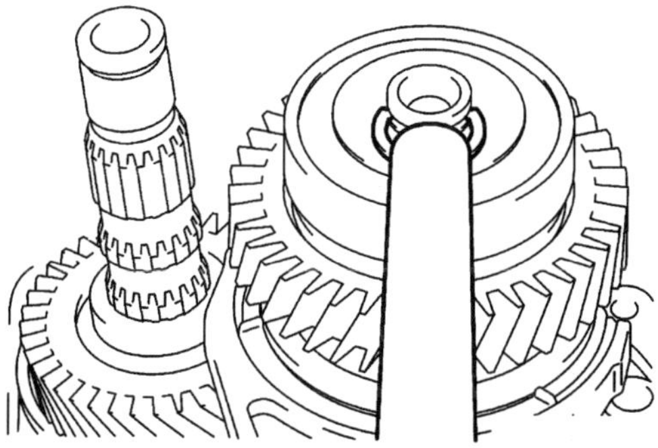

图5-101　选择卡环

卡环厚度 表5-8

零件号	厚度标准值(mm)	标记
90520-17006	1.70	A
90520-17007	1.75	B
90520-17008	1.80	C
90520-17009	1.85	D
90520-17010	1.90	E
90520-17011	1.95	F
90520-17012	2.00	G
90520-17013	2.05	H
90520-17014	2.10	J
90520-17015	2.15	K
90520-17016	2.20	L
90520-17017	2.25	M

④用铜棒和锤子将输入轴轴卡环安装至输入轴总成。

(40)安装输出齿轮隔垫。如图5-102所示,将输出齿轮隔垫安装至输出轴总成。

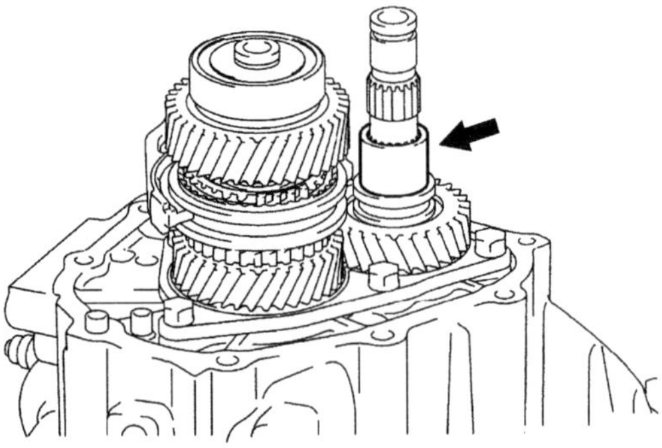

图5-102 安装输出齿轮隔垫

(41)安装6挡从动齿轮。

①如图5-103所示,用SST 09950-30012(09951-03010、09953-03010、09954-03010、09955-03011、09956-03080)将6挡中间轴齿轮安装至输出轴总成。

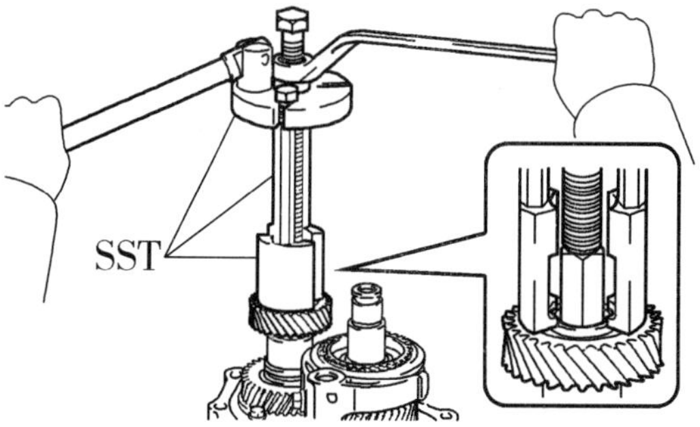

图 5-103　安装 6 挡中间轴齿轮

②如图 5-104 所示，用 SST 09950-30012（09951-03010、09953-03010、09954-03010、09955-03011、09956-03080）将输出轴后轴承安装至输出轴总成。

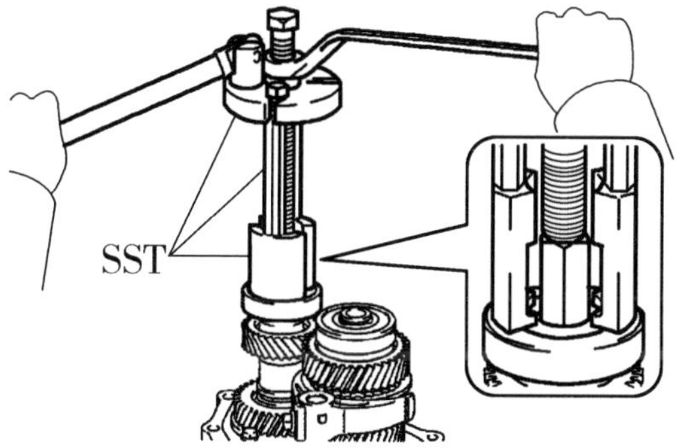

图 5-104　安装后轴承

③选择一个可使轴向间隙最小的输出轴后卡环（间隙：0.1mm 或更小）。卡环厚度标准值见表 5-9。

卡 环 厚 度　　表 5-9

零 件 号	厚度标准值（mm）	标 记
90520-18003	2.31	B
90520-18004	2.37	C
90520-18006	2.43	D
90520-18007	2.49	E
90520-18008	2.55	F
90520-18009	2.61	G

续上表

零 件 号	厚度标准值(mm)	标 记
90520-18013	2.67	H
90520-18011	2.73	J
90520-18014	2.79	K
90520-18015	2.85	L
90520-18016	2.91	M

④如图 5-105 所示,用铜棒和锤子将输出轴后卡环安装至输出轴总成。

(42)检查 6 挡齿轮轴向间隙。

(43)检查 5 挡齿轮轴向间隙。

(44)检查 6 挡齿轮径向间隙。

(45)检查 5 挡齿轮径向间隙。

(46)安装手动变速器盖分总成。

①如图 5-106 所示,在手动变速器盖分总成上涂抹 FIPG(丰田原厂密封胶 1281、THREE BOND 1281 或同等产品)。

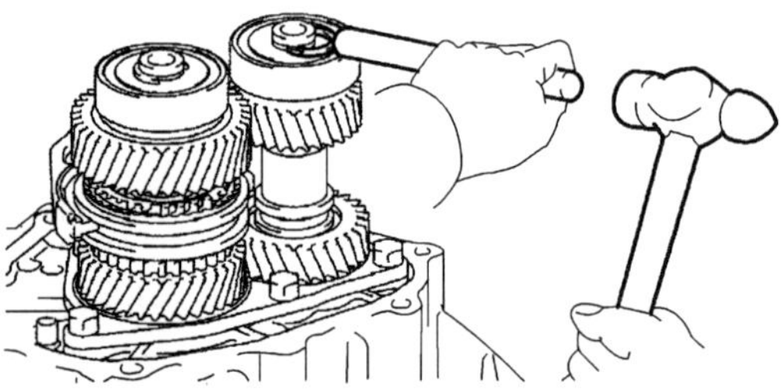

图 5-105 安装输出轴后卡环

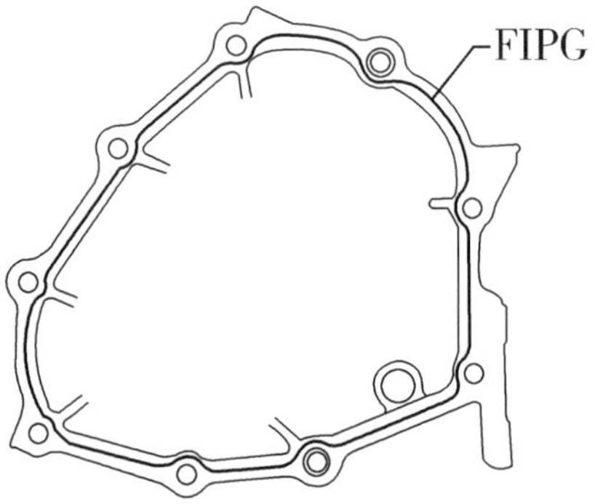

图 5-106 涂抹 FIPG

注 意

必须在涂抹 FIPG 后 10min 内组装各零件。否则必须先清除填料(FIPG),然后重新涂抹。

②如图 5-107 所示,用 9 个螺栓将手动变速器盖分总成安装至手动变速器

壳,拧紧力矩:18N · m。

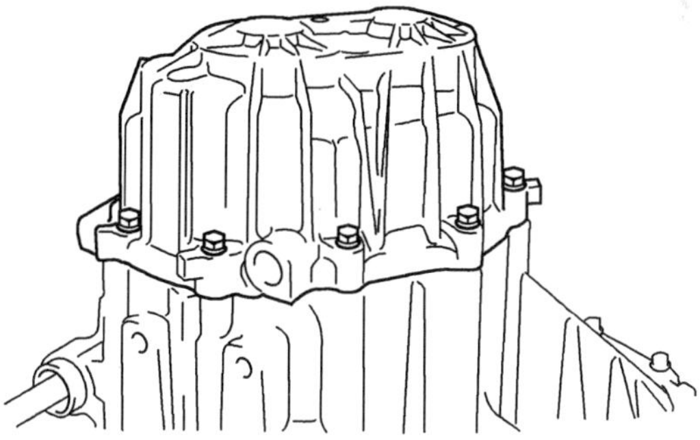

图 5-107　安装手动变速器盖分总成

(47)安装手动变速器壳螺塞。

①在手动变速器壳螺塞上涂抹密封胶(丰田原厂黏结剂 1344、THREE BOND 1344 或同等产品)。

②如图 5-108 所示,用六角套筒扳手(10mm)将手动变速器壳螺塞和新衬垫安装至手动变速器壳,拧紧力矩:39N · m。

③如图 5-109 所示,在手动变速器壳螺塞上涂抹密封胶(丰田原厂黏结剂 1344、THREE BOND 1344 或同等产品),用六角套筒扳手(6mm)将其安装至手动变速器壳上,拧紧力矩:13N · m。

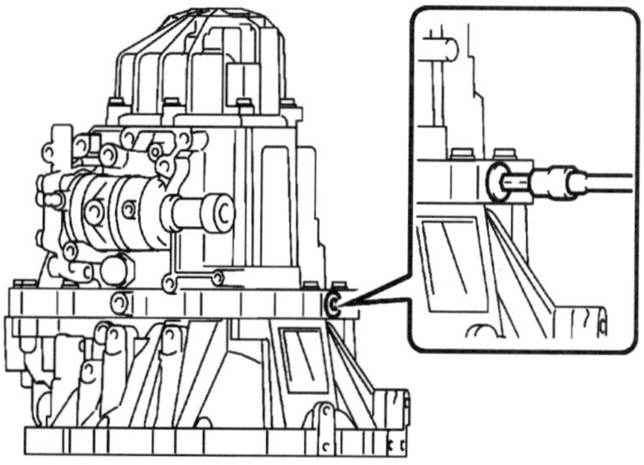

图 5-108　安装手动变速器壳螺塞和新衬垫

(48)安装换挡和选挡杆轴总成。

①如图 5-110 所示,在换挡和选挡杆轴总成上涂抹手动变速器油。

②如图 5-111 所示,在 4 个螺栓上涂抹密封胶(丰田原厂黏结剂 1344、THREE BOND 1344 或同等产品)。用这 4 个螺栓将新衬垫、换挡和选挡杆轴总成安装至手动变速器壳,拧紧力矩:20N · m。注意:将换挡互锁板的卡爪牢固放入换挡拨叉轴变速导块内。

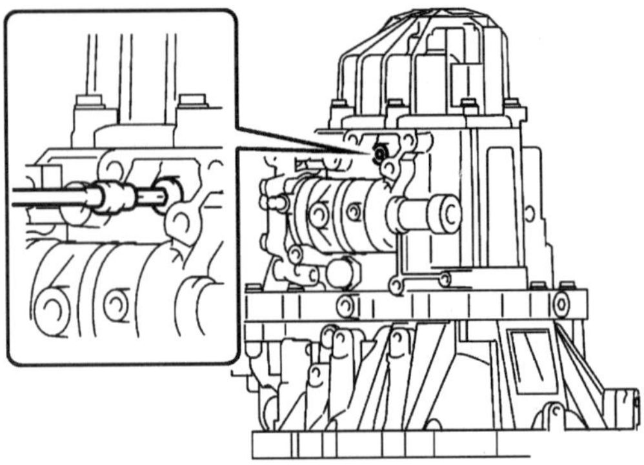

图 5-109　安装手动变速器壳螺塞

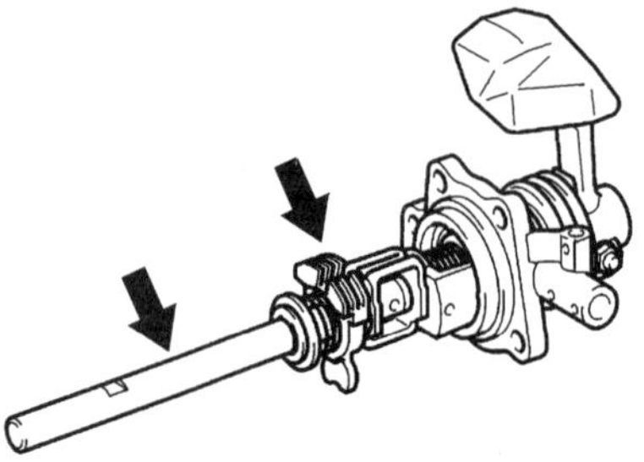

图 5-110　在换挡和选挡杆轴总成上涂抹手动变速器油

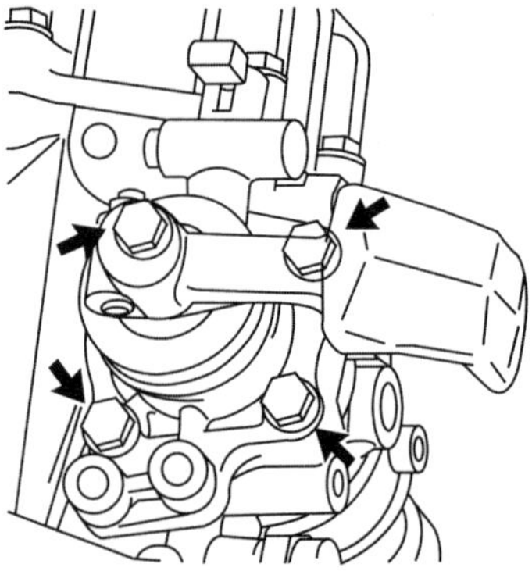

图 5-111　安装换挡和选挡杆轴总成

(49)安装换挡定位板销。

①在换挡定位板销上涂抹密封胶(丰田原厂黏结剂 1344、THREE BOND 1344 或同等产品)。

②如图 5-112 所示,安装垫圈和换挡定位板销,拧紧力矩:11N · m。

(50)安装 1 号锁止钢球总成。如图 5-113 所示,在 1 号锁止钢球总成上涂抹密封胶(丰田原厂黏结剂 1344、THREE BOND 1344 或同等产品),并将其安装至手动变速器壳,拧紧力矩:29N · m。

(51)安装地板式换挡控制杆。

①将防尘罩安装至换挡和选挡杆轴油封。

②将地板式换挡控制杆和锁销一同安装至换挡和选挡杆轴总成。

③如图 5-114 所示,用螺母安装弹簧垫圈,拧紧力矩:12N · m。

(52)安装选挡直角杠杆总成。如图 5-115 所示,用 2 个螺栓和螺母将选挡直角杠杆总成和换挡控制杆衬套一同安装至手动变速器壳,螺栓拧紧力矩:25N · m,螺母拧紧力矩:12N · m。注意:在换挡控制杆衬套内环面上涂抹通用润滑脂。

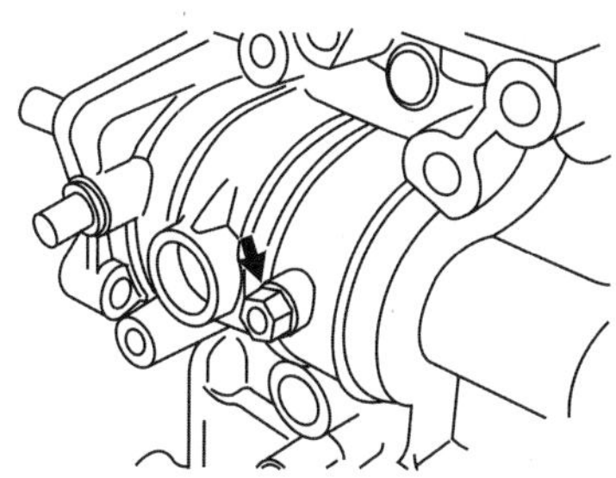

图 5-112　安装换挡定位板销

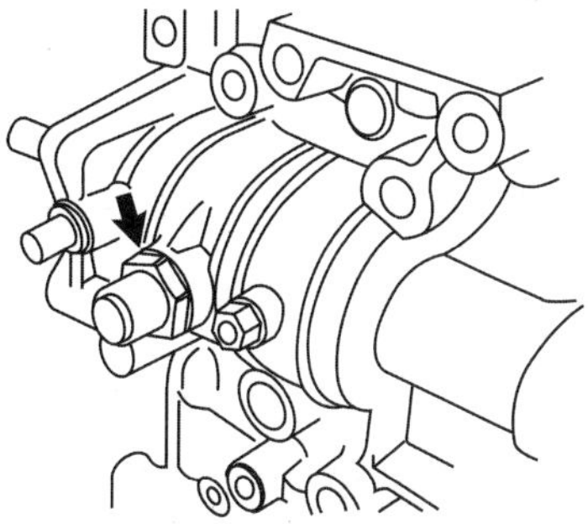

图 5-113　安装 1 号锁止钢球总成

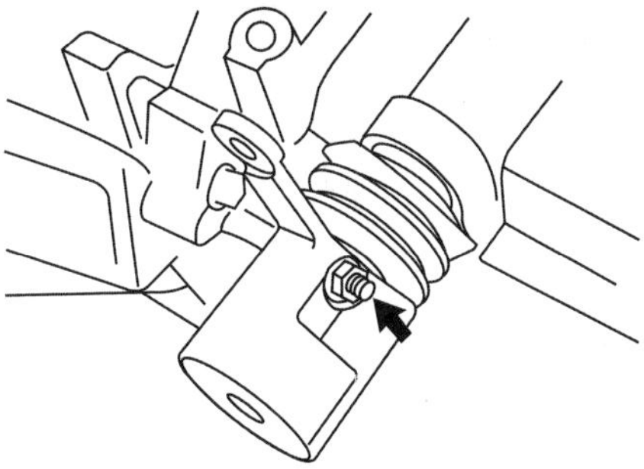

图 5-114　安装弹簧垫圈

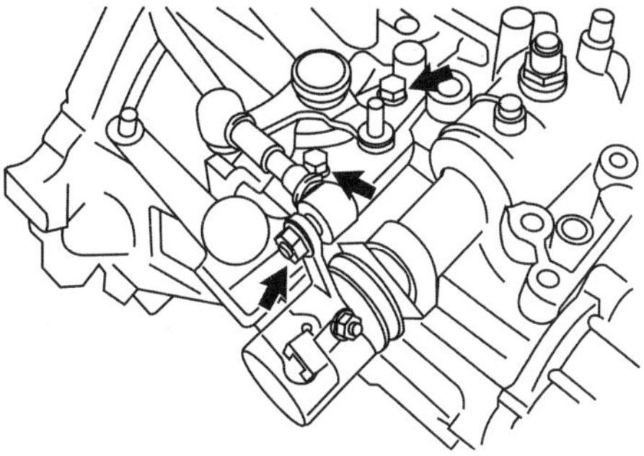

图 5-115　安装选挡直角杠杆总成

(53)安装倒车灯开关总成,如图 5-116 所示。

①用 SST 09817-16011 和新衬垫将倒车灯开关总成安装至手动变速器壳,拧紧力矩:40N · m。

②将倒车灯开关线束安装 2 个卡夹。

(54)安装速度表从动齿轮孔盖分总成,如图 5-117 所示。

①将新 O 形圈安装至速度表从动齿轮孔盖分总成。

②用螺栓将速度表从动齿轮孔盖分总成安装至手动传动桥壳,拧紧力矩:11N · m。

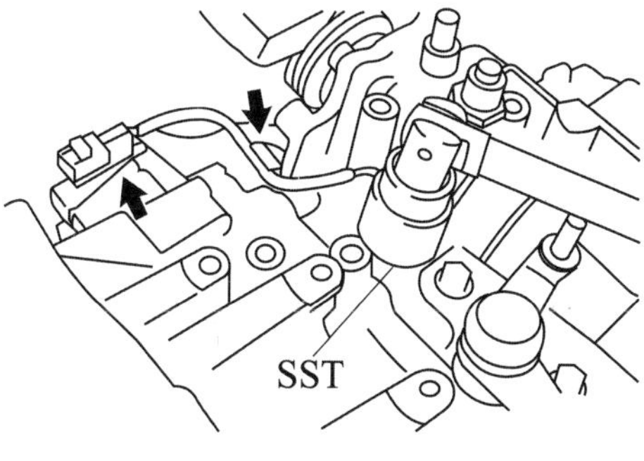

图 5-116　安装倒车灯开关总成

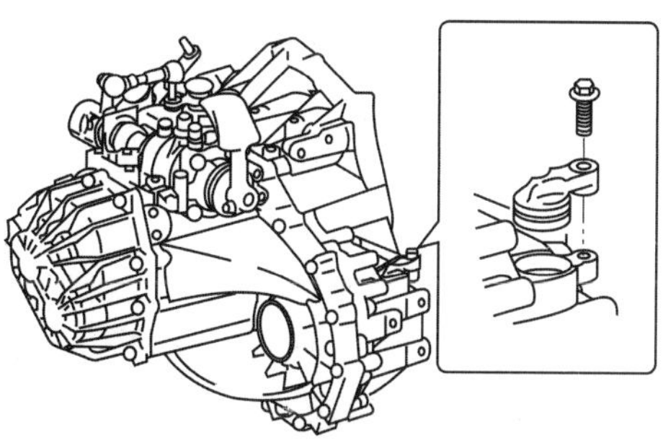

图 5-117　安装速度表从动齿轮孔盖分总成

(55)安装放油(MTM)螺塞分总成。如图5-118所示,用新衬垫将放油(MTM)螺塞分总成安装至手动变速器壳,拧紧力矩:39N·m。

(56)安装手动变速器加油螺塞。如图5-119所示,用新衬垫将手动变速器加油螺塞安装至手动变速器盖,拧紧力矩:39N·m。

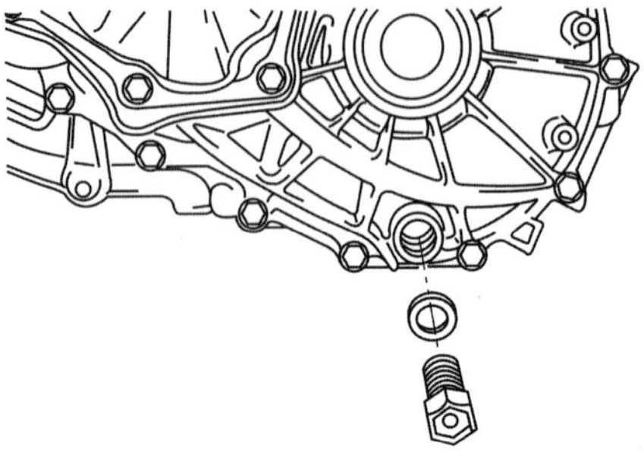

图5-118 安装放油(MTM)螺塞分总成

图5-119 安装手动变速器加油螺塞

6 检查换挡和选挡杆总成、换挡拔叉

(1)检查换挡和选挡杆总成有无磨损、损坏或变形,如有,则更换。

(2)检查换挡拔叉有无磨损、损坏、变形,如有,则更换。

三 评价与反馈

(1)对本学习任务进行评价,见表5-10。

评分表　　表5-10

考核项目	评分标准	分数	学生自评	小组互评	教师评价	小计
团队合作	是否和谐	5				
活动参与	是否积极主动	5				
安全生产	有无安全隐患	10				
现场5S	是否做到	10				

续上表

考核项目	评分标准	分数	学生自评	小组互评	教师评价	小计
任务方案	是否正确、合理	15				
操作过程	举升机操作； 手动变速驱动桥的检查； 手动变速驱动桥的装配	30				
任务完成情况	是否圆满完成	5				
工具和设备使用	是否规范、标准	10				
劳动纪律	是否能严格遵守	5				
工单填写	是否完整、规范	5				
总分		100				
教师签名：			年　月　日		得分	

(2)在实施作业时每一个安全事项都注意到了吗？如没有，找出忽略的地方和原因。

(3)能否向车主解释手动变速器的检查及装配过程？如不能，分析原因并提出改进措施。

四 学习拓展

(1)查阅资料,说明科鲁兹、朗逸乘用车手动变速驱动桥的拆装方法。

(2)查阅资料,说明科鲁兹乘用车倒挡锁装置的结构和原理。

(3)查阅资料,说明东风 EQ1092 中型货车三轴式手动变速器的拆装方法。

学习任务六

传动轴(后轮驱动)抖动和异响故障检修

学习目标

完成本学习任务后,你应当能:

1. 叙述万向传动装置的基本结构及典型应用;
2. 叙述十字轴式万向节的结构及如何实现其等速传动;
3. 叙述传动轴与中间支承的结构及工作原理;
4. 读懂给定的“检测工艺流程”,对测试结果进行分析;
5. 正确使用工具和设备;
6. 规范地拆装和检查后轮驱动车辆的万向传动装置,排除传动轴抖动和异响故障。

建议完成本学习任务的时间为10学时。

学习任务描述

一辆五菱宏光汽车进厂修理,客户反映:该车行驶中发出周期性的响声,速度越高响声越大,甚至伴随车身振动。经检查确认离合器、变速器技术状况良好,需对万向传动装置进行检修。

学习内容

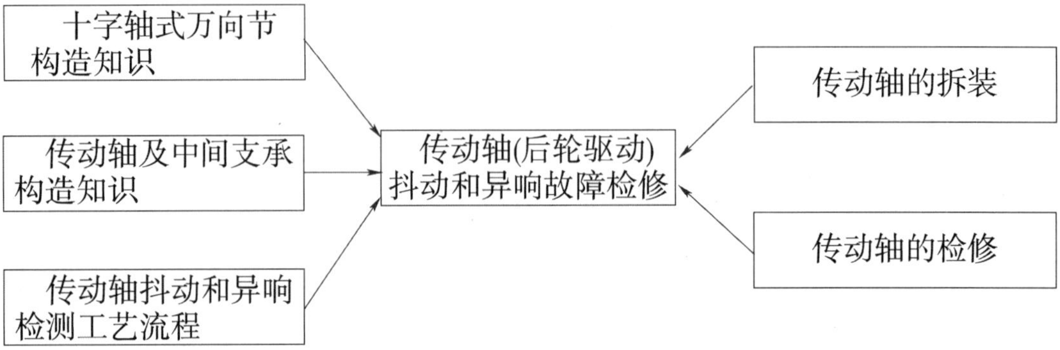

一 资料收集

引导问题 1 万向传动装置的安装位置在哪里？功用及结构是什么？

万向传动装置在汽车上有很多应用，结构也稍有不同，但其功用都是一样的，即在轴线相交且相互位置经常发生变化的两转轴之间传递动力。

图 6-1 所示为万向传动装置在汽车中最常见的应用，万向传动装置位于变速器与驱动桥之间。

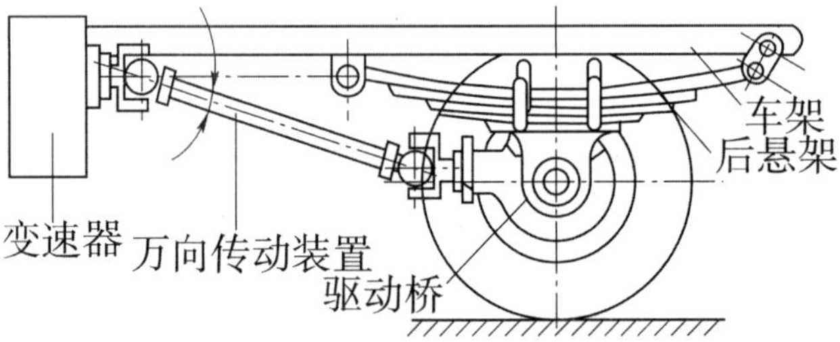

万向传动装置功用

图 6-1 变速器与驱动桥之间的万向传动装置

万向传动装置主要由万向节和传动轴组成，对于传动距离较远的分段式传动轴，为了提高传动轴的刚度，还设置有中间支承，如图 6-2 所示。

引导问题 2 万向传动装置在汽车上的哪些地方应用？

万向传动装置在汽车上的应用主要有以下几个方面：

(1)变速器与驱动桥之间(4×2 汽车)，如图 6-3 所示。一般汽车的变速器、离合器与发动机三者装合为一体装在车架上,驱动桥通过悬架与车架相连。在负荷变化及汽车在不平路面行驶时所引起的汽车跳动,会使驱动桥输入轴与变速器输出轴之间的夹角和距离发生变化,需安装万向传动装置。

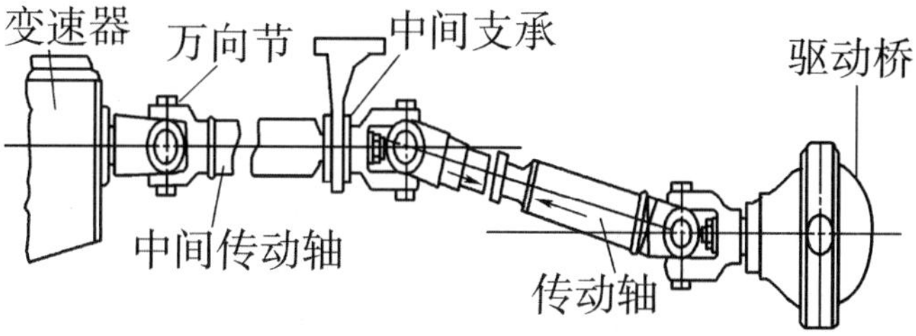

图6-2　万向传动装置的组成

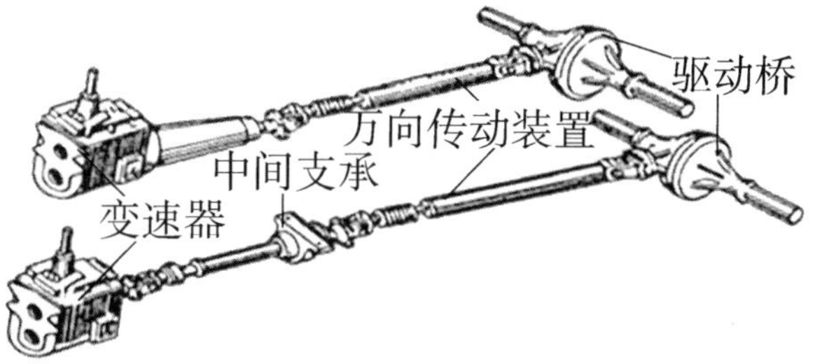

图6-3　变速器与驱动桥之间的万向传动装置

(2)变速器与分动器、分动器与驱动桥之间(越野汽车),如图6-4所示。为消除车架变形及制造、装配误差等引起的其轴线同轴度误差对动力传递的影响,需安装万向传动装置。

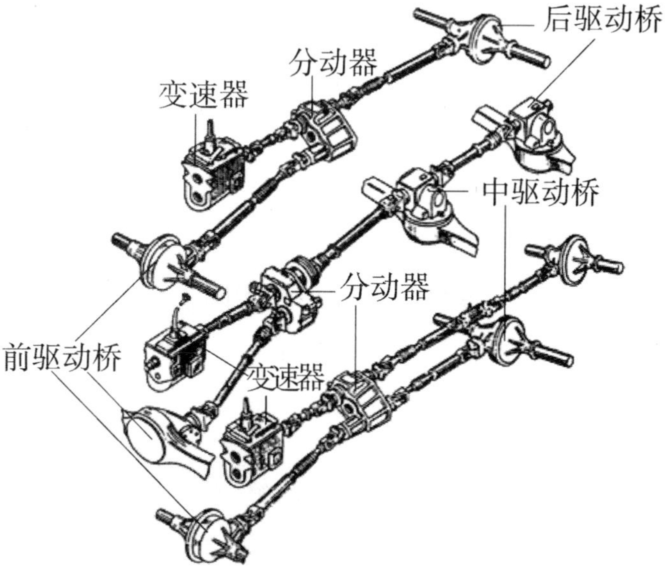

图6-4　变速器与分动器、分动器与驱动桥之间的万向传动装置

(3)转向驱动桥的内、外半轴之间,如图6-5所示。转向时两段半轴轴线相交且交角变化,因此要用万向节。

(4)断开式驱动桥的半轴之间,如图6-6所示。主减速器壳固定在车架上,半轴是分段的,需用万向传动装置。

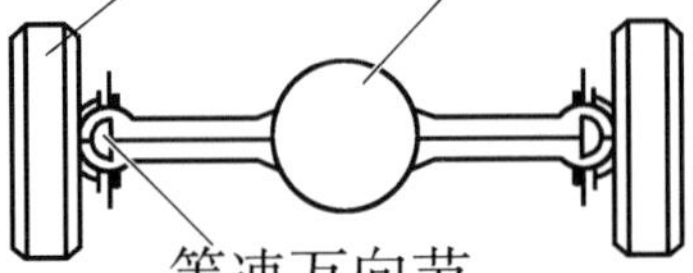

图6-5　转向驱动桥内、外半轴之间的万向传动装置

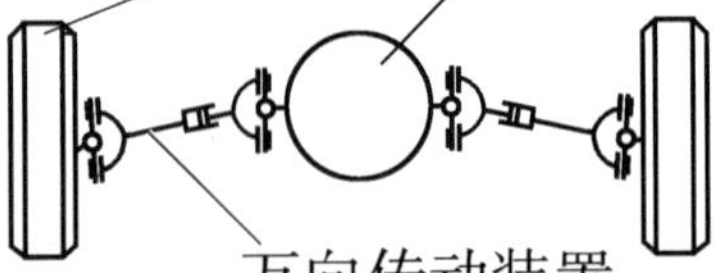

图6-6　断开式驱动桥半轴之间的万向传动装置

(5)转向操纵机构的转向轴和转向器之间,如图6-7所示。安装万向节有利于转向系统的总体布置。

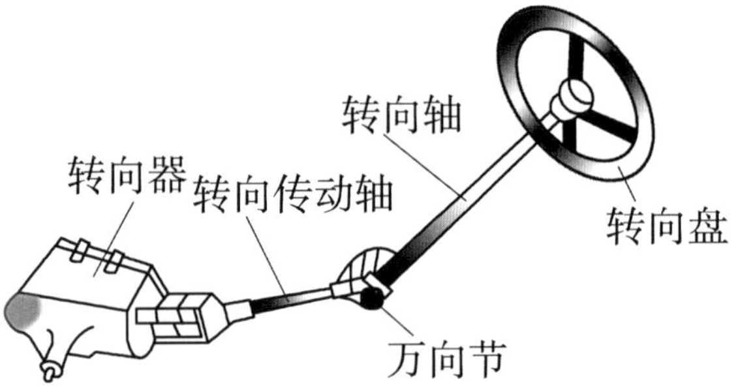

图6-7　转向操纵机构的转向轴和转向器之间的万向传动装置

引导问题3　汽车上的万向节包括哪些类型?

万向节类型—按是否有明显弹性分类

万向节类型—按速度特性分类

在汽车上使用的万向节按其刚度大小的不同,可分为刚性万向节和挠性万向节。刚性万向节按其速度特性可分为不等速万向节(十字轴式)、准等速万向节(双联式和三销轴式)和等速万向节(球叉式、球笼式和三枢轴球面滚轮式)。

目前在汽车上应用较多的是十字轴式不等速万向节和等速万向节。十字轴式不等速万向节主要用于发动机前置后轮驱动的变速器与驱动桥之间,等速万向节主要用于发动机前置前轮驱动的内、外半轴之间。

引导问题4　十字轴式万向节的结构是怎样的？如何实现其等速传动？

常见的十字轴式万向节，如图6-8所示，它允许相邻两转轴的最大交角为15°~20°。

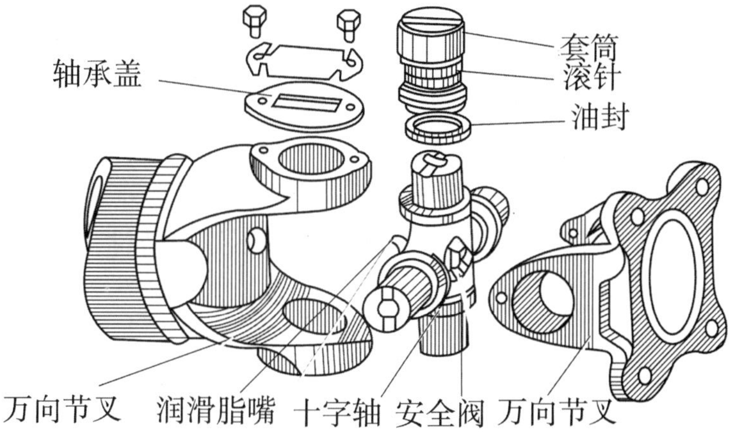

图6-8　十字轴式万向节

十字轴式万向节主要由十字轴、万向节叉等组成。万向节叉上的孔分别套在十字轴的4个轴颈上。在十字轴轴颈与万向节叉孔之间装有滚针和套筒，用带有锁片的螺钉和轴承盖来使之轴向定位。为了润滑轴承，十字轴内钻有油道，且与润滑脂嘴、安全阀相通，如图6-9所示。为避免滑油脂(俗称黄油)流出及尘垢进入轴承，十字轴轴颈的内端套装着油封。

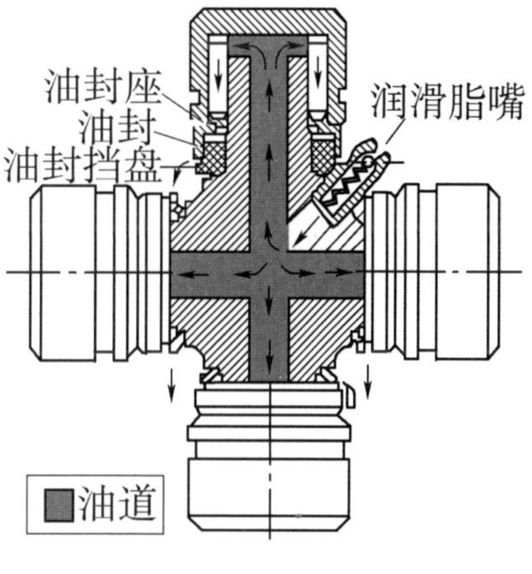

图6-9　润滑油道及密封装置

单个十字轴式万向节在主动轴和从动轴之间有夹角的情况下，当主动叉等角速转动时，从动叉是不等角速的，这称为十字轴式万向节的不等速特性。且两转轴之间的夹角越大，不等速性就越大，图6-10所示为传动轴每转一圈时速度变化情况。

十字轴式万向节的不等速特性将使从动轴及其相连的传动部件产生扭转振动，从而产生附加的交变载荷，影响零部件寿命。可以采用图6-11所示的双十字轴式万向节的传动方式，第一万向节的不等速特性可以被第二万向节的不等速特性所抵消，从而实现两转轴间的等角速传动。具体条件是：①第一万向节两轴

间夹角 α_1 与第二万向节两轴间夹角 α_2 相等;②第一万向节的从动叉与第二万向节的主动叉处于同一平面。

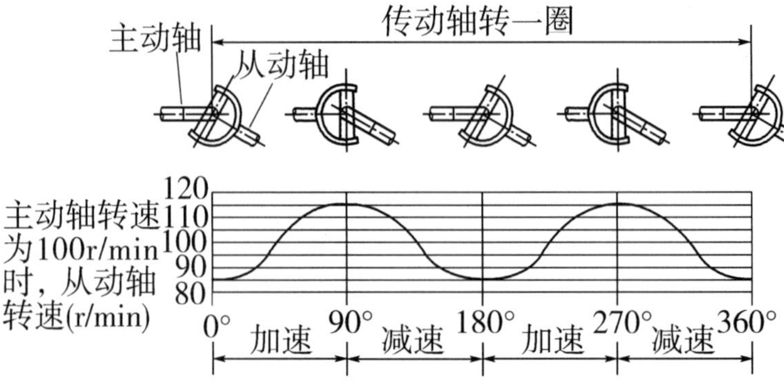

图 6-10　十字轴式万向节的不等速特性

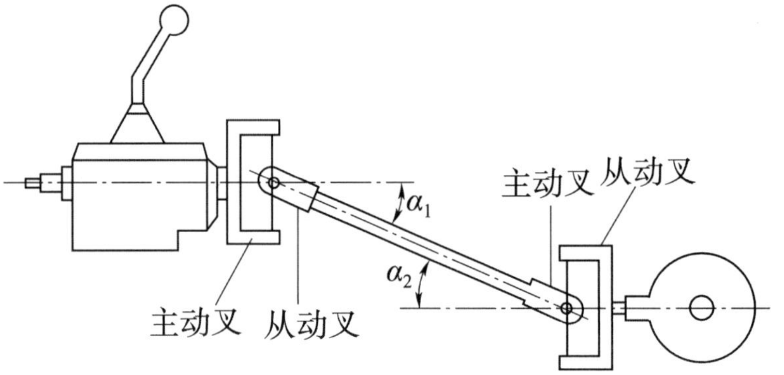

图 6-11　双十字轴式万向节等速传动布置图

由于悬架的振动,不可能在任何时候都保证 $\alpha_1 = \alpha_2$,因此这种双十字轴式万向节的传动只能近似地解决等速传动问题,且由于两轴夹角最大只能是 20°,因此使用上受到了一定的限制。

引导问题 5　传动轴和中间支承在结构上有何特点?

传动轴是万向传动装置中的主要传力部件。通常用来连接变速器(或分动器)和驱动桥;在转向驱动桥和断开式驱动桥中,则用来连接差速器和驱动车轮。

图 6-12 所示为传动轴的构造。传动轴有实心轴和空心轴之分。为了减轻传动轴的质量,节省材料,提高传动轴的强度和刚度,传动轴多为空心轴,超重型货车则直接采用无缝钢管。转向驱动桥、断开式驱动桥或微型汽车的传动轴通常制成实心轴。传动轴两端的连接件装好后,应进行动平衡试验。在质量轻的一侧补焊平衡片,使其不平衡量不超过规定值。

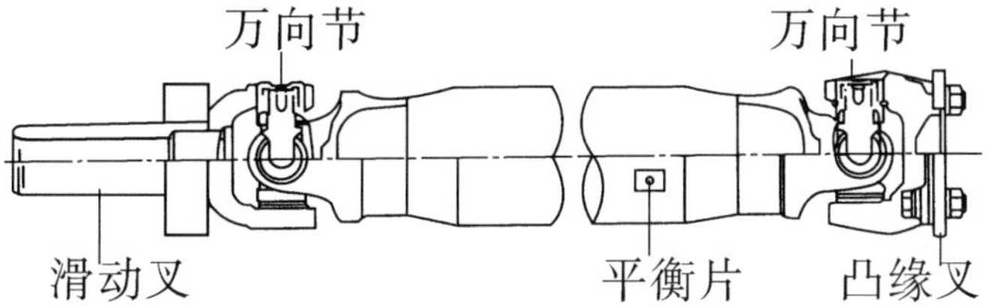

图 6-12　传动轴的构造

汽车行驶过程中,变速器与驱动桥的相对位置会发生变化,随着传动轴角度的改变,其长度也会改变,因此采用滑动叉和滑动花键轴组成的滑动花键连接,以实现传动轴长度的变化,如图 6-13 所示。

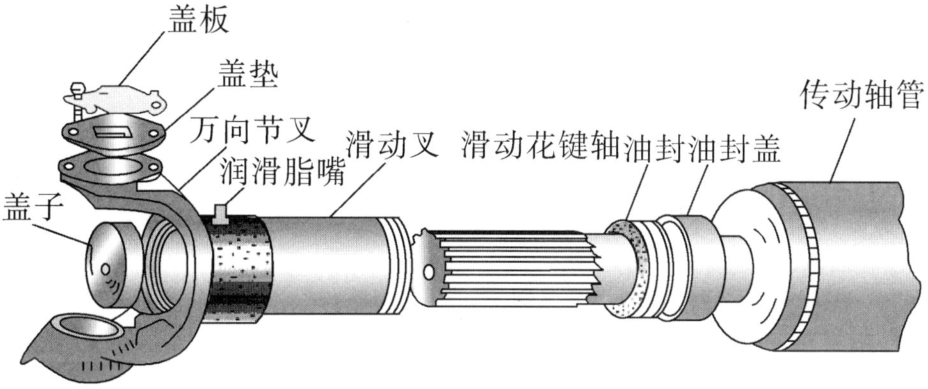

图 6-13　伸缩式传动轴

传动轴分段时需加中间支承,中间支承通常装在车架横梁上,能补偿传动轴轴向和角度方向的安装误差,以及汽车行驶过程中因发动机窜动或车架变形等引起的位移。

图 6-14 所示的中间支承由支架和轴承等组成,轴承固定在中间传动轴后部的轴颈上。带油封的支承盖之间装有橡胶垫环,用 3 个螺栓紧固。紧固时,橡胶垫环会径向扩张,其外圆被挤紧于支架的内孔。

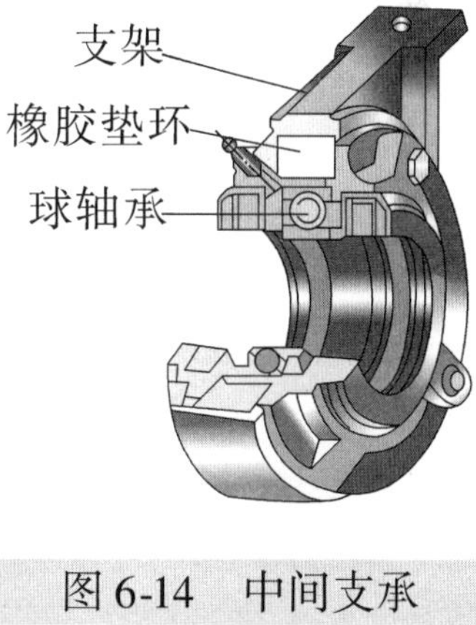

图 6-14　中间支承

引导问题 6　传动轴抖动和异响检测工艺流程是怎样的?

传动轴抖动和异响,说明传动轴不平衡或万向传动装置磨损,应按照规定的检测工艺流程(图 6-15)进行故障分析。

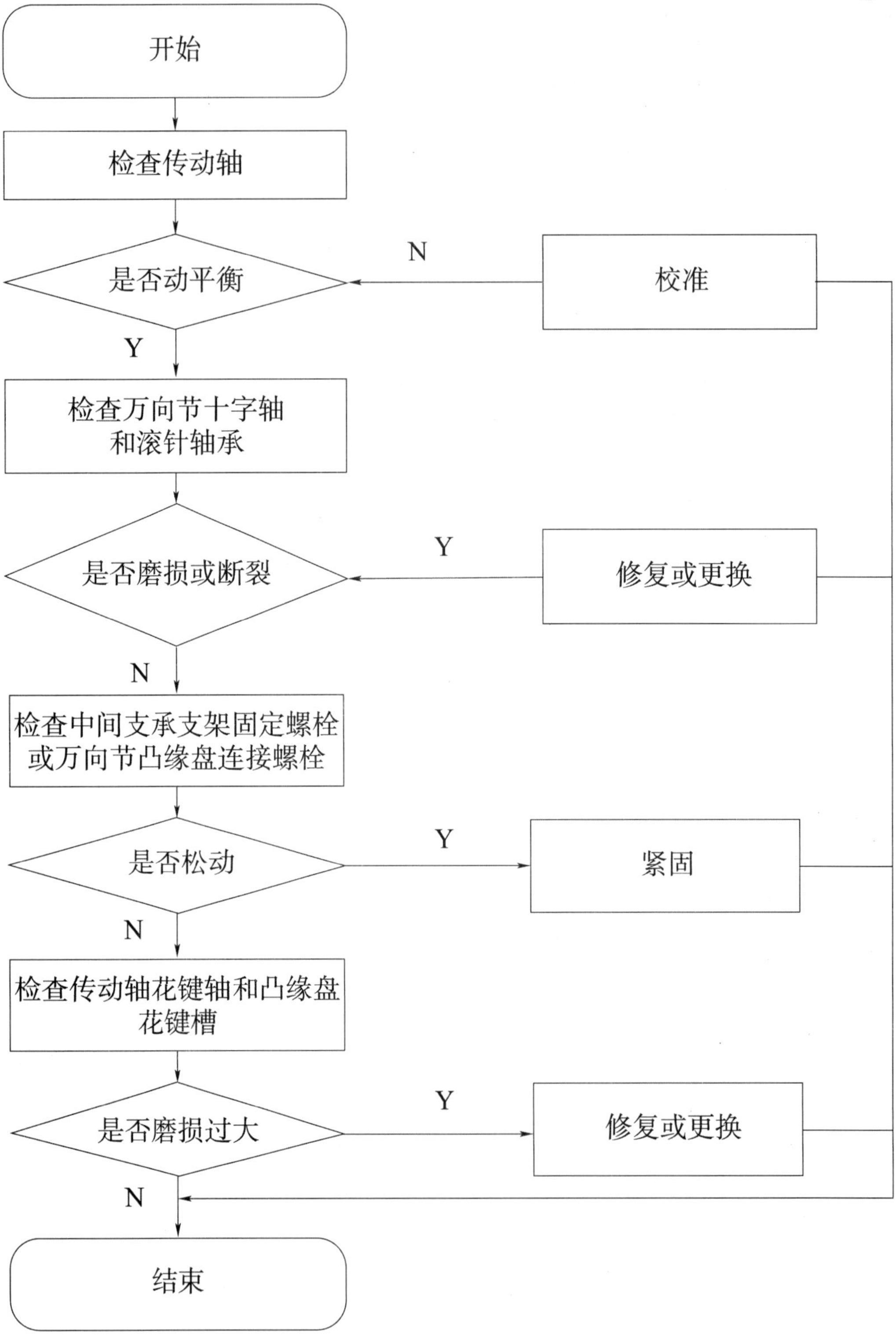

图 6-15　传动轴抖动和异响检测工艺流程

二 实施作业

引导问题7　作业需要哪些工具、设备和材料?

(1)车辆:五菱宏光汽车(图6-16)。

图6-16　五菱宏光汽车

(2)普通设备及工具:举升机、千斤顶(图6-17)、组合工具、扭力扳手、开口扳手(图6-18)、记号笔。

(3)检测设备及量具:千分表(图6-19)。

(4)其他:7022汽车高级润滑脂或锂基高级润滑脂、渗透性润滑剂等。

图6-17　千斤顶

图6-18　开口扳手

图6-19　千分表

引导问题8 通过查询和查找,填写以下信息。

生产年份________,车牌号码________,行驶里程________,发动机型号及排量________,车辆识别代码(VIN)________(图6-20)。

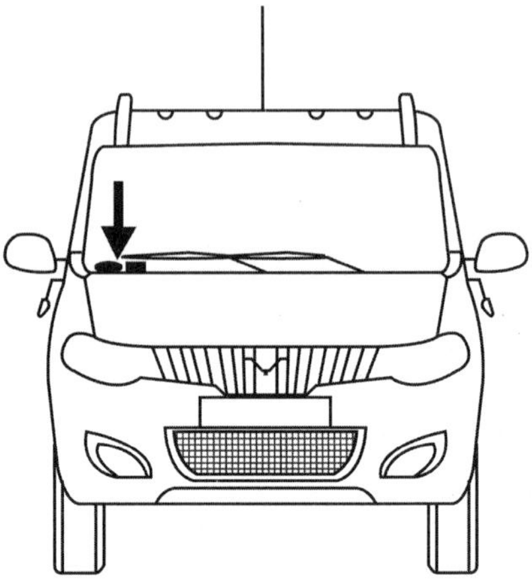

图6-20 五菱宏光汽车VIN位置

引导问题9 作业前的准备工作有哪些?

(1)汽车进入工位前,将工位清理干净,准备好相关的器材。

(2)将汽车停驻在场地中央位置。

(3)拉紧驻车制动器操纵杆(图6-21),并将换挡杆置于空挡位置(图6-22)。

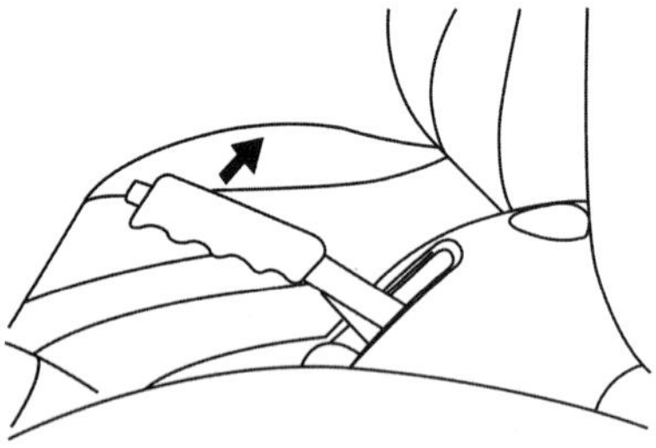

图6-21 拉紧驻车制动器操纵杆

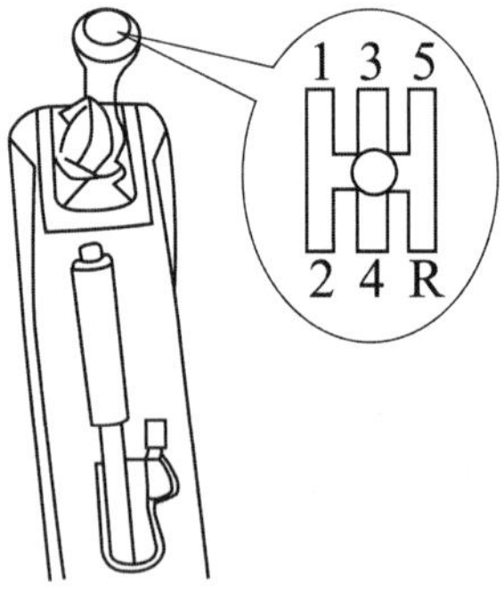

图6-22 将换挡杆置于空挡位置

引导问题10 如何更换传动轴总成?

五菱宏光汽车万向传动装置分解图如图6-23所示。

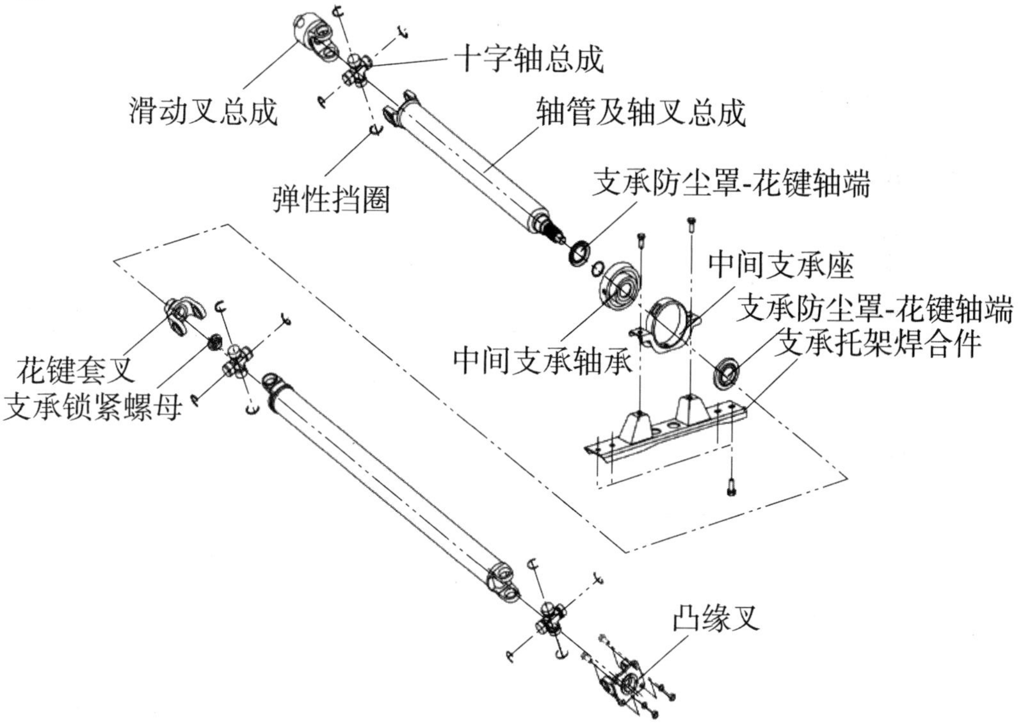

图 6-23　万向传动装置分解图

1 拆卸程序

(1)在举升机上举升车辆。

(2)用千斤顶适当支承传动轴支承托架焊合件。

(3)如图 6-24 所示,拆下传动轴支承托架焊合件与车身连接的 4 个螺栓。

(4)如图 6-25 所示,用开口扳手固定住传动轴与后桥连接螺栓的同时,拆下 4 个螺母,并随后拆下 4 个螺栓,同时用手托住传动轴后节焊合件。

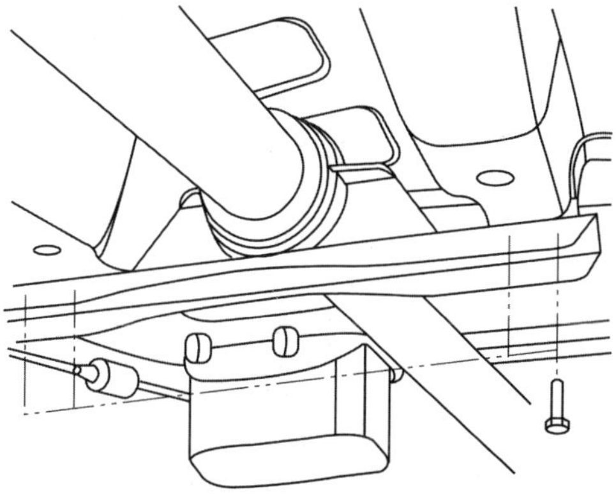

图 6-24　传动轴的拆卸(一)

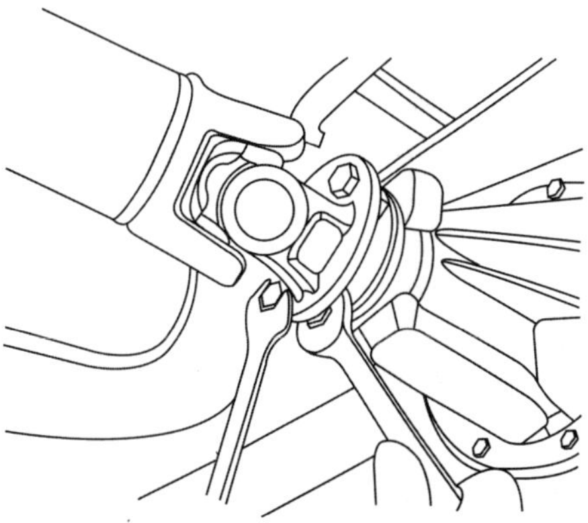

图 6-25　传动轴的拆卸(二)

注意

断开传动轴与后桥连接的同时,标记下凸缘叉与后桥凸缘相对位置,以便在安装时参考。

(5)如图6-26所示,将传动轴滑动叉从变速器输出轴中抽出。

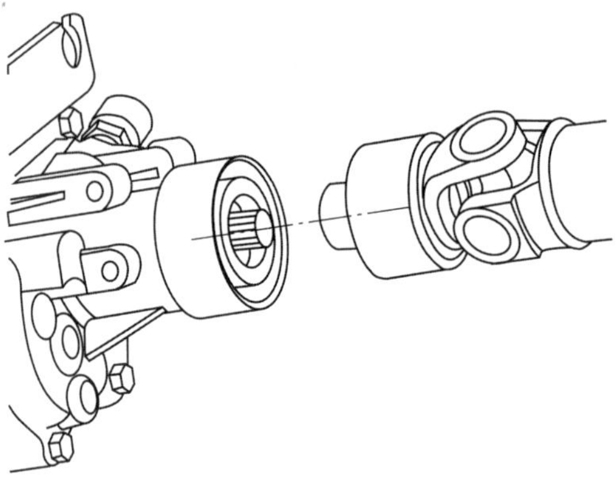

图6-26 传动轴的拆卸(三)

(6)分离出传动轴总成。

(7)移走千斤顶。

(8)用堵盖将传动轴滑动叉和变速器输出轴堵塞住。

2 安装程序

(1)拆下将传动轴滑动叉和变速器输出轴堵塞的堵盖。

(2)将传动轴滑动叉插入变速器输出轴中。

(3)定位传动轴总成。

(4)用千斤顶适当支承传动轴支承托架焊合件,同时用手托住传动轴后节焊合件。

(5)装上传动轴与后桥连接的4个螺栓,并用开口扳手固定住螺栓的同时,装上4个螺母,并紧固至45~60N·m。

注意

传动轴凸缘叉与后桥凸缘的相对位置定位在拆卸时做的标记处。

(6)装上传动轴支承托架焊合件与车身连接的4个螺栓,并紧固至35~

40N · m。

(7)移走千斤顶。

(8)在举升机上降下车辆。

引导问题 11　如何对传动轴总成进行检查?

1 传动轴弯曲的检测

(1)拆下传动轴总成。

(2)将传动轴定位在台架上。

(3)如图 6-27 所示,在传动轴上选取 3 个点,用千分表分别测量 3 个点的圆跳动误差。圆跳动误差值应≤0.5mm。如超过此值应校正并重新平衡,必要时更换传动轴总成。

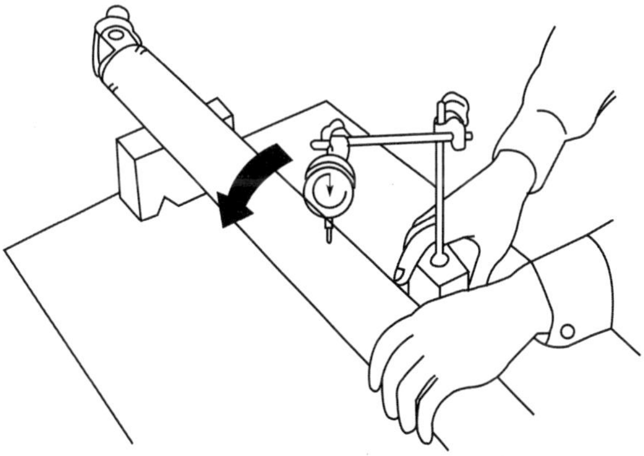

图 6-27　传动轴弯曲的检测

2 传动轴异响的检查

(1)检查十字轴是否磨损或损坏,若有,更换十字轴。

(2)检查十字轴润滑是否充分,若润滑不良,润滑十字轴,必要时更换十字轴。

(3)检查滑动叉内花键齿是否损坏,若损坏,更换传动轴总成。

(4)检查传动轴支承托架焊合件是否松动,若松动,紧固传动轴支承托架焊合件。

(5)检查传动轴与后桥连接螺栓是否松动,若松动,紧固传动轴与后桥连接螺栓。

(6)检查支承座支架焊合件与支承托架焊合件连接螺栓是否松动,若松动,紧固支承座支架焊合件与支承托架焊合件连接螺栓。

3 传动轴摆振

(1)检查传动轴是否失去平衡,若不平衡,更换传动轴总成。

(2)检查传动轴是否弯曲,若弯曲,更换传动轴总成。

(3)检查十字轴是否磨损或损坏,若有磨损或损坏,更换传动轴总成。

(4)检查传动轴支承托架焊合件连接螺栓是否松动,若松动,紧固传动轴支承托架焊合件连接螺栓。

(5)检查传动轴与后桥连接螺栓是否松动,若松动,紧固传动轴与后桥连接螺栓。

(6)检查支承座支架焊合件与支承托架焊合件连接螺栓是否松动,若松动,紧固支承座支架焊合件与支承托架焊合件连接螺栓。

(7)检查传动轴是否出现共振,若出现共振现象,更换传动轴总成。

三 评价与反馈

(1)对本学习任务进行评价,见表6-1。

评 分 表　　表6-1

考核项目	评分标准	分数	学生自评	小组互评	教师评价	小计
团队合作	是否和谐	5				
活动参与	是否积极主动	5				
安全生产	有无安全隐患	10				
现场5S	是否做到	10				
任务方案	是否正确、合理	15				

续上表

考核项目	评分标准	分数	学生自评	小组互评	教师评价	小计
操作过程	传动轴的拆卸与装配；传动轴的检查	30				
任务完成情况	是否圆满完成	5				
工具和设备使用	是否规范、标准	10				
劳动纪律	是否能严格遵守	5				
工单填写	是否完整、规范	5				
总分		100				
教师签名：			年　月　日		得分	

(2)在实施作业时每一个安全事项都注意到了吗？如没有，找出忽略的地方和原因。

(3)能否向车主解释传动轴拆装及检查的过程？如不能，分析原因并提出改进措施。

四 学习拓展

(1)查阅资料,说明 EQ1092 汽车传动轴的拆装及检查方法。

(2)查阅资料,说明准等速万向节有哪些类型,各有什么特点。

(3)更换了凸缘或十字轴后,为什么要对传动轴进行动平衡试验?

学习任务七

传动轴(前轮驱动)及万向节的检查与更换

学习目标

完成本学习任务后,你应当能:

1. 叙述等速万向节的类型、结构和工作原理;
2. 熟悉等速万向节在汽车上的典型应用;
3. 正确使用工具和设备;
4. 规范地拆装半轴总成;
5. 与同学密切合作,规范地检查和更换等速万向节。

建议完成本学习任务的时间为12学时。

学习任务描述

一辆卡罗拉(1.6L)乘用车,行驶60000km,车主要求对整车进行维护。需要你按照“维护标准和要求”,对传动轴防尘罩进行检查和更换。

学习内容

球笼式等速万向节构造知识

三枢轴球面滚轮式等速万向节构造知识

传动轴(前轮驱动)及万向节的检查与更换

半轴总成的拆装

万向节的拆装与检查

一 资料收集

引导问题1 等速万向节是如何实现等速传动的?

等速万向节的基本原理是传力点永远位于两轴交点的平分面上。图7-1所示为等速万向节的工作原理。一对大小相同锥齿轮的接触点 P 位于两齿轮轴线交角的平分面上,由 P 点到两轴的垂直距离都等于 r。P 点处两齿轮的圆周速度相等,两齿轮的角速度也相等。可见,若万向节的传力点在其交角变化时,始终位于两轴夹角的平分面上,就能保证等速传动。

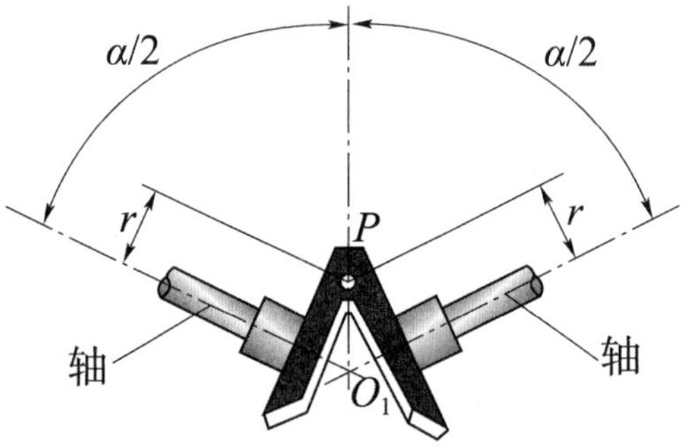

图7-1 等速万向节的工作原理

引导问题2 球叉式等速万向节的结构特点是什么?

球叉式等速万向节如图7-2所示,它由主动叉、从动叉、4个传动钢球、中心钢球、定位销、锁止销组成。主动叉与从动叉分别与内、外半轴制成一体。在主、从动叉上,分别有4个曲面凹槽,装配后,则形成两个相交的环形槽作为钢球滚道,4个传动钢球放在槽中,中心钢球放在两叉中心的凹槽内,以定中心。

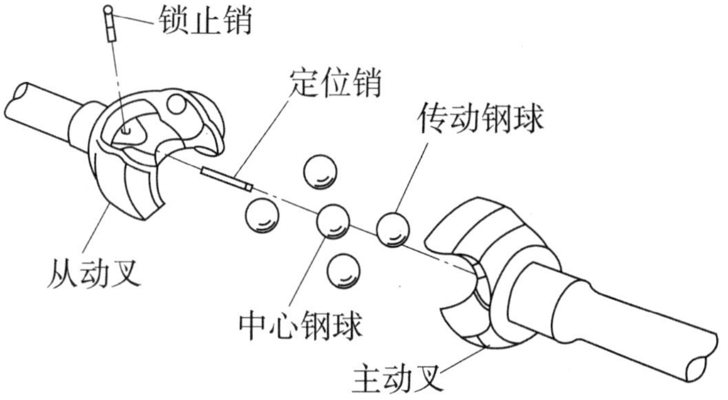

图 7-2　球叉式等速万向节

引导问题 3　球笼式等速万向节有哪些类型？结构是怎样的？

常见的球笼式等速万向节有固定型球笼式万向节(RF 节)和伸缩型球笼式万向节(VL 节)两种。

1 固定型球笼式万向节(RF 节)

如图 7-3 所示,固定型球笼式万向节由 6 个钢球、星形套(内滚道)、球形壳(外滚道)和保持架(球笼)等组成。万向节星形套与主动轴用花键固接在一起,星形套外表面有 6 条弧形凹槽滚道,球形壳的内表面有相应的 6 条凹槽,6 个钢球分别装在各条凹槽中,由球笼使其保持在同一平面内。动力由主动轴经钢球、球形壳输出。

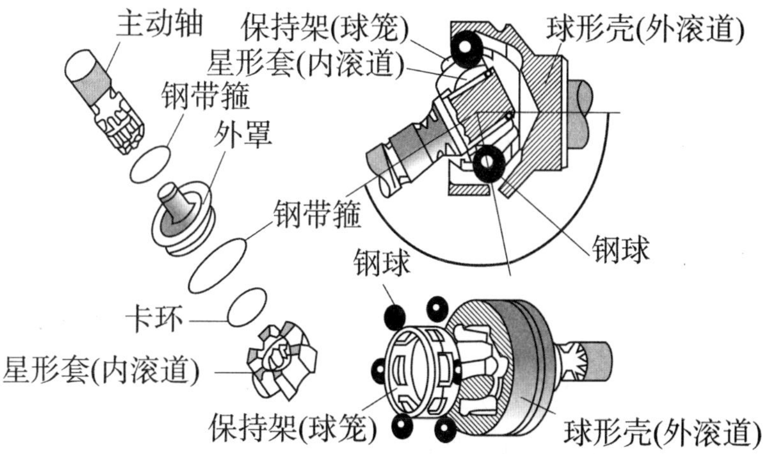

图 7-3　固定型球笼式万向节

固定型球笼式万向节工作时 6 个钢球都参与传力,故承载能力强、磨损小、寿命长,被广泛应用于各种型号的转向驱动桥和独立悬架的驱动桥。

❷ 伸缩型球笼式万向节(VL节)

伸缩型球笼式万向节又称直槽滚道型万向节。如图7-4所示,伸缩型球笼式万向节的结构与固定型球笼式万向节相近,只是内、外滚道为圆筒形直槽,使万向节本身可轴向伸缩(伸缩量可达40~50mm),省去其他万向节传动中的滑动花键,且滚动阻力小,适用于断开式驱动桥的万向传动装置。由于伸缩型球笼式万向节所连接的两转轴夹角不能太大,因此常常和固定型球笼式万向节组合在一起使用,以保证在夹角和距离发生变化的条件下传递动力。

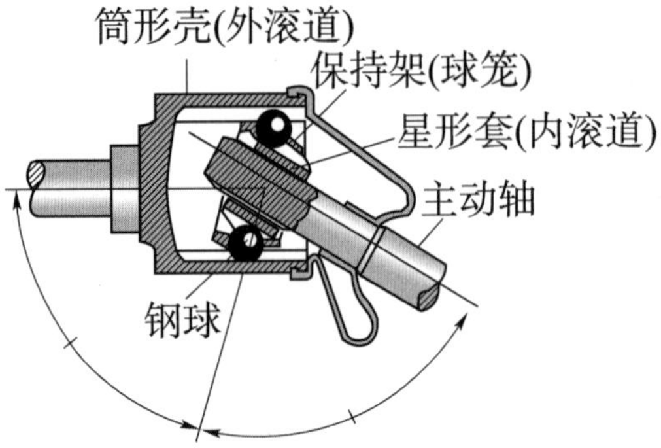

图7-4 伸缩型球笼式万向节

❸ RF节和VL节的应用

RF节和VL节广泛应用于采用独立悬架的乘用车转向驱动桥,其中RF节用于靠近车轮处,VL节用于靠近驱动桥处,如图7-5所示。

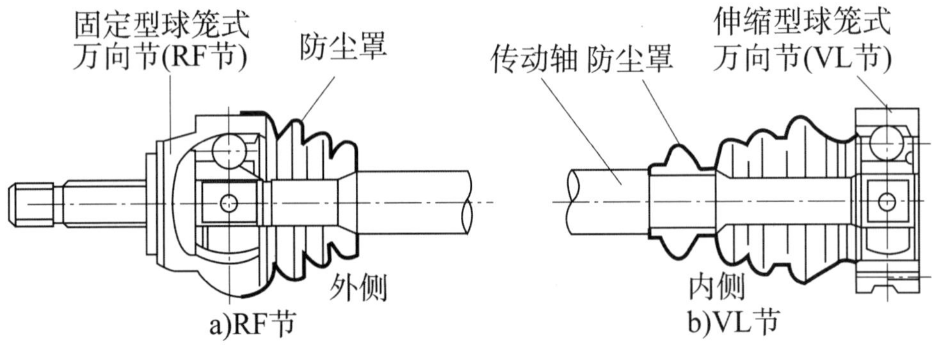

图7-5 RF节与VL节在转向驱动桥中的布置

引导问题4 三枢轴球面滚轮式等速万向节的结构是什么样的?

三枢轴球面滚轮式等速万向节又称自由三枢轴万向节,其结构如图7-6所示。由3个位于同一平面内互成120°的枢轴构成,它们的轴线交于输入轴上一点,并且垂直于传动轴。3个枢轴的外表面为球面,3个球面滚轮分别套在各自的枢轴上,可以绕枢轴自由转动。输入轴与筒形外座圈刚性连接,在筒形外座圈部分加工出3个槽形轨道。3个槽形轨道在筒形圆周上是均匀分布的,轨道配合面为部分同柱面,3 个球面滚轮分别装入各槽形轨道中,可沿轨道滑动。

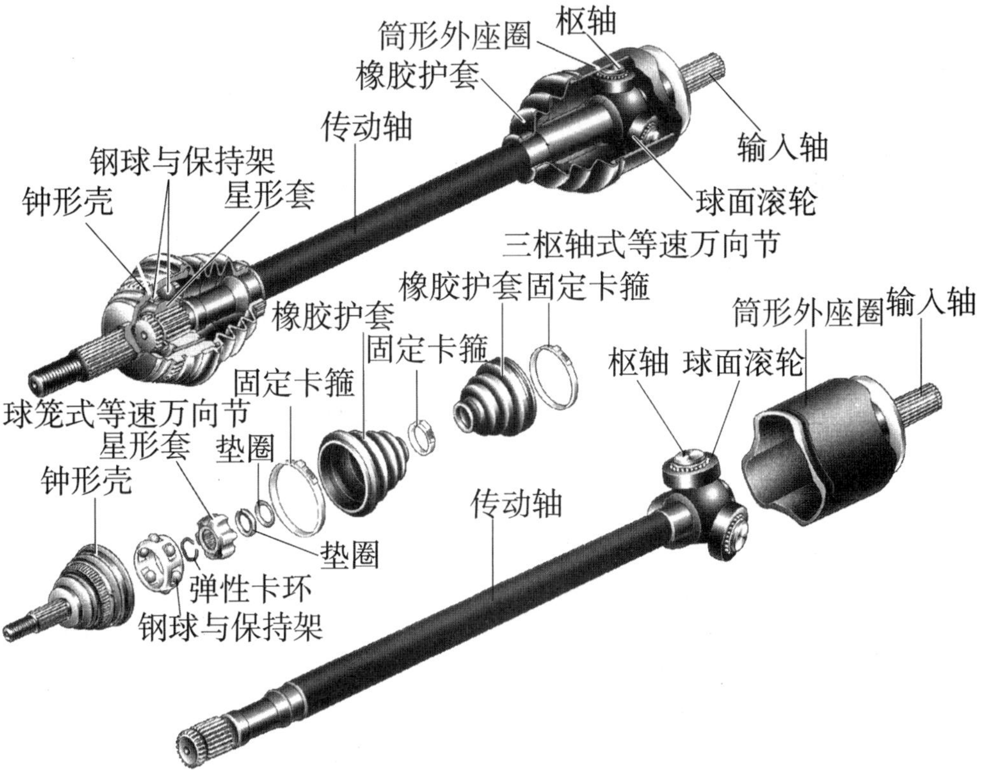

图 7-6　三枢轴球面滚轮式等速万向节和传动轴

二 实施作业

引导问题 5　作业需要哪些工具、设备和材料?

(1)车辆:卡罗拉(1.6L)乘用车。

(2)普通设备及工具:举升机、组合工具、螺丝刀(图 7-7)、锤子、铜棒、冲子(图 7-8)、扭力扳手、台虎钳、尖嘴钳(图 7-9)、卡环扩张器、压力机、塑料锤、水泵钳(图 7-10)、记号笔。

(3)专用工具:SST 09520-00031 后桥半轴拉出器、09520-01010 半轴拆卸工具连接件、SST 09608-16042 前轮毂轴承调节工具、SST 09950-00020 轴承拆卸工具、SST 09527-10011 后桥半轴轴承拆卸工具。

(4)其他:接油容器、齿轮油、非残留性溶剂、润滑脂、塑料带、保护手套。

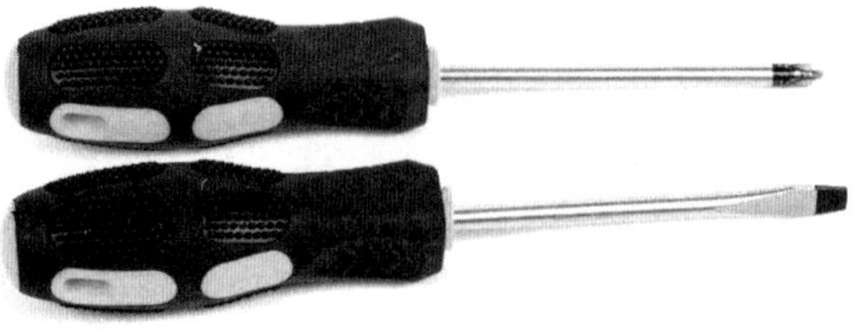

图7-7　螺丝刀

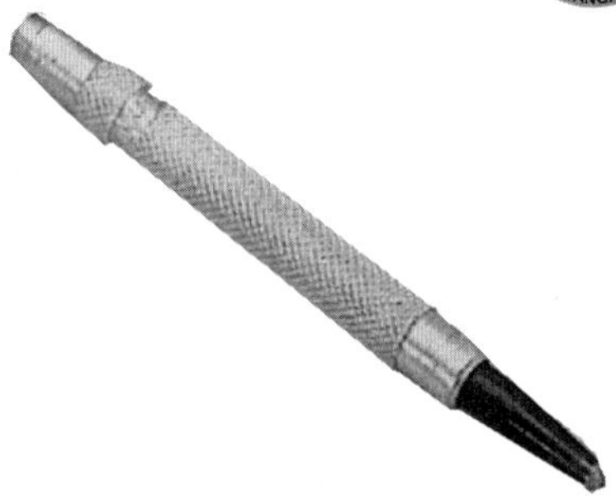

图7-8　冲子

图7-9　尖嘴钳

图7-10　水泵钳

引导问题6　通过查询和查找,填写以下信息。

生产年份________,车牌号码________,行驶里程________,发动机型号及排量________,车辆识别代码(VIN)________。

引导问题7　作业前的准备工作有哪些?

(1)汽车进入工位前,将工位清理干净,准备好相关的器材。
(2)将汽车停驻在举升机中央位置。
(3)拉紧驻车制动器操纵杆,并将换挡杆置于空挡位置。
(4)套上转向盘防水罩、换挡杆手柄套和座椅套,铺设脚垫。
(5)在车内拉动发动机舱盖手柄,在车外打开并支撑发动机舱盖。
(6)粘贴翼子板和前脸磁力护裙。

引导问题8　如何拆装半轴总成？

卡罗拉(1.6L)乘用车半轴总成拆装相关部件分解图如图7-11所示,半轴总成如图7-12～图7-14所示。

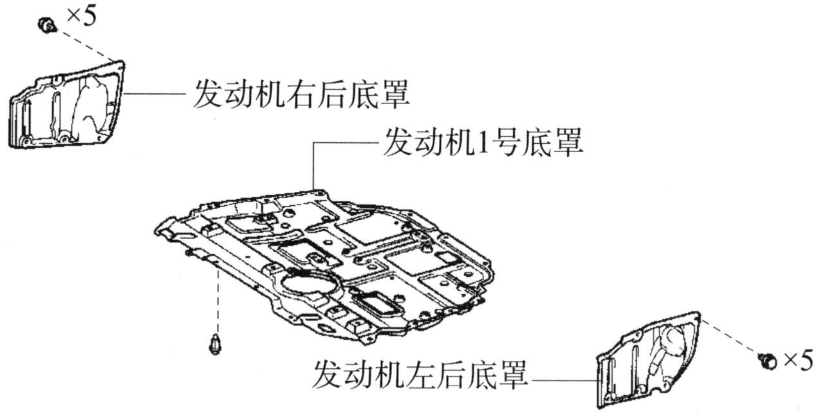

图7-11　拆装半轴总成相关部件分解图

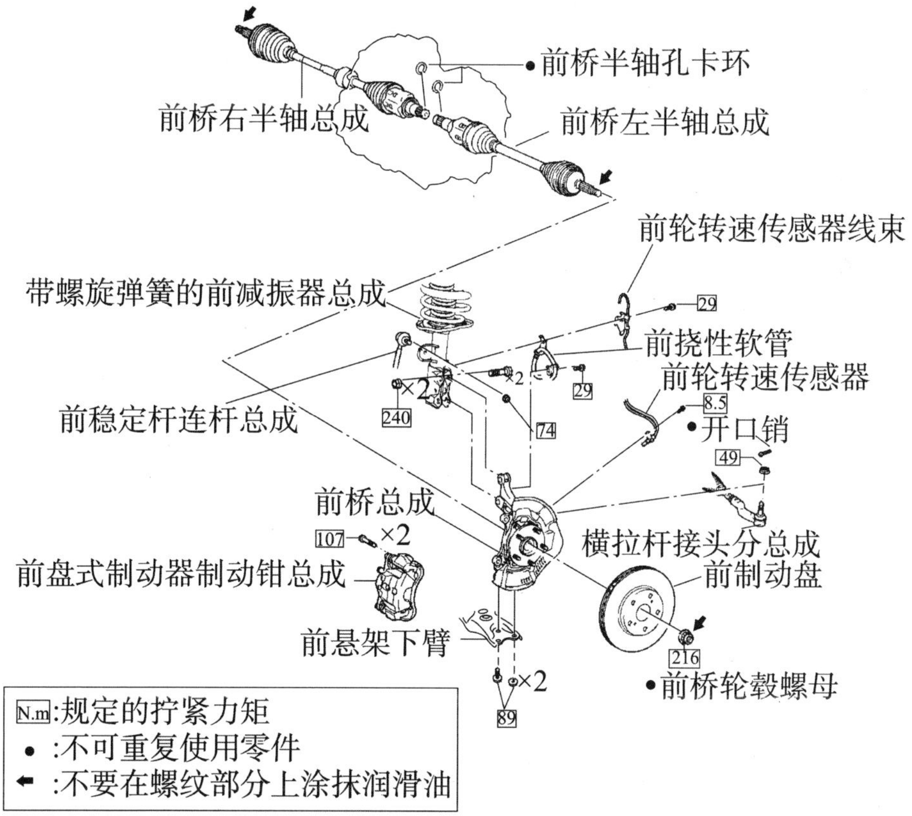

图7-12　半轴总成(一)

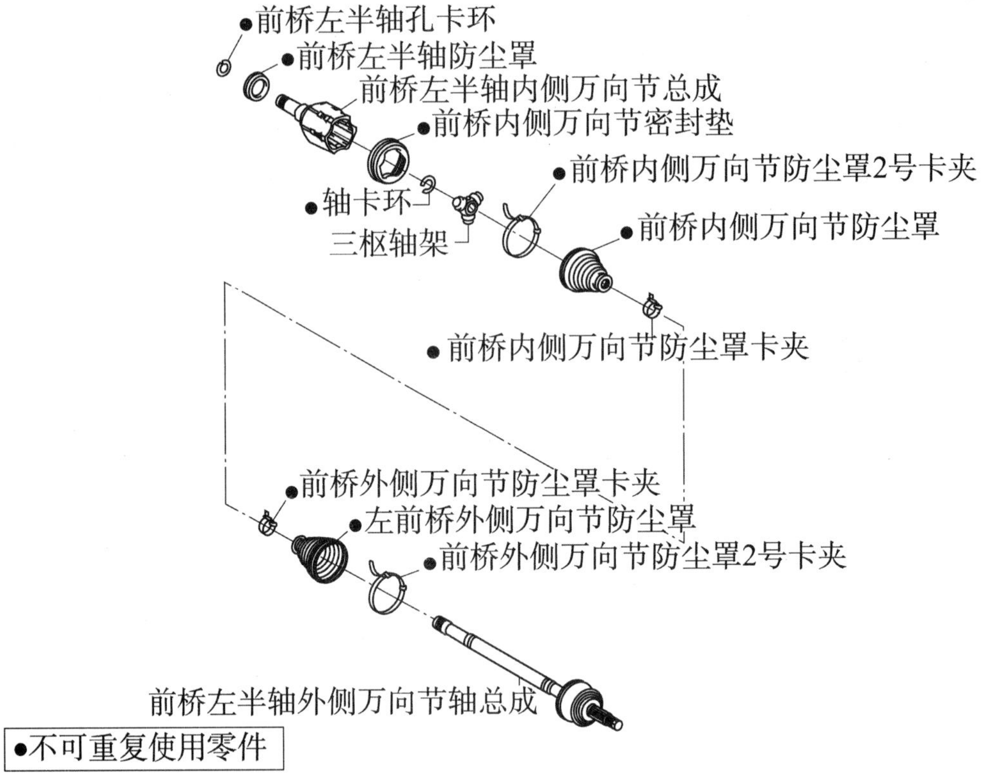

图7-13　半轴总成(二)

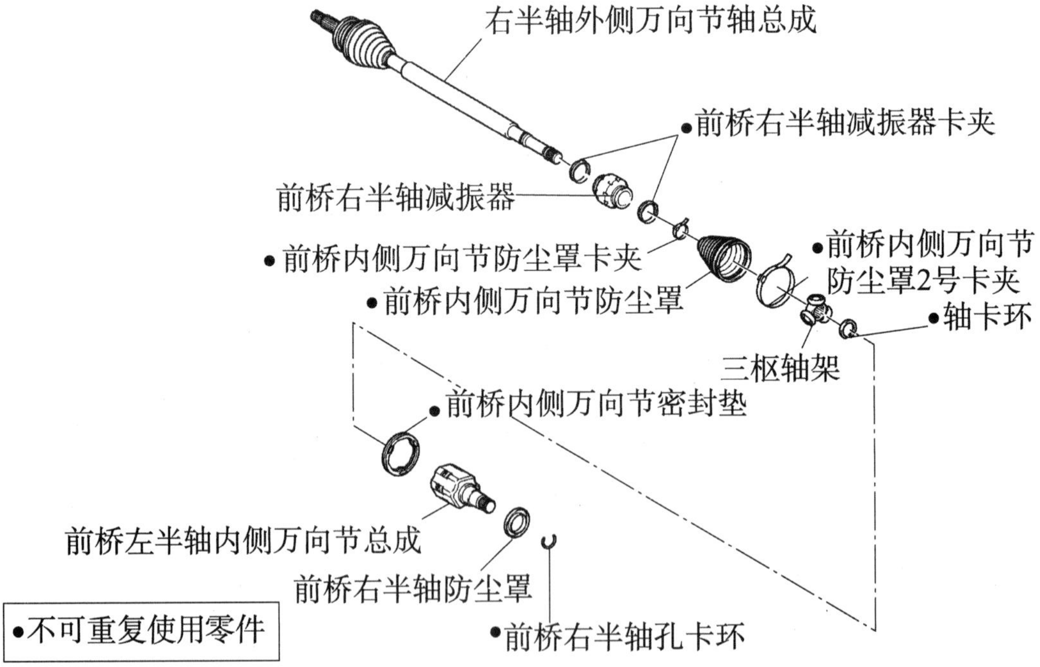

图7-14　半轴总成(三)

1 半轴总成的拆卸

(1)拆卸前轮。

(2)拆卸发动机1号底罩。

(3)拆卸发动机后部右侧底罩。

(4)拆卸发动机后部左侧底罩。

(5)排净手动传动桥油。

(6)拆卸前桥轮毂螺母。

(7)分离前稳定杆连杆总成。

(8)分离前轮转速传感器。

(9)分离前挠性软管。

(10)分离左前盘式制动器制动钳总成。

(11)拆卸前制动盘。

(12)分离横拉杆接头分总成。

(13)分离前悬架下臂。

(14)拆卸前桥总成。

(15)拆卸前桥左半轴总成。使用SST 09520-00031、09520-01010拆下前桥左半轴,如图7-15所示。注意:不要损坏手动传动桥壳油封、内侧万向节防尘套及半轴防尘罩;不要掉落半轴。

(16)拆卸前桥右半轴总成。用螺丝刀和锤子,拆下前桥右半轴,如图7-16所示。注意:不要损坏手动传动桥壳油封、内侧万向节防尘套及半轴防尘罩;不要掉落半轴。

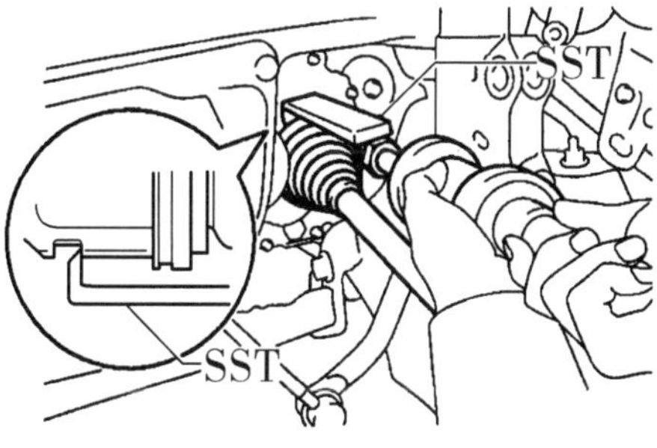

图7-15　拆卸前桥左半轴总成

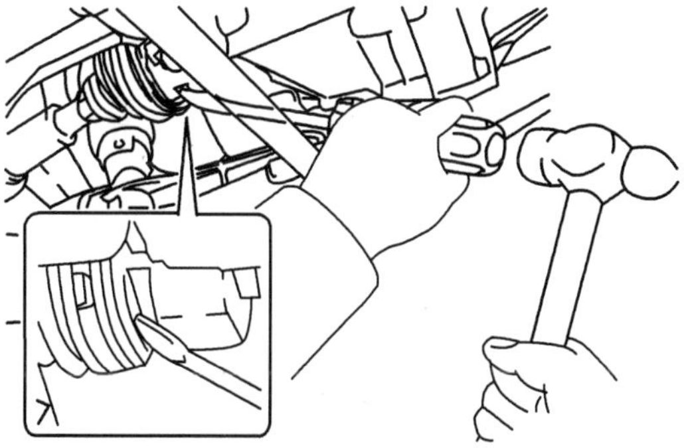

图7-16　拆卸前桥右半轴总成

(17)安装前桥总成,如图7-17所示。注意:如果轮毂轴承承受车辆的质量,

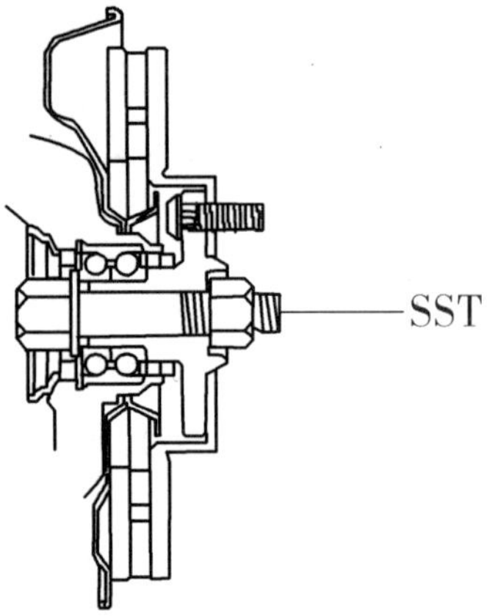

图 7-17　安装前桥总成

则它可能会损坏,例如在半轴已拆下的情况下移动车辆时,因此,如果必须将车辆的质量压在轮毂轴承上,则首先要用 SST 09608-16042(09608-02021、09608-02041)支承它。

2 半轴总成的安装

(1)安装前桥左半轴总成。

①在内侧万向节轴花键上涂齿轮油。

②对准轴花键,用铜棒和锤子敲进半轴,如图 7-18 所示。注意:使开口侧向下安装卡环;不要损坏油封、防尘套和防尘罩。

(2)安装前桥右半轴总成。注意:执行与左侧相同的程序。

(3)安装前桥总成。

(4)安装前悬架下臂。

(5)安装前稳定杆连杆总成。

(6)连接横拉杆接头分总成。

(7)安装前制动盘。

(8)安装前盘式制动器制动钳总成。

(9)安装前挠性软管。

(10)安装前轮转速传感器。

(11)安装前桥轮毂螺母。

①用非残留性溶剂清洁半轴上的带螺纹零件和车桥轮毂螺母。注意:新的半轴应确保执行此工作;使带螺纹的零件远离油液和异物。

②使用套筒扳手(30mm),安装新的车桥轮毂螺母,拧紧力矩:216N·m。

③用冲子和锤子,锁紧前桥轮毂螺母,如图 7-19 所示。

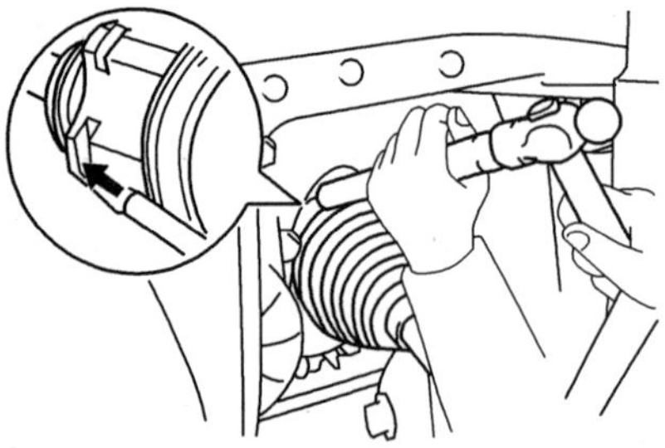

图 7-18　安装前桥左半轴总成

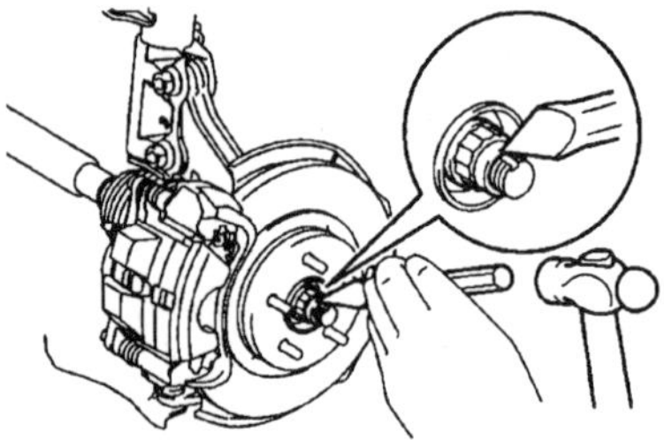

图 7-19　锁紧前桥轮毂螺母

(12)加注手动传动桥油。

(13)检查手动传动桥油。

(14)安装前轮,拧紧力矩:103N · m。

(15)检查并调整前轮定位。

(16)检查转速传感器信号。

(17)安装发动机后部左侧底罩。

(18)安装发动机后部右侧底罩。

(19)安装发动机 1 号底罩。

引导问题 9　如何检查和更换万向节?

1 万向节的拆卸

(1)拆卸前桥内侧万向节防尘套 2 号卡夹。用螺丝刀松开防尘套卡夹的锁紧部件并分离防尘套 2 号卡夹,如图 7-20 所示。

(2)拆卸前桥内侧万向节防尘套卡夹。用螺丝刀松开防尘套卡夹的锁紧部件并分离防尘套卡夹,如图 7-21 所示。

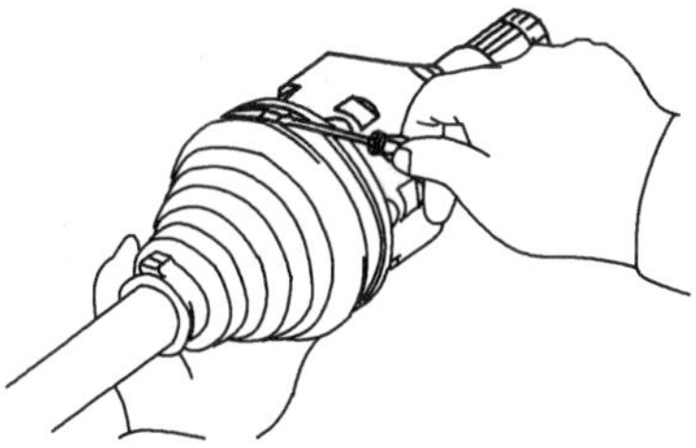

图 7-20　卸前桥内侧万向节防尘套 2 号卡夹

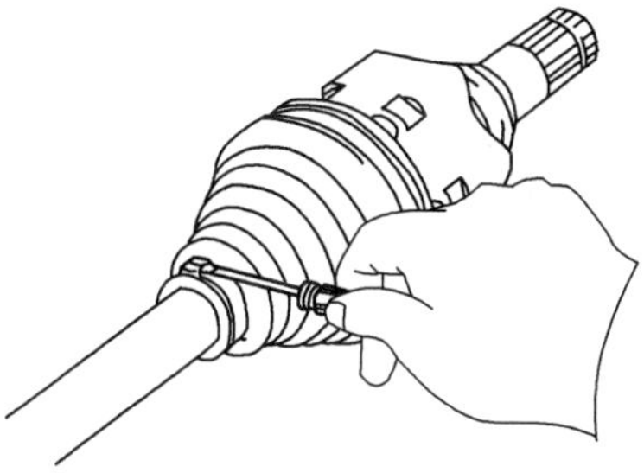

图 7-21　拆卸前桥内侧万向节防尘套卡夹

(3)分离前桥内侧万向节防尘套。将内侧万向节防尘套从内侧万向节密封垫上分离。

(4)拆卸前桥左半轴内侧万向节总成。

①清除内侧万向节上的所有旧润滑脂。

②在内侧万向节和外侧万向节轴上做好装配标记,如图 7-22 所示。注意:不要冲出标记。

③将内侧万向节从外侧万向节轴上拆下。

④在台虎钳上的两个铝板之间夹住外侧万向节轴。注意:不要过度紧固台虎钳。

⑤使用卡环扩张器,拆下轴卡环,如图7-23所示。

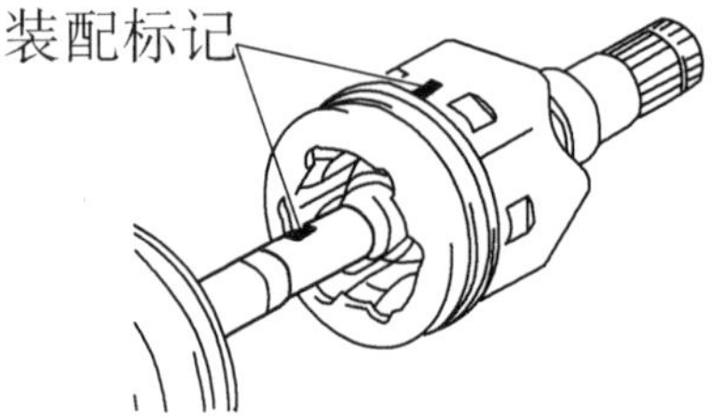

图7-22 做装配标记

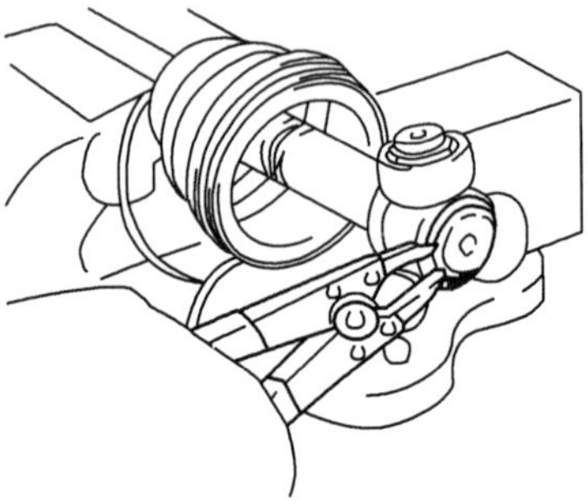

图7-23 拆下轴卡环

⑥在外侧万向节轴上和三枢轴架上设置装配标记。注意:不要冲出标记。

⑦用铜棒和锤子从外侧万向节轴上敲出三枢轴架,如图7-24所示。注意:不要敲击球面滚轮。

(5)拆卸前桥右半轴内侧万向节总成。注意:执行与左侧相同的程序。

(6)拆卸前桥内侧万向节密封垫。将内侧万向节密封垫从内侧万向节上拆下,如图7-25所示。

(7)拆卸前桥内侧万向节防尘套。拆下内侧万向节防尘套、内侧万向节防尘套2号卡夹和内侧万向节防尘套卡夹。

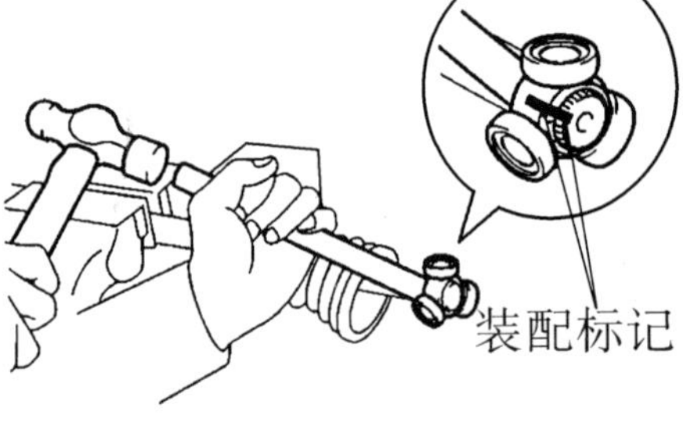

图7-24 敲出三枢轴架

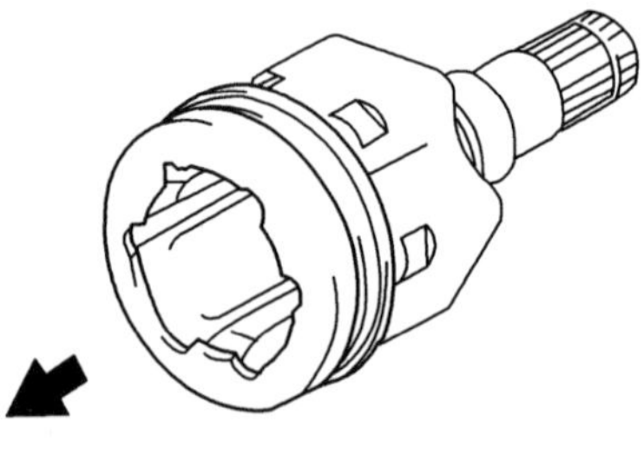

图7-25 拆卸前桥内侧万向节密封垫

(8)拆卸前桥右半轴减振器卡夹(右侧)。如图7-26所示,用尖嘴钳拆下2个半轴减振器卡夹。

(9)拆卸前桥右半轴减振器(右侧)。将前桥半轴减振器从外侧万向节轴上拆下。

(10)拆卸前桥外侧万向节防尘套2号卡夹(左侧)。用螺丝刀松开防尘套卡夹的锁紧部件并拆下防尘套2号卡夹,如图7-27所示。

(11)拆卸前桥外侧万向节防尘套卡夹(左侧)。用螺丝刀,松开防尘套卡夹的锁紧部件并拆下防尘套卡夹,如图7-28所示。

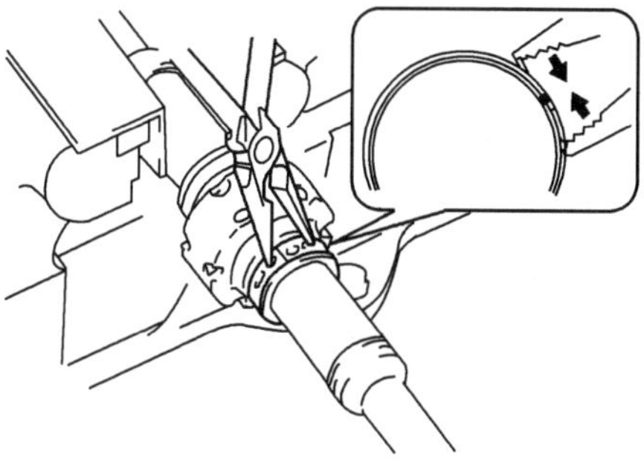
图7-26　拆卸前桥右半轴减振器卡夹

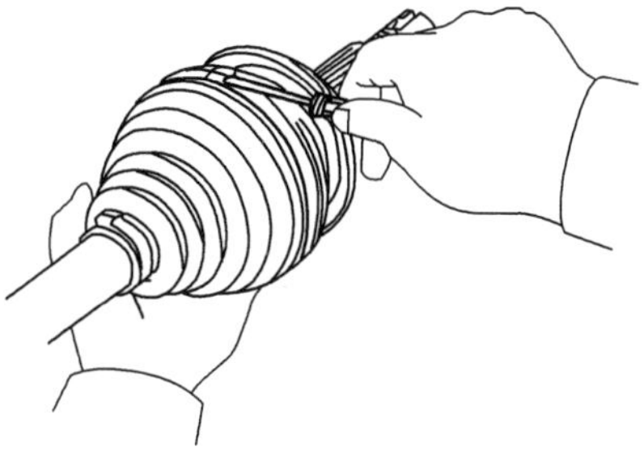
图7-27　拆卸前桥外侧万向节防尘套2号卡夹

(12)拆卸左前桥外侧万向节防尘套(左侧)。

①从外侧万向节轴上拆下外侧万向节防尘套。

②清除外侧万向节上的所有旧润滑脂。

(13)拆卸前桥左半轴孔卡环。用螺丝刀拆下孔卡环,如图7-29所示。

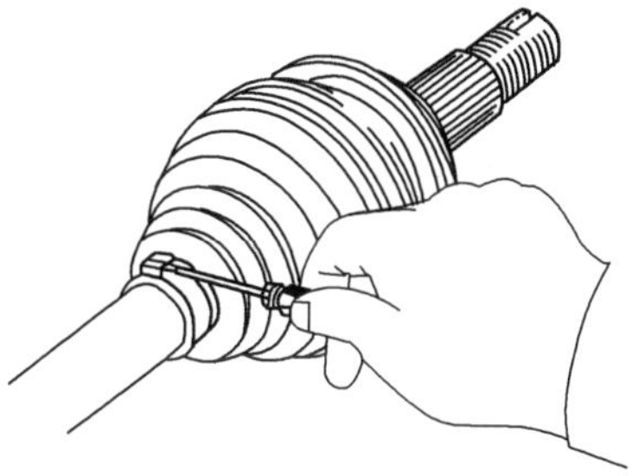
图7-28　拆卸前桥外侧万向节防尘套卡夹

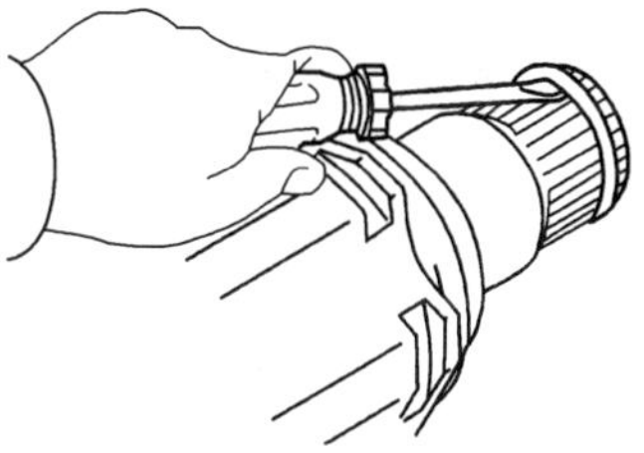
图7-29　拆卸前桥左半轴孔卡环

(14)拆卸前桥右半轴孔卡环。注意:执行与左侧相同的程序。

(15)拆卸前桥左半轴防尘罩。使用SST 09950-00020和压力机,压出半轴防尘罩,如图7-30所示。注意:小心不要掉落内侧万向节。

(16)拆卸前桥右半轴防尘罩。注意:执行与左侧相同的程序。

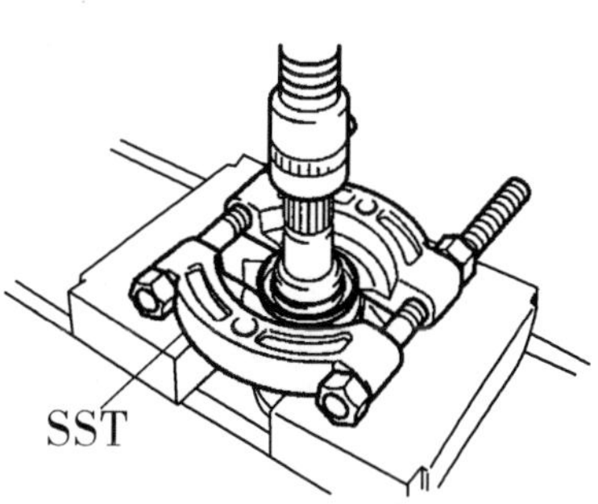

图7-30　拆卸前桥左半轴防尘罩

2 万向节的检查

(1)如图7-31所示,检查并确定外侧万向节在径向上没有过大间隙;检查并确定内侧万向节在止推方向上滑动顺畅;检查并确定内侧万向节在径向上没有过大间隙。

(2)检查防尘套是否损坏。如图7-32所示检查尺寸(A)。尺寸(A)的值见表7-1。注意:在检查过程中保持半轴总成水平。

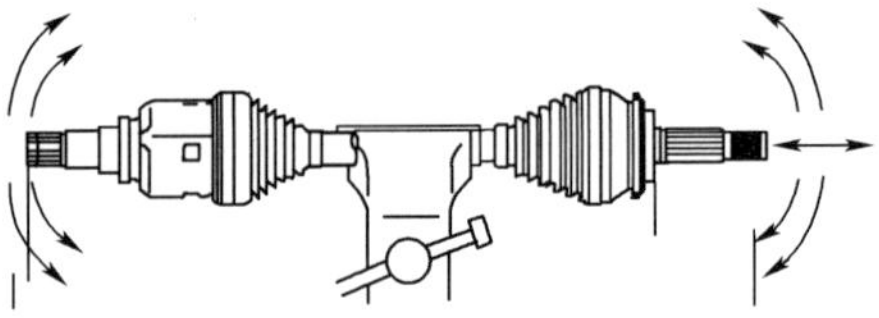

图7-31 万向节检查

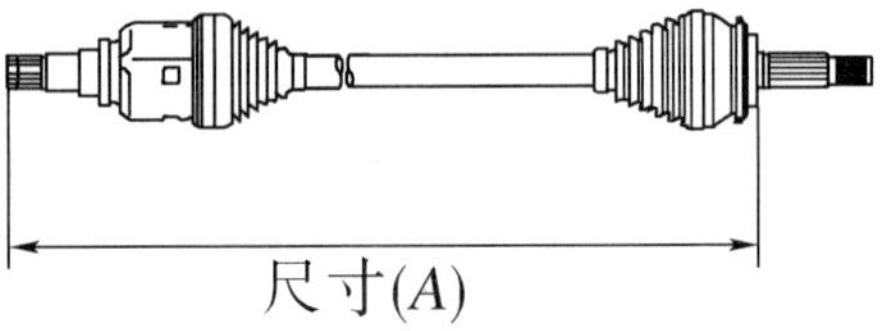

图7-32 检查尺寸(A)

尺寸(A)标准值(单位:mm) 表7-1

发动机型号	左侧半轴(尺寸)	右侧半轴(尺寸)
1ZR-FE	587.6	590.9
2ZR-FE	867.6	870.9

3 万向节的装配

(1)安装前桥左半轴防尘罩。使用SST 09527-10011和压力机,压进一个新的半轴防尘罩,如图7-33所示。注意:防尘罩应完全安装到位;注意不要损坏防尘罩。

(2)安装前桥右半轴防尘罩。注意:执行与左侧相同的程序。

(3)安装前桥左半轴孔卡环。安装一个新的孔卡环。

(4)安装前桥右半轴孔卡环。注意:执行与左侧相同的程序。

(5)安装左前桥外侧万向节防尘套(左侧),如图7-34所示。

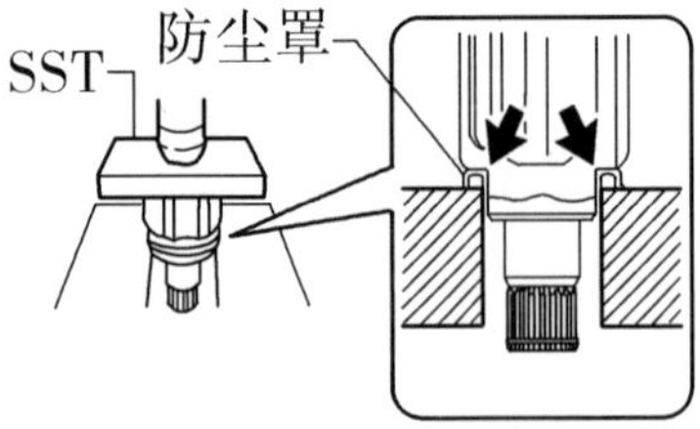

图7-33 安装前桥左半轴防尘罩

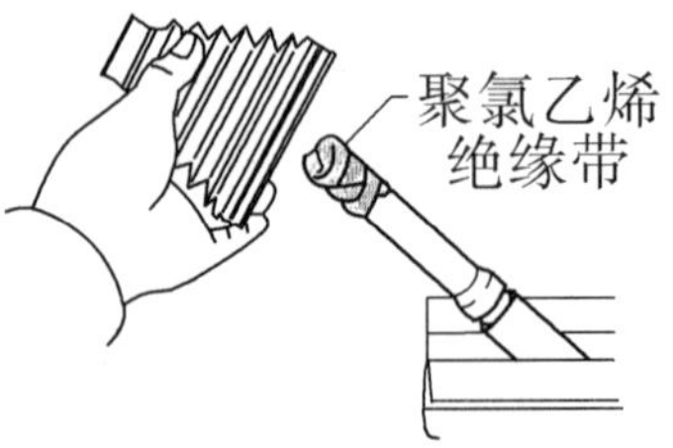

图7-34 安装左前桥外侧万向节防尘套

①用塑料带缠绕外侧万向节轴的花键。注意:在安装防尘套之前,请用塑料带缠绕半轴的花键,以防止防尘套损坏。

②按以下顺序,将新零件安装到外侧万向节轴上。

a. 2 号外侧万向节防尘套卡夹。

b. 外侧万向节防尘套。

c. 外侧万向节防尘套卡夹。

③用防尘套维修组件中的润滑脂涂抹外侧万向节轴和防尘套。标准润滑脂容量:135 ~ 145g。

④将外侧万向节防尘套安装在外侧万向节轴槽上。注意:槽里不能有润滑脂。

(6)安装前桥外侧万向节防尘套2 号卡夹(左侧)。注意:戴保护手套以防伤手。

①将防尘套卡夹安装到外侧万向节防尘套上并暂时将杆折回,如图 7-35 所示。注意:将杆正确地安装至导槽,将卡夹安装至车辆内侧尽可能远处;将杆折回前,检查箍带和杆没有变形。

②朝工作面按压外侧万向节,同时把身体质量倚靠到手上并向前转动外侧万向节。转动外侧万向节并折起杠杆直至听到“咔嗒”声,如图 7-36 所示。注意:不要损坏导流板;确保外侧万向节与工作面直接接触。

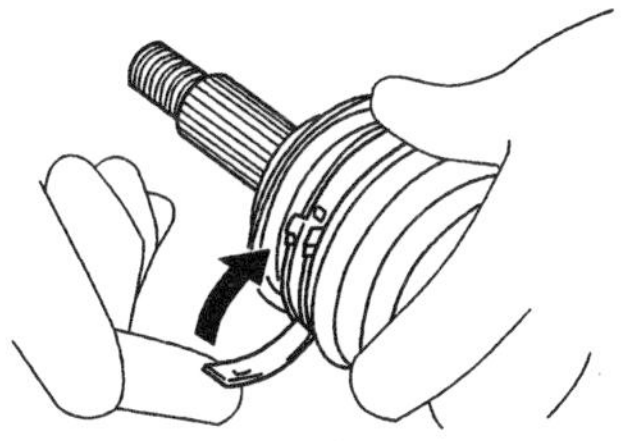

图 7-35　安装外侧万向节防尘套(一)

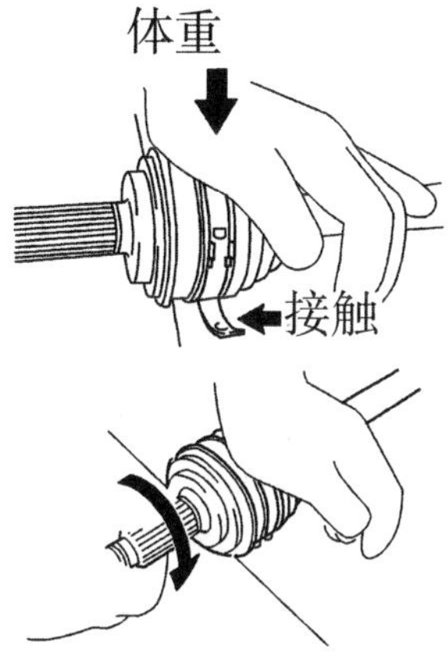

图 7-36　安装外侧万向节防尘套(二)

③调整杆和槽之间的间隙以使锁扣边缘和杆端之间的间隙均匀,同时用塑料锤敲击锁扣将其固定,如图 7-37 所示。注意:不要损坏外侧万向节防尘套。

(7)安装前桥外侧万向节防尘套卡夹(左侧)。注意:戴保护手套以防伤手。

①将防尘套卡夹安装到外侧万向节防尘套上并暂时将杆折回,如图 7-38 所

示。注意:将杆正确地安装至导槽;将杆折回前,检查箍带和杆没有变形。

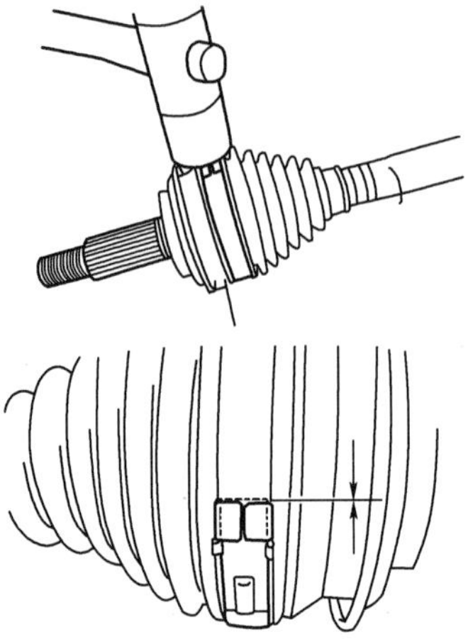

图 7-37 安装外侧万向节防尘套(三)

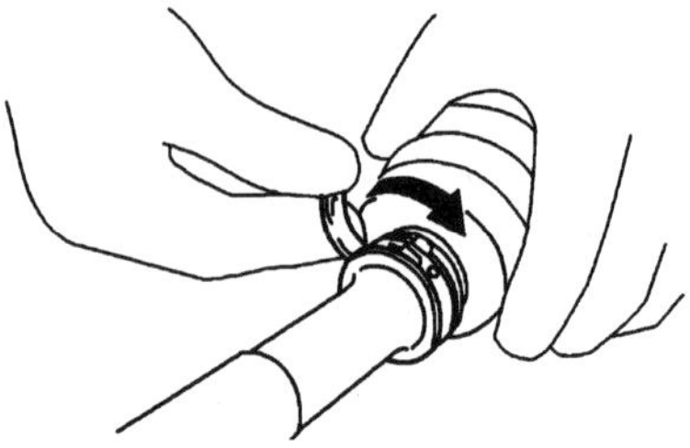

图 7-38 安装前桥外侧万向节防尘套卡夹(一)

②用水泵钳捏住防尘套卡夹,暂时将其固定,如图 7-39 所示。

③调整杆和槽之间的间隙以使锁扣边缘和杆端之间的间隙均匀,同时用塑料锤敲击锁扣将其固定,如图 7-40 所示。注意:不要损坏外侧万向节防尘套。

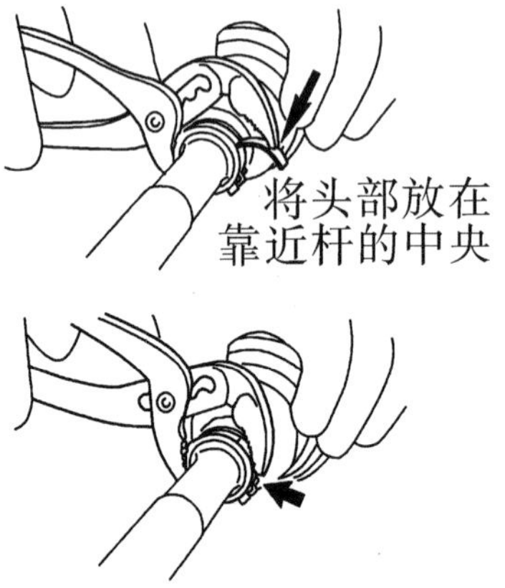

图 7-39 安装前桥外侧万向节防尘套卡夹(二)

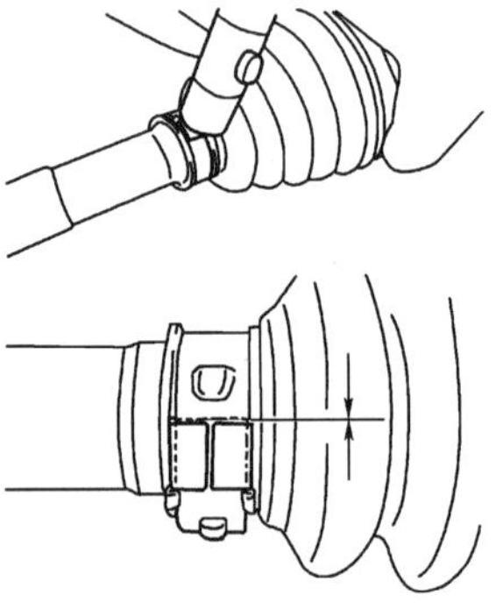

图 7-40 安装前桥外侧万向节防尘套卡夹(三)

(8)安装前桥右半轴减振器(右侧)。

①按以下顺序,将零件安装到外侧万向节轴上。

a. 半轴减振器卡夹。

b. 半轴减振器。

c.半轴减振器卡夹。

②确保减振器在轴的凹槽上。

③按下述规定设置距离 A,如图 7-41 所示。标准距离:458.0 ~462.0mm。

(9)安装前桥右半轴减振器卡夹(右侧)。

①在台虎钳上的两个铝板之间夹住前桥半轴。

②将半轴减振器卡夹安装至减振器。注意:确保将卡夹安装到正确的位置。

③如图 7-42 所示,用尖嘴钳安装 2 个半轴减振器卡夹。

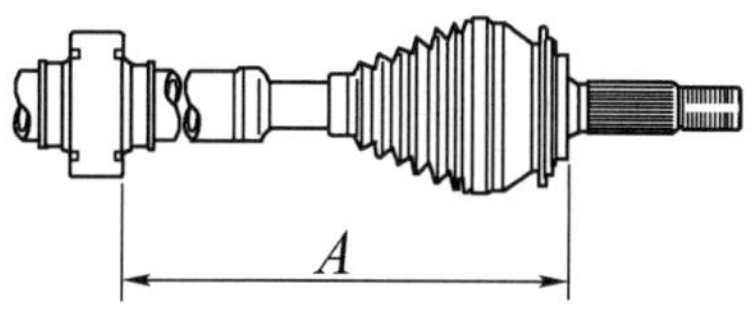

图 7-41　设置距离

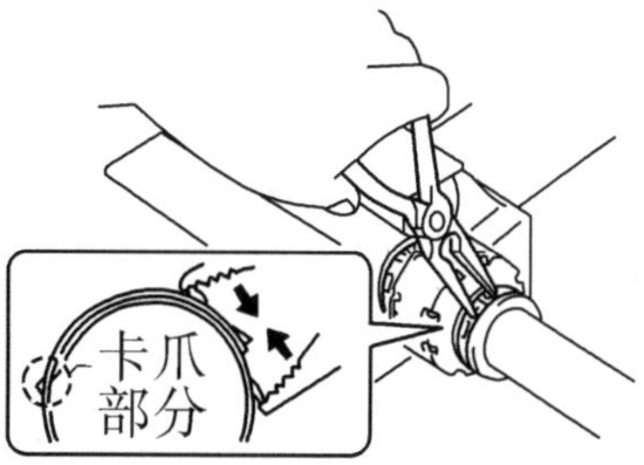

图 7-42　安装半轴减振器卡夹

(10)暂时安装前桥内侧万向节防尘套。

①用塑料带缠绕外侧万向节轴的花键,以防止防尘套损坏,如图 7-43 所示。注意:在安装防尘套之前,请用塑料带缠绕半轴的花键,以防止防尘套损坏。

②按以下顺序,将新零件安装到外侧万向节轴上。

a.内侧万向节防尘套卡夹。

b.内侧万向节防尘套。

c.2 号内侧万向节防尘套卡夹。

(11)安装前桥内侧万向节密封垫,如图 7-44 所示。将一个新的内侧万向节密封垫安装到内侧万向节槽上。注意:将内侧万向节密封垫上的凸出部分牢固地安装至内侧万向节槽。

(12)安装前桥左半轴内侧万向节总成。

①使三枢轴架轴向花键的斜面朝向外侧万向节。

②在拆卸之前,对准做好的装配标记,如图 7-45 所示。

③用铜棒和锤子,把三枢轴球面滚轮式等速万向节敲进半轴。注意:不要敲击球面滚轮;确保以正确方向安装三枢轴架。

④用防尘套维修组件中的润滑脂涂抹内侧万向节轴和防尘套。标准润滑脂容量:175～185g。

⑤使用卡夹扩张器,安装一个新的半轴卡环(图7-23)。

⑥对准装配标记,将内侧万向节安装至外侧万向节轴(图7-22)。

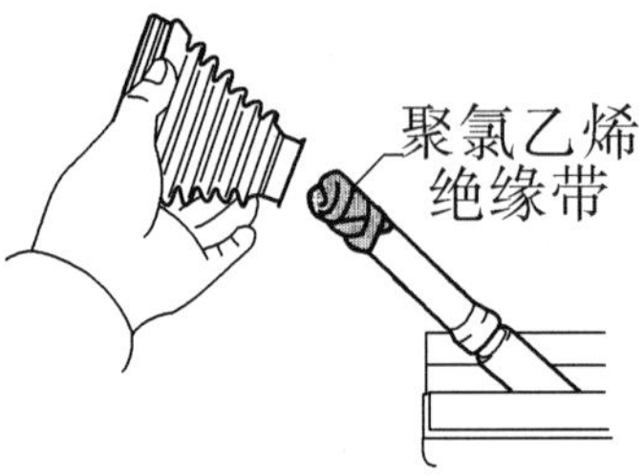

图7-43　缠绕外侧万向节轴的花键

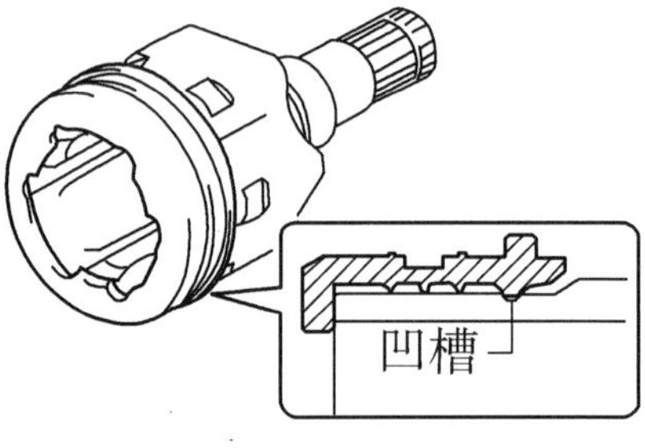

图7-44　安装前桥内侧万向节密封垫

(13)安装前桥右半轴内侧万向节总成。注意:执行与左侧相同的程序。

(14)安装前桥内侧万向节防尘套。将内侧万向节防尘套安装至内侧万向节密封垫和外侧万向节轴的槽中。注意:槽里不能有润滑脂。

(15)安装前桥内侧万向节防尘套卡夹。注意:戴保护手套以防伤手。

①将防尘套卡夹安装到内侧万向节防尘套上并暂时将杠杆折回,如图7-46所示。注意:将杠杆正确地安装至导槽;将杠杆折回前,检查箍带和杠杆没有变形。

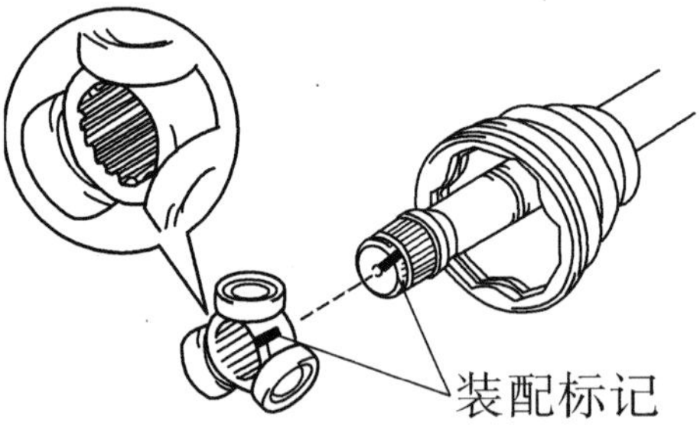

图7-45　对准装配标记

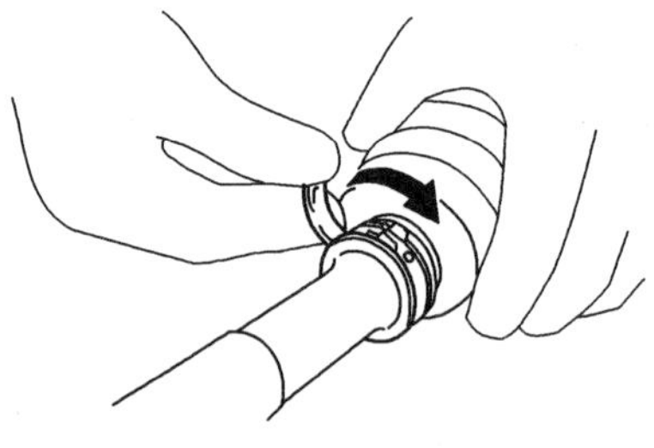

图7-46　安装前桥内侧万向节防尘套卡夹(一)

②用水泵钳捏住防尘套卡夹,暂时将其固定,如图7-47所示。

③调整杠杆和槽口之间的间隙以使锁扣边缘和杆端之间的间隙均匀,同时用塑料锤敲击锁扣将其固定,如图7-48所示。注意:不要损坏内侧万向节防尘套。

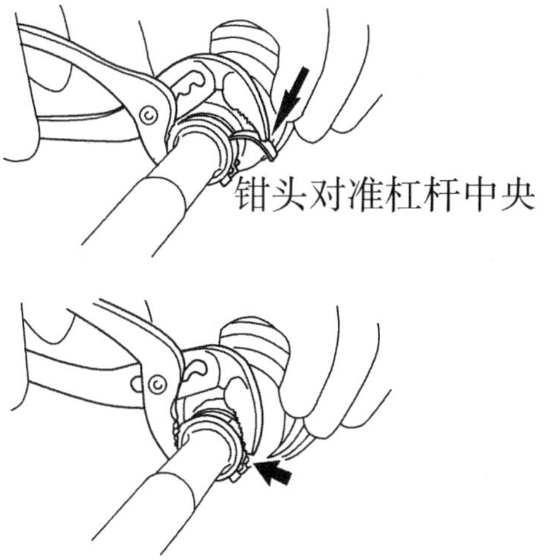

图 7-47　安装前桥内侧万向节防尘套卡夹(二)

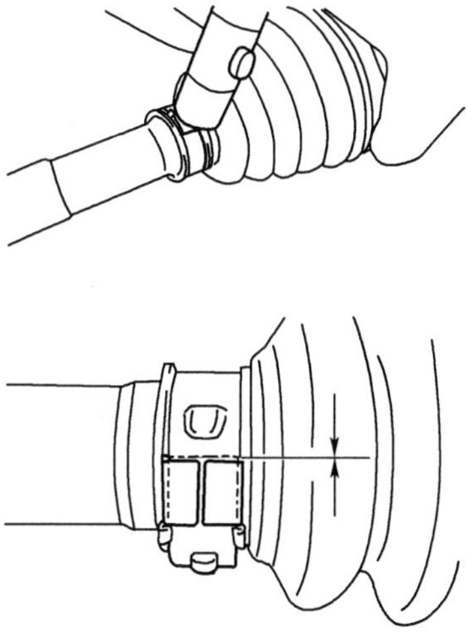

图 7-48　安装前桥内侧万向节防尘套卡夹(三)

注意

戴保护手套以防伤手。执行该操作时,内侧万向节的内部必须保持在大气压力下;将杠杆正确地安装至导槽,将卡夹尽可能靠近车辆内侧安装;将杠杆折回前,检查箍带和杠杆没有变形。

(16)安装前桥内侧万向节防尘套 2 号卡夹。

①将防尘套卡夹安装到内侧万向节防尘套上。

②保持尺寸(A)在规定长度内,同时将内侧万向节密封垫的凹陷部位拉出,使内侧万向节的内部暴露在大气压力下。

③如图 7-49 所示,将杠杆支点设置在任一 A 点处并暂时弯曲杠杆。

④朝工作面按压内侧万向节,同时把身体质量集中到手上并向前转动内侧万向节。转动内侧万向节。转动内侧万向节并折起杠杆直至听到“咔嗒”声,如图 7-50 所示。注意:不要损坏导流板;确保内侧万向节与工作面直接接触。

⑤调整杆和槽之间的间隙以使锁扣边缘和杆端之间的间隙均匀,同时用塑料锤敲击锁扣将其固定,如图 7-51 所示。注意:不要损坏内侧万向节防尘套。

(17)检查前桥半轴。

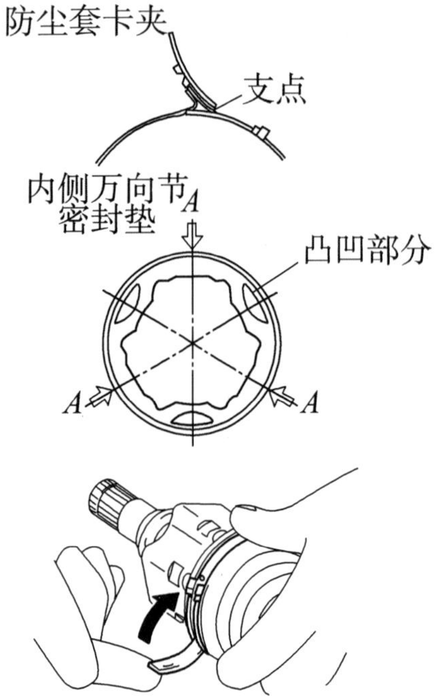

图 7-49　安装前桥内侧万向节防尘套 2 号卡夹(一)

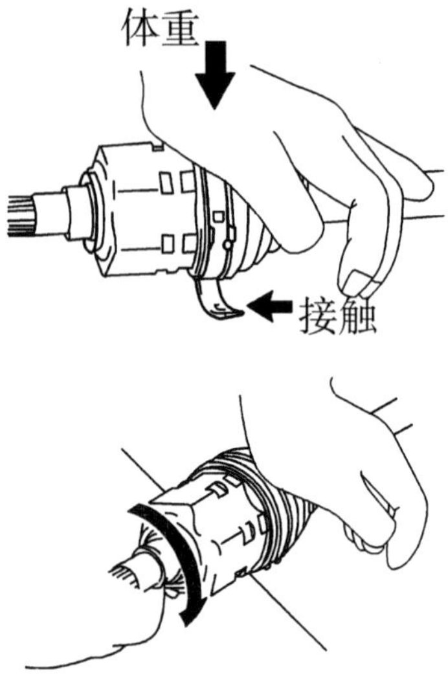

图 7-50　安装前桥内侧万向节防尘套 2 号卡夹(二)

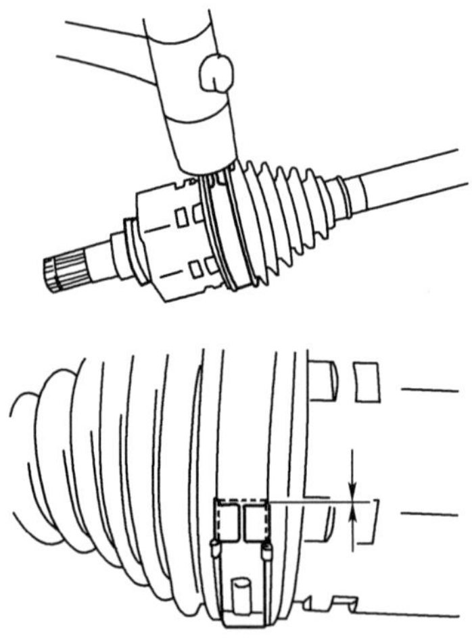

图7-51　安装前桥内侧万向节防尘套 2 号卡夹(三)

三 评价与反馈

(1)对本学习任务进行评价,见表 7-2。

评　分　表　　表7-2

考核项目	评分标准	分数	学生自评	小组互评	教师评价	小计
团队合作	是否和谐	5				
活动参与	是否积极主动	5				
安全生产	有无安全隐患	10				
现场5S	是否做到	10				
任务方案	是否正确、合理	15				
操作过程	举升机操作； 半轴总成的拆装； 万向节的更换与检查	30				
任务完成情况	是否圆满完成	5				
工具和设备使用	是否规范、标准	10				
劳动纪律	是否能严格遵守	5				
工单填写	是否完整、规范	5				
总分		100				
教师签名：			年　月　日		得分	

(2)在实施作业时每一个安全事项都注意到了吗?如没有,找出忽略的地方和原因。

(3)能否向车主解释拆装半轴总成的过程?如不能,分析原因并提出改进措施。

(4)能否向车主解释万向节检查和更换的过程?如不能,分析原因并提出改进措施。

四 学习拓展

(1)查阅资料,说明朗逸、新宝来乘用车万向节拆装及检查方法。

(2)查阅资料,说明科鲁兹乘用车传动轴总成(即半轴总成)的拆装方法。

学习任务八

驱动桥(前轮驱动)异响故障检修

学习目标

完成本学习任务后,你应当能:

1. 叙述驱动桥的组成及种类;
2. 叙述主减速器的功用、类型及结构;
3. 叙述差速器的结构和工作原理;
4. 读懂给定的“检测工艺流程”,对测试结果进行分析;
5. 正确使用工具和设备;
6. 与同学密切合作,规范地拆装、检查差速器总成。

建议完成本学习任务的时间为12学时。

学习任务描述

一辆卡罗拉(1.6L)乘用车进厂修理,客户反映:该车在行驶过程中,前桥差速器处有异常响声,需对手动变速驱动桥的差速器进行检修。

学习内容

- 前轮驱动乘用车主减速器构造知识 → 驱动桥(前轮驱动)异响故障检修
- 差速器构造知识 → 驱动桥(前轮驱动)异响故障检修
- 驱动桥(前轮驱动)异响检测工艺流程 → 驱动桥(前轮驱动)异响故障检修
- 差速器的拆装与检查 → 驱动桥(前轮驱动)异响故障检修

一 资料收集

引导问题1 驱动桥的功用和组成是什么?

驱动桥功用

(1)驱动桥的功用。驱动桥的功用是将由万向传动装置传来的发动机转矩传给驱动车轮,并经降速增矩、改变动力传动方向,使汽车行驶,而且允许左、右驱动车轮以不同的转速旋转。

(2)驱动桥的组成。驱动桥一般由主减速器、差速器、半轴和桥壳等组成,如图8-1所示。驱动桥是传动系统的最后一个总成,发动机的动力传到驱动桥后,首先传到主减速器,在主减速器中将转矩放大并降低转速后,再经差速器分配给左、右半轴,最后通过半轴外端的凸缘传到驱动车轮的轮毂。驱动桥的主要零部件都在装在驱动桥的桥壳中。驱动桥壳由主减速器壳和半轴套管组成。

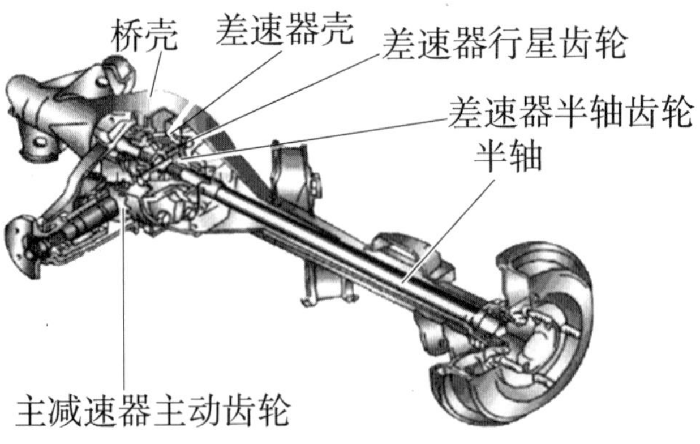

图8-1 驱动桥的组成

引导问题2　驱动桥是如何进行分类的?

按照悬架结构的不同,驱动桥可以分为整体式驱动桥和断开式驱动桥。整体式驱动桥又称非断开式驱动桥。

整体式驱动桥与非独立悬架配用,如图8-2所示。其驱动桥壳为一刚性的整体,驱动桥两端通过悬架与车架或车身连接,左、右半轴始终在一条直线上,即左、右驱动车轮不能相互独立地跳动。当某一侧车轮通过地面的凸出物或凹坑升高或下降时,整个驱动桥及车身都要随之发生倾斜,车身波动大。

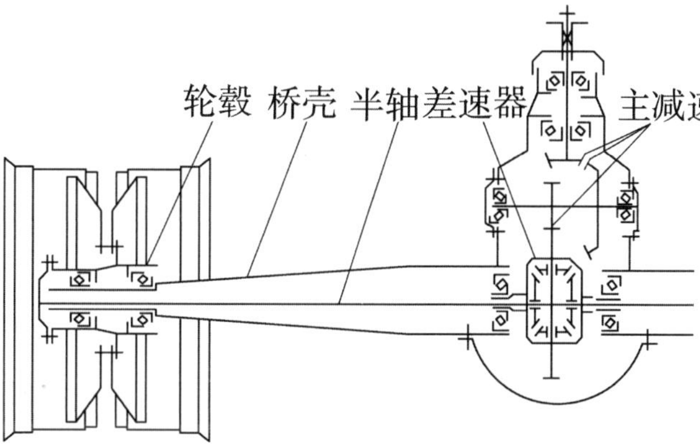

图8-2　整体式驱动桥

断开式驱动桥与独立悬架配用,如图8-3所示,其主减速器固定在车架或车身上,驱动桥壳制成分段并用铰链连接,半轴也分段并用万向节连接。驱动桥两端分别用悬架与车架或车身连接。这样,两侧驱动车轮及桥壳可以彼此独立地相对于车架或车身上下跳动。

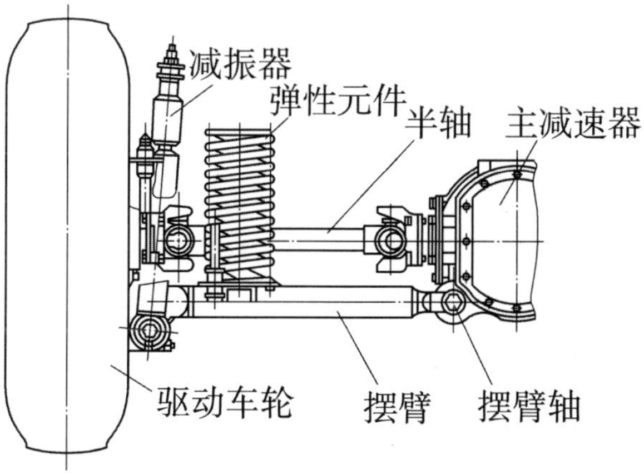

图8-3　断开式驱动桥

引导问题3 主减速器有什么功用、有哪些类型?

主减速器的功用:将发动机转矩传给差速器;在动力的传递过程中要将转矩增大并相应降低转速;对于纵置发动机,还要将转矩的旋转方向改变90°。

按参加传动的齿轮副数目的不同,主减速器可分为单级主减速器和双级主减速器。在双级主减速器中,若将第二级齿轮副布置于两侧车轮附近,实际上成为独立部件,则称为轮边减速器。

按主减速器传动比个数的不同,主减速器可分为单速主减速器和双速主减速器。单速主减速器的传动比是固定的,而双速主减速器则有两个传动比供驾驶人选择。

按齿轮副结构形式的不同,主减速器可分为圆柱齿轮式(又可分为定轴轮系和行星轮系)主减速器和锥齿轮式(又可分为螺旋锥齿轮式和准双曲面锥齿轮式)主减速器。

引导问题4 前轮驱动乘用车用主减速器结构是怎么样的?

单级主减速器结构简单,质量小,体积小,传动效率高,主要用于乘用车及中型以下客车、货车上。

对于发动机纵向布置的汽车,由于需要改变动力传递方向,单级主减速器都采用一对锥齿轮传动;对于发动机横向布置的汽车,单级主减速器采用一对圆柱齿轮传动即可,如图8-4所示。

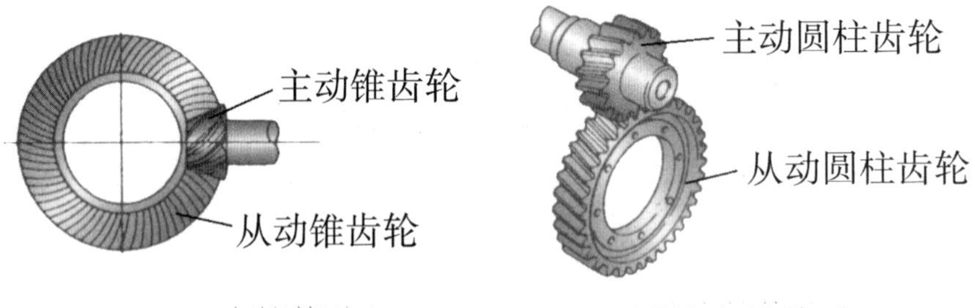

a)锥齿轮传动　　b)圆柱齿轮传动

图8-4　单级主减速器齿轮布置类型

一般乘用车的主减速器和差速器如图8-5所示,由于发动机纵向前置前轮驱动,整个传动系统都集中布置在汽车前部,因此其主减速器装于变速器壳体内,没有专门的主减速器壳体。由于省去了变速器到主减速器之间的万向传动装置,所以变速器输出轴即为主减速器的主动轴。

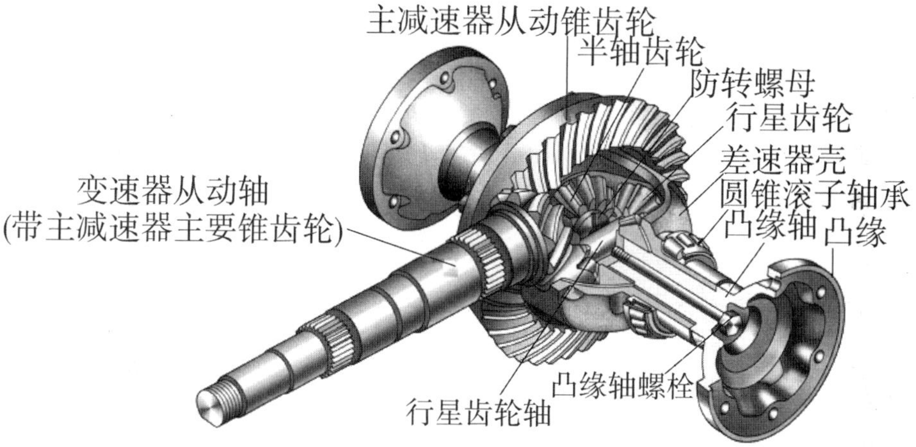

图 8-5　主减速器和差速器

引导问题 5　差速器有什么功用、有哪些类型?

差速器的功用是将主减速器传来的动力传给左、右两半轴,并在必要时允许左、右半轴以不同转速旋转,使左、右驱动车轮相对地面纯滚动而不是滑动。

差数器功用

汽车行驶过程中,车轮相对路面有两种运动状态:滚动和滑动。滑动又有滑转和滑移两种。设车轮中心相对路面的速度为 v,车轮旋转角速度为 ω,车轮滚动半径为 r。如果 $v=\omega r$,则车轮对路面的运动为滚动,这是最理想的运动状态;如果 $\omega>0$,但 $v=0$,则车轮的运动为滑转;如果 $v>0$,但 $\omega=0$,则车轮的运动为滑移。

当汽车转弯行驶时,内、外两侧车轮中心在同一时间内移过的曲线距离显然不同,即外侧车轮移过的距离大于内侧车轮,如图 8-6 所示。若两侧车轮都固定在同一刚性转轴上,两轮角速度相等,则此时外轮必然是边滚动边滑移,内轮必然是边滚动边滑转。

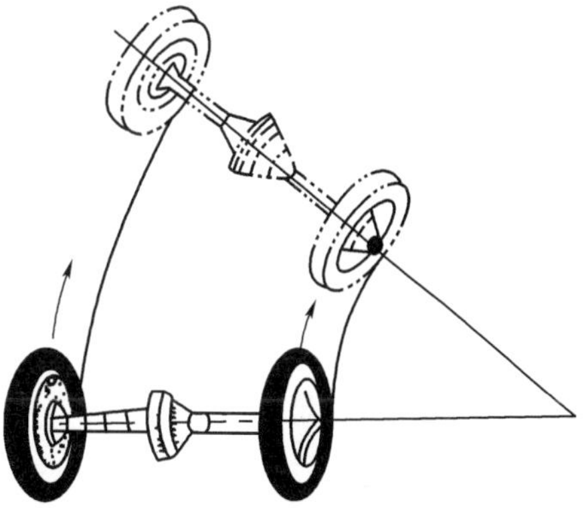

图 8-6　汽车转向时驱动车轮的运动示意图

同样,汽车在不平路面上直线行驶时,两侧车轮实际移过的曲线距离也不相等。因此在角速度相同的条件下,在波形较显著的路面上运动的一侧车轮是边滚动边滑移,另一侧车轮则是边滚动边滑转。即使路面非常平直,但由于轮胎存在制造尺寸误差,磨损程度不同,承受的载荷不同或充气压力不等,各个轮胎的滚动半径实际上不可能相等,因此,只要各轮角速度相等,车轮对路面的滑动就必然存在。

车轮对路面的滑动不仅会加速轮胎磨损,增加汽车的动力消耗,而且可能导致转向和制动性能的恶化。所以,在正常行驶条件下,应使车轮尽可能不发生滑动,差速器的作用就在于此。

按位置和用途的不同,差速器可分为轮间差速器和轴间差速器两大类。轮间差速器是指在同一驱动桥的左、右车轮间起差速作用,使两侧驱动车轮以不同的角速度旋转,以消除两侧驱动车轮的滑动现象;轴间差速器是指在两驱动桥之间起差速作用,使各驱动桥具有不同的输入角速度,以消除各桥驱动车轮的滑动现象。

按其工作特性的不同,差速器可分为普通齿轮差速器和防滑差速器两大类。

引导问题6 普通齿轮差速器的结构和工作原理的什么?

1 结构

汽车上应用最广泛的普通齿轮差速器为锥齿轮差速器。差速器由差速器壳、行星齿轮轴、两个行星齿轮、两个半轴齿轮、球面垫片和垫圈等组成,如图8-7所示。差速器壳固定在主减速器从动锥齿轮上,行星齿轮轴装入差速器壳体后用止动销定位。行星齿轮和半轴齿轮相互啮合,行星齿轮和半轴齿轮的背面制成球面结构,与球面垫片和垫圈相配合,以减摩、耐磨。螺纹套用于紧固半轴齿轮。差速器通过一对圆锥滚子轴承支承在变速驱动桥壳体中。

2 工作原理

差速器的工作原理如图8-8所示。主减速器传来的动力带动差速器壳转动,经过行星齿轮轴、行星齿轮、半轴齿轮、半轴,最后传给两侧驱动车轮。

汽车转向行驶时,两侧驱动车轮所受到的地面阻力不同。如果汽车是右转向,右侧(内侧)驱动车轮所受的阻力大,左侧(外侧)驱动车轮所受的阻力小,使行星齿轮除了随差速器壳公转外,还顺时针方向自转,使两侧驱动车轮能够以不同的速度旋转。

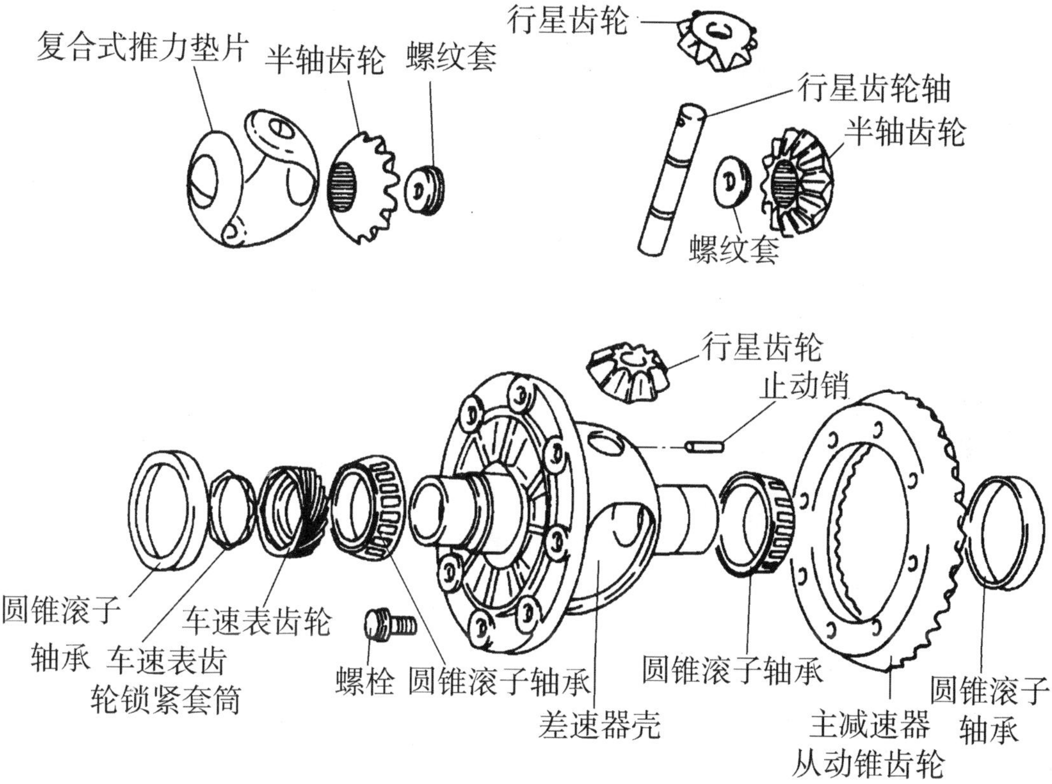

图 8-7　差速器

汽车右转向时,则左半轴齿轮的转速增加,左侧(外侧)驱动车轮转得快;右半轴齿轮的转速降低,右侧(内侧)驱动车轮转得慢,两侧驱动车轮都实现纯滚动,且左半轴齿轮增加的转速等于右半轴齿轮降低的转速。

由于行星齿轮的自转,行星齿轮孔与行星齿轮轴之间以及行星齿轮背部与差速器壳体之间都产生摩擦,行星齿轮所受的摩擦力矩方向与其自转方向相反,并传到左、右半轴齿轮,使转得快的左半轴的转矩减小,转得慢的右半轴的转矩增加,但增、减的转矩很小很小,可以忽略不计,所以,转向时,左、右两侧半轴的转矩也是相同的。

普通齿轮式差速器的速度特性:左、右两半轴的转速之和等于差速器壳转速的两倍,而与行星齿轮的转速无关;差速器转矩特性:左、右两侧半轴的转矩始终相同,即平分特性。

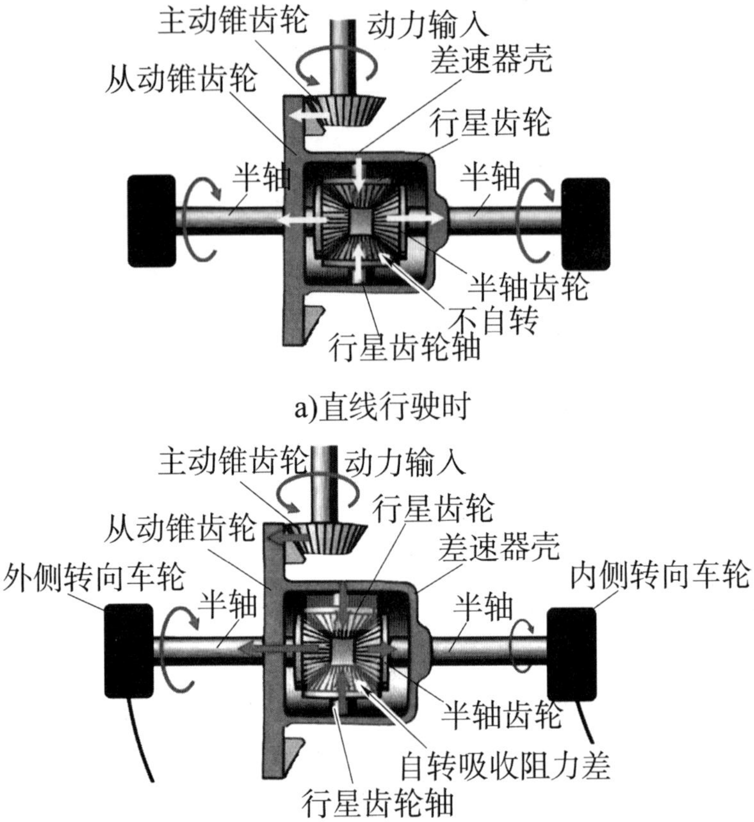

a)直线行驶时

b)转向时

图8-8　差速器工作原理

引导问题7　驱动桥异响检测工艺流程是怎样的?

驱动桥异响,说明齿轮或轴承磨损或损坏,应按照规定的检测工艺流程(图8-9)进行故障分析。

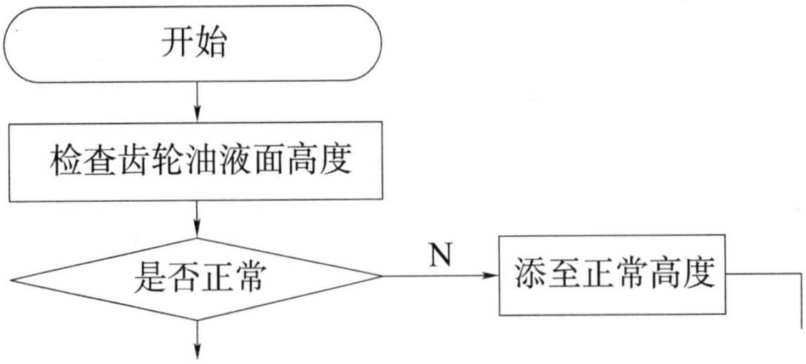

图　8-9

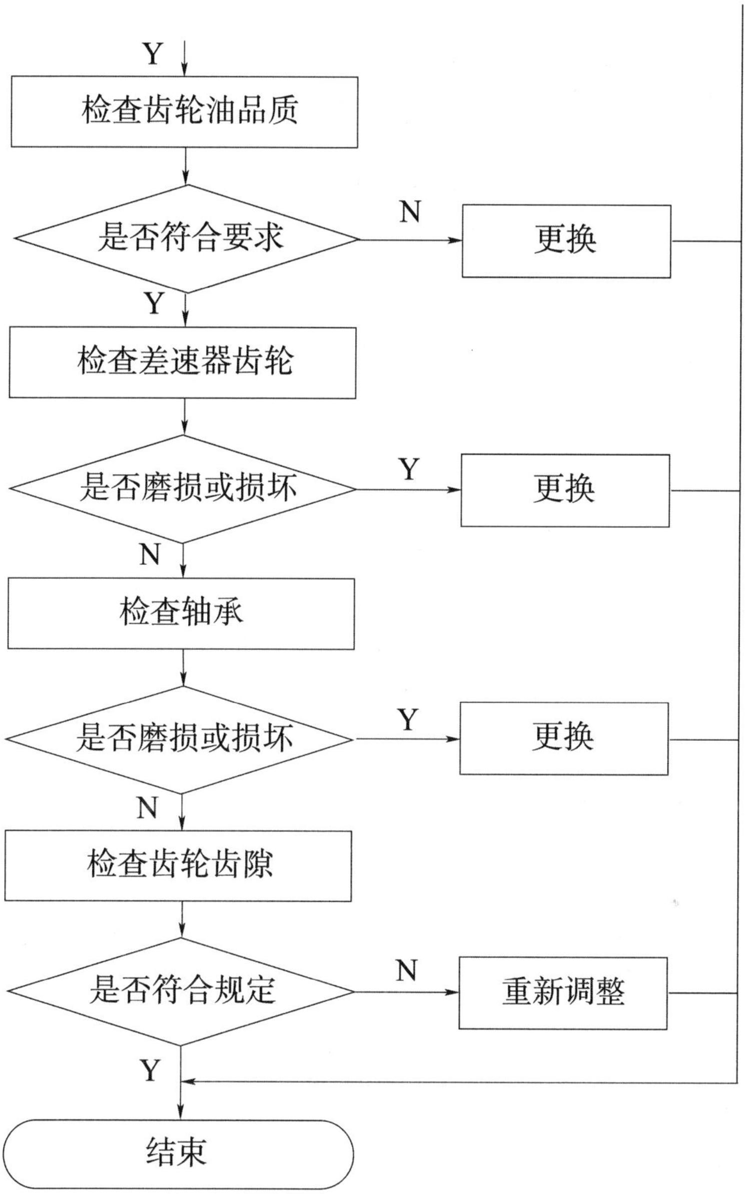

图 8-9　驱动桥异响检测工艺流程

三 实施作业

引导问题 8　作业需要哪些工具、设备和材料?

(1)车辆:丰田卡罗拉(1.6L)乘用车。

(2)普通设备及工具:举升机、组合工具、扭力扳手、塑料锤、冲子、锤子、尖冲头(ϕ3mm)。

(3)专用工具:SST 09308-00010 油封拉出器、SST 09950-70010 手柄组件(09951-07200 手柄 200)、09710-26011 前悬架衬套成套组件(09710-05061 拆装工具)、SST 09636-20010 上球节防尘罩拆装工具。

(4)检测设备及量具:百分表、千分尺。

(5)其他:通用润滑脂、齿轮油、加热器。

引导问题9 通过查询和查找,填写以下信息。

生产年份________,车牌号码________,行驶里程________,发动机型号及排量________,车辆识别代码(VIN)________。

引导问题10 作业前的准备工作有哪些?

(1)汽车进入工位前,将工位清理干净,准备好相关的器材。

(2)将汽车停驻在举升机中央位置。

(3)拉紧驻车制动器操纵杆,并将换挡杆置于空挡位置。

(4)套上转向盘防尘罩、换挡杆手柄套和座椅套,铺设脚垫。

(5)在车内拉动发动机舱盖手柄,在车外打开并支撑发动机舱盖。

(6)粘贴翼子板和前脸磁力护裙。

引导问题11 如何排除驱动桥异响故障?

卡罗拉(1.6L)乘用车差速器结构如图 8-10 所示。

1 检查手动变速驱动桥油

(1)检查齿轮油液面高度,如不足,添至正常高度。

(2)检查齿轮油品质,如不符合要求,则更换。

2 差速器的拆卸

(1)拆卸速度表主动齿轮。从差速器壳上拆下速度表主动齿轮,如图 8-11 所示。

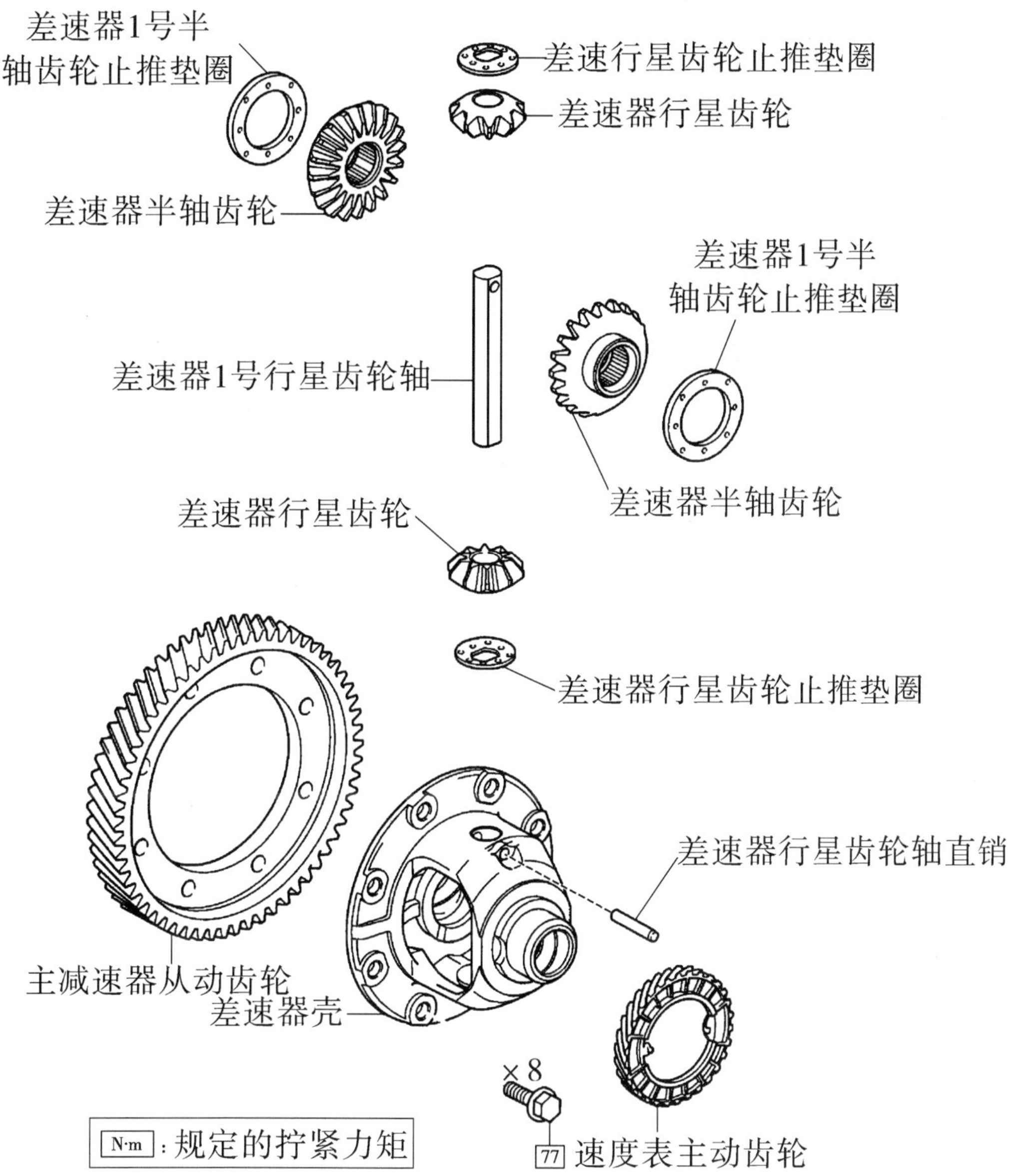

图 8-10　差速器分解图

(2)拆卸主减速器从动齿轮。

①在主减速器从动齿轮和差速器壳上做好装配标记,如图 8-12 所示。

②拆下 8 个螺栓,如图 8-13 所示。

③用塑料锤从差速器壳上拆下主减速器从动齿轮。

(3)拆卸差速器行星齿轮轴直销。

①用冲子和锤子松开差速器壳的锁紧部件,如图 8-14 所示。

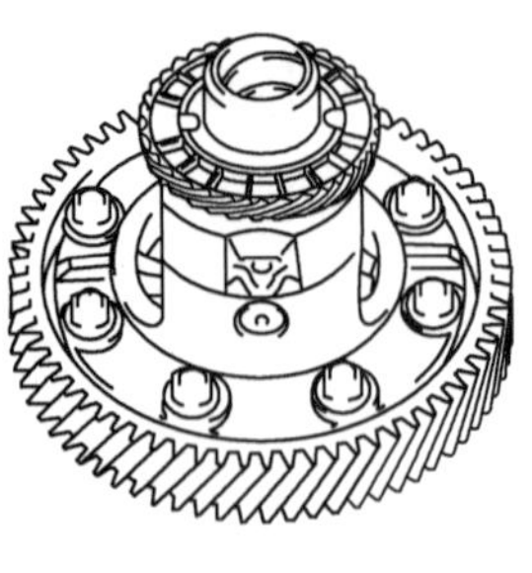

图 8-11　拆下速度表主动齿轮

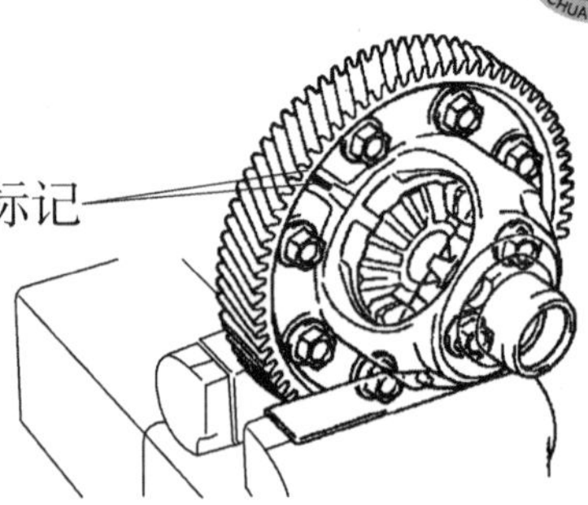

图 8-12　做装配标记

图 8-13　拆下 8 个螺栓

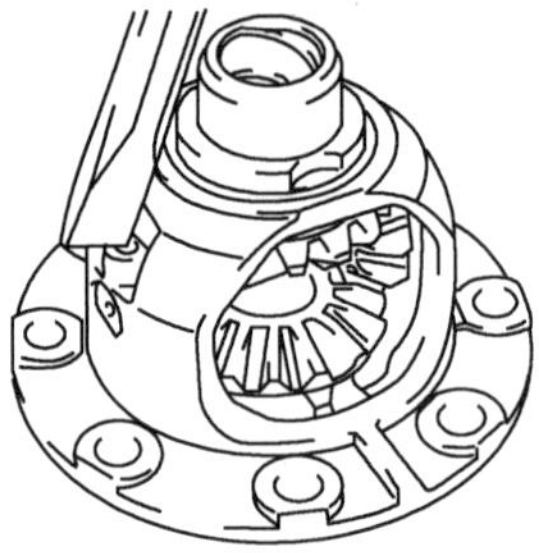

图 8-14　松开差速器壳的锁紧部件

②用尖冲头(ϕ3mm)和锤子从差速器壳上拆下差速器行星齿轮轴直销,如图 8-15所示。

(4)拆卸差速器 1 号行星齿轮轴。从差速器壳上拆下差速器 1 号行星齿轮轴,如图 8-16 所示。

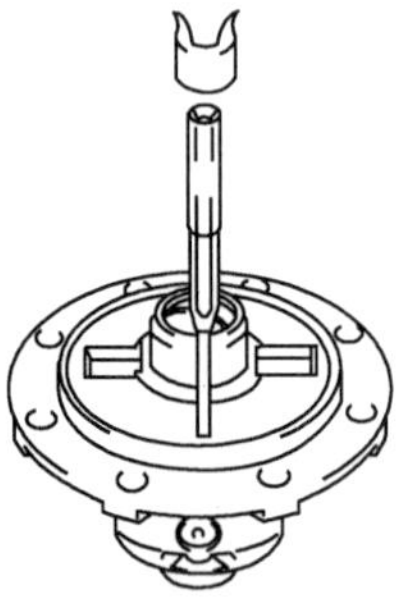

图 8-15　拆下差速器行星齿轮轴直销

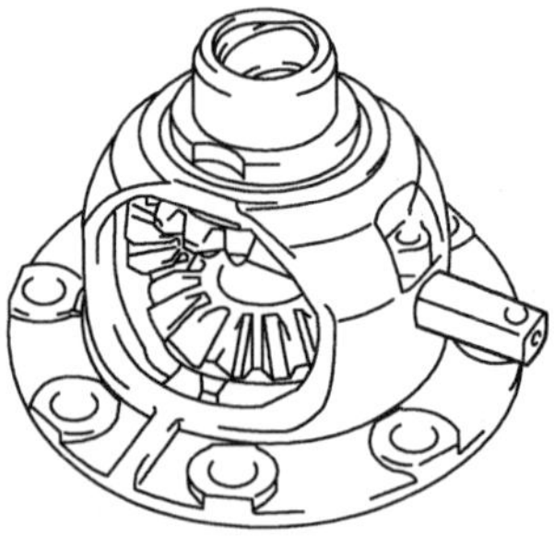

图 8-16　拆下差速器 1 号行星齿轮轴

(5)拆卸差速器半轴齿轮。从差速器壳上拆下 2 个差速器行星齿轮、2 个差速器行星齿轮止推垫圈、2 个差速器 1 号半轴齿轮止推垫圈和 2 个差速器半轴齿轮,如图 8-17所示。注意:转动差速器行星齿轮,拆下 2 个行星齿轮和 2 个半轴齿轮。

3 差速器的检查

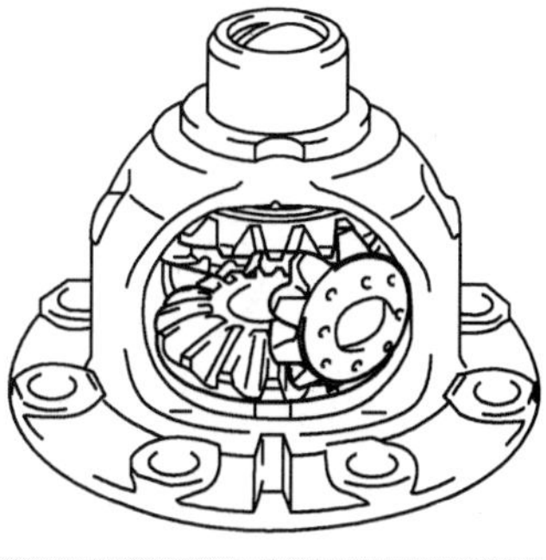

图 8-17　拆卸差速器半轴齿轮

(1)检查差速器行星齿轮止推垫圈。如图 8-18 所示,用千分尺测量差速器行星齿轮止推垫圈的厚度(最小厚度:0.92mm)。如果厚度小于最小值,更换差速器行星齿轮止推垫圈。

(2)检查差速器 1 号行星齿轮轴。如图 8-19 所示,用千分尺测量差速器 1 号行星齿轮轴的外径(最小外径:16.982mm)。如果外径小于最小值,更换差速器 1 号行星齿轮轴。

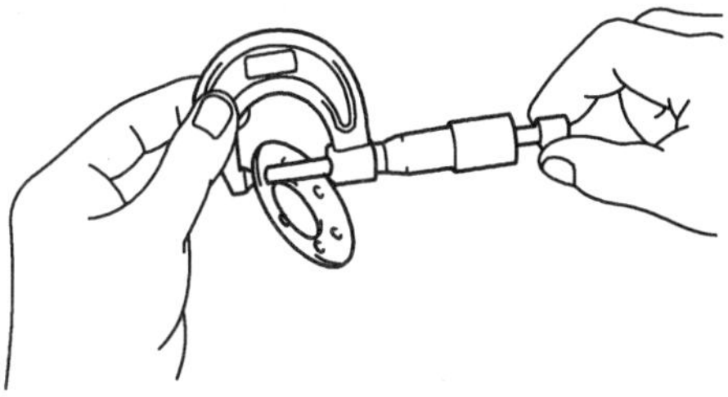

图 8-18　测量差速器行星齿轮止推垫圈的厚度

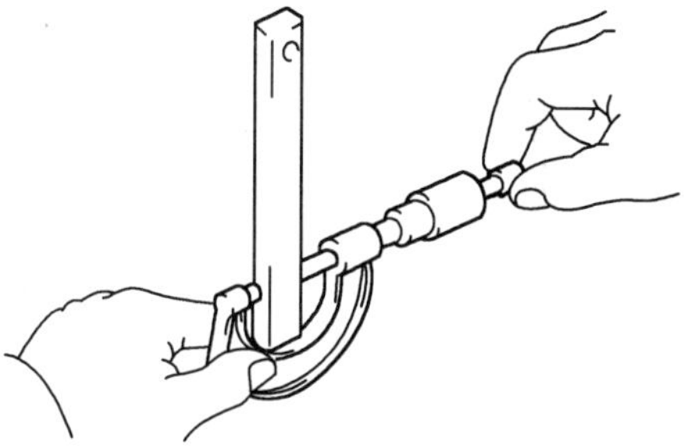

图 8-19　测量差速器 1 号行星齿轮轴的外径

4 差速器的装配

(1)安装差速器半轴齿轮(图 8-17)。

①在差速器半轴齿轮滑动面和旋转面上涂抹齿轮油。

②将 2 个差速器 1 号半轴齿轮止推垫圈安装至 2 个差速器半轴齿轮。

③将 2 个差速器半轴齿轮、2 个差速器行星齿轮和 2 个差速器行星齿轮止推垫圈安装至差速器壳。注意:转动 2 个差速器半轴齿轮,安装 2 个差速器行星齿轮和 2 个差速器行星齿轮止推垫圈。

(2)安装差速器 1 号行星齿轮轴(图 8-16)。

①在差速器 1 号行星齿轮轴上涂抹通用润滑脂。

②将差速器 1 号行星齿轮轴安装至差速器壳,使差速器行星齿轮轴直销孔与差速器壳上的孔对准。

(3)调节差速器半轴齿轮齿隙。如图 8-20 所示,将差速器行星齿轮安装至差速器壳侧,用百分表测量差速器半轴齿轮齿隙(标准齿隙:0.05 ~ 0.20mm)。

如果齿隙超出规定范围,更换半轴齿轮止推垫圈,止推垫圈的厚度见表8-1。

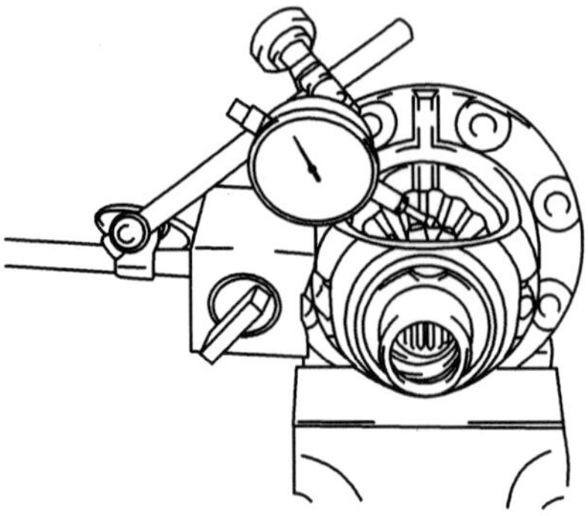

图8-20　测量差速器半轴齿轮齿隙

止推垫圈厚度　　表8-1

零　件　号	厚度(mm)
41361-22140	0.95
41361-22020	1.00
41361-22150	1.05
41361-22030	1.10
41361-22160	1.15
41361-22040	1.20

注意

由于止推垫圈没有任何可识别的标记,用千分尺测量其厚度以选择合适的止推垫圈。为左、右两侧选择厚度相同的垫圈。

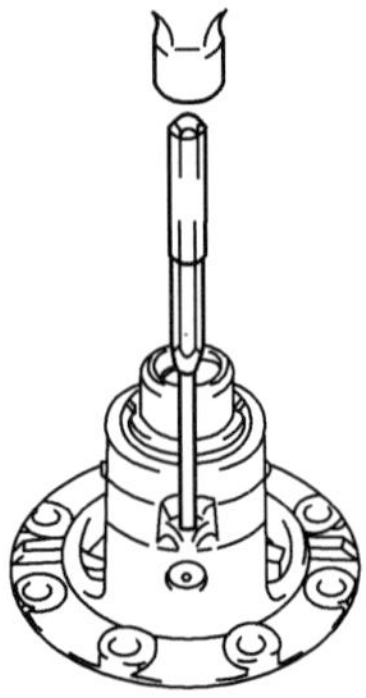

图8-21　安装差速器行星齿轮轴直销

(4)安装差速器行星齿轮轴直销。

①用尖冲头(ϕ3mm)和锤子将差速器行星齿轮轴直销安装至差速器壳,如图8-21所示。

②用冲子和锤子锁紧差速器壳孔,如图8-22所示。

(5)安装主减速器从动齿轮。

①清洁差速器壳和主减速器从动齿轮的接触面。

②用加热器将主减速器从动齿轮加热到90～110℃,如图8-23所示。

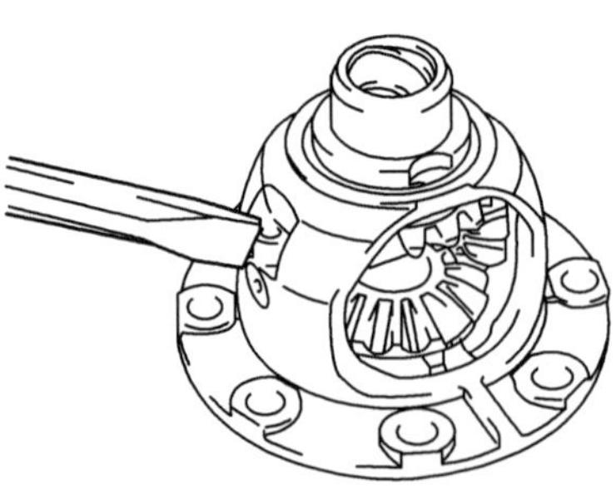

图8-22　锁紧差速器壳孔

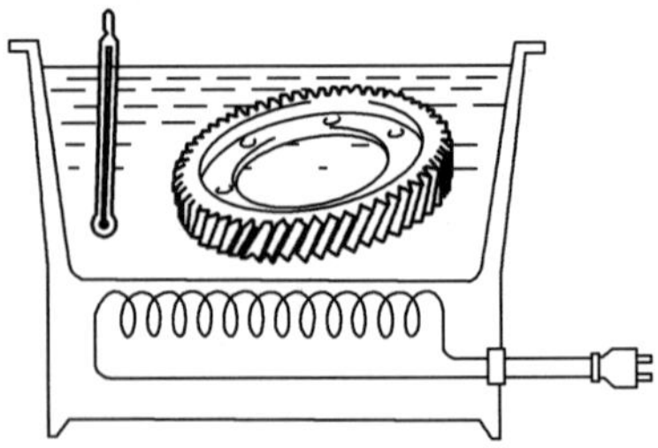

图8-23　加热主减速器从动齿轮

③待主减速器从动齿轮上的水分完全蒸发后,将主减速器从动齿轮迅速安

装至差速器壳。

④对准2个装配标记,将主减速器从动齿轮迅速安装至差速器壳(图8-12)。

⑤安装8个螺栓,拧紧力矩:77N·m。

(6)安装速度表主动齿轮。将速度表主动齿轮安装至差速器壳(图8-11)。

三 评价与反馈

(1)对本学习任务进行评价,见表8-2。

评　分　表　　　　表8-2

考核项目	评分标准	分数	学生自评	小组互评	教师评价	小计
团队合作	是否和谐	5				
活动参与	是否积极主动	5				
安全生产	有无安全隐患	10				
现场5S	是否做到	10				
任务方案	是否正确、合理	15				
操作过程	举升机操作;差速器的拆装与检查	30				
任务完成情况	是否圆满完成	5				
工具和设备使用	是否规范、标准	10				
劳动纪律	是否能严格遵守	5				

续上表

考核项目	评分标准	分数	学生自评	小组互评	教师评价	小计
工单填写	是否完整、规范	5				
总分		100				
教师签名:			年 月 日		得分	

(2)在实施作业时每一个安全事项都注意到了吗?如没有,找出忽略的地方和原因。

(3)能否向车主解释差速器拆卸及检查的过程?如不能,分析原因并提出改进措施。

四 学习拓展

(1)查阅资料,说明朗逸、新宝来乘用车差速器的拆装及检查方法。

(2)查阅资料,说明如何更换威朗乘用车差速器油封。

(3)如何调整科鲁兹乘用车的主减速器?

学习任务九
驱动桥(后轮驱动)过热故障检修

学习目标

完成本学习任务后,你应当能:

1. 叙述后轮驱动汽车用单级主减速、双级主减速的结构和工作原理;
2. 叙述半轴及桥壳的功用及类型;
3. 能读懂给定的"检测工艺流程",对测试结果进行分析;
4. 正确使用工具和设备;
5. 与同学密切合作,规范地拆装、调整及检修后驱动桥总成。

建议完成本学习任务的时间为 12 学时。

学习任务描述

一辆五菱宏光汽车进厂修理,客户反映:该车行驶一段里程后,用手探试驱动桥壳中部或主减速器壳,有无法忍受的烫手感觉,需对驱动桥进行检修。

学习内容

- 单级、双级主减速器构造知识
- 半轴及轿壳构造知识
- 驱动桥过热检测工艺流程
- 驱动桥(后轮驱动)过热故障检修
- 驱动桥的拆装与调整
- 驱动桥主要零件的检修

一 资料收集

引导问题 1　EQ1090 型汽车单级主减速器的结构是什么样的?

图 9-1 所示为东风 EQ1090 型汽车单级主减速器,它由主、从动锥齿轮及其支承调整装置、主减速器壳等组成。主动锥齿轮的齿数为 6,从动锥齿轮的齿数为 38,因此,其传动比 $i=6.33$。

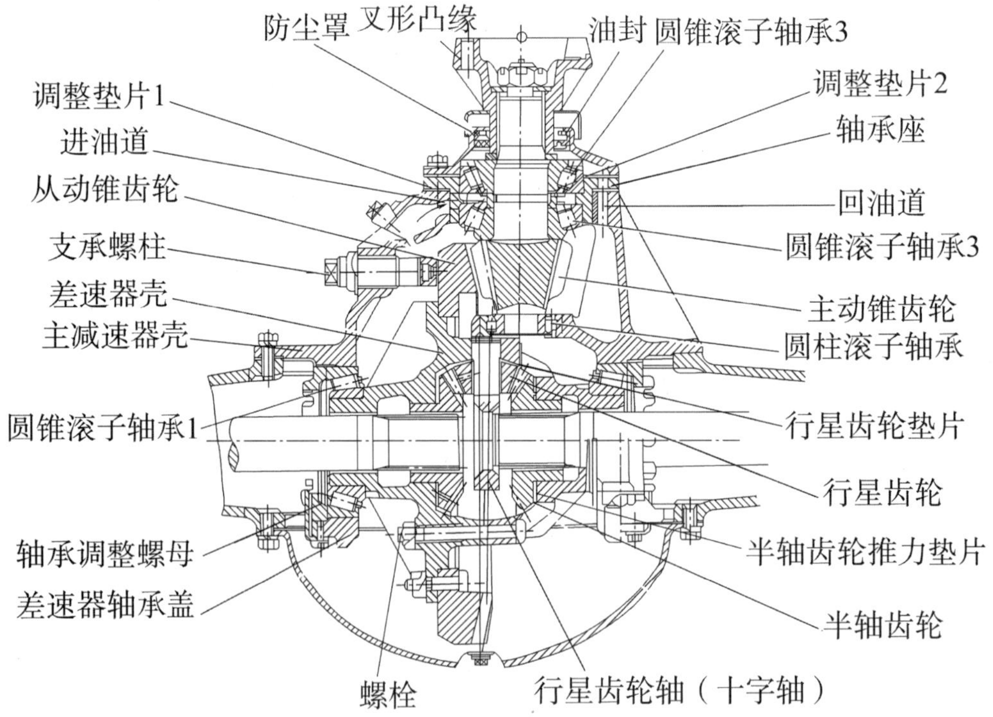

图 9-1　东风 EQ1090 型汽车单级主减速器

主、从动锥齿轮采用准双曲面齿轮。主动锥齿轮与主动轴制成一体。为了保证主动锥齿轮有足够的支承刚度,改善啮合条件,其前端支承在两个距离较近的圆锥滚子轴承2和圆锥滚子轴承3上,后端支承在圆柱滚子轴承上,形成跨置式支承。圆锥滚子轴承2和圆锥滚子轴承3的外座圈支承在轴承座上,内座圈之间有隔套和调整垫片2。轴承座依靠凸缘定位,用螺栓固装在主减速器壳体的前端,两者之间有调整垫片1。从动锥齿轮靠凸缘定位,用螺栓紧固在差速器壳上,而差速器壳则用两个圆锥滚子轴承1支承在主减速器壳体中,并用轴承调整螺母进行轴向定位。在从动锥齿轮啮合处背面的主减速器壳体上,装有支承螺柱,用以限制大负荷下从动锥齿轮过度变形而影响正常啮合。装配时,应在支承螺柱与从动锥齿轮背面之间预留一定间隙(0.3~0.5mm),转动支承螺柱可以调整此间隙。

引导问题2　CA1092型汽车双级主减速器的结构是什么样的?

有些汽车需要较大的主减速器传动比,单级主减速器已不能满足足够的离地间隙,这就需要采用由两对齿轮降速的双级主减速器。解放CA1092型汽车采用的就是双级主减速器,其结构如图9-2所示。

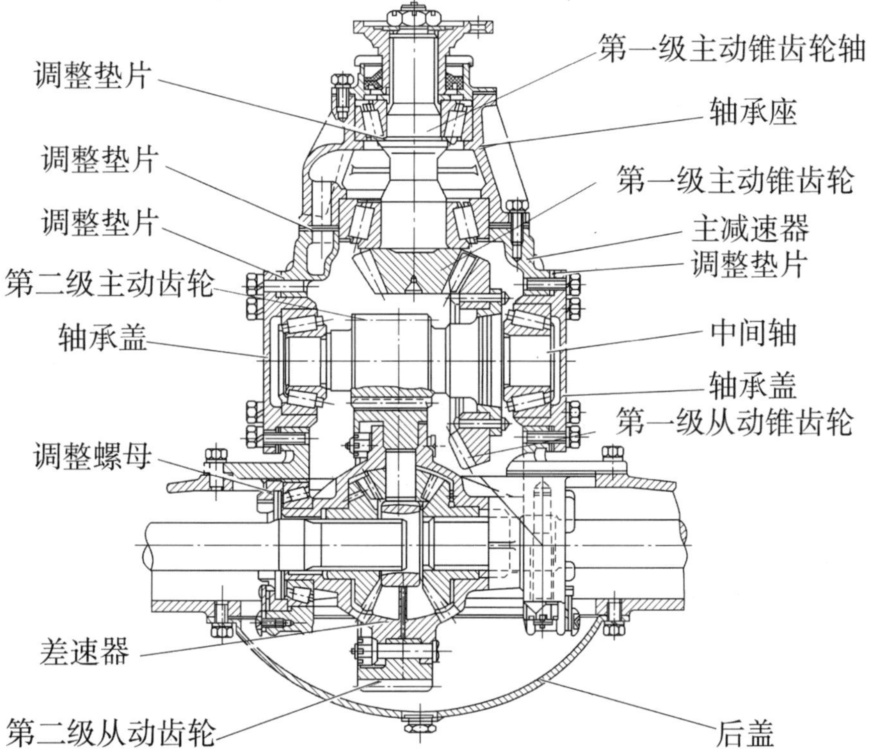

图9-2　解放CA1092型汽车的双级主减速器

第一级传动为第一级主动锥齿轮和第一级从动锥齿轮,这是一对螺旋锥齿轮,其传动比为25/13 = 1.923;第二级传动为第二级主动齿轮和第二级从动齿轮,这是一对斜齿圆柱齿轮,其传动比为45/15 = 3。

第一级主动锥齿轮和第一级主动齿轮轴制成一体,用两个圆锥滚子轴承(相距较远)支承在轴承座的座孔中,因主动锥齿轮悬伸在两轴承之后,故称为悬臂式支承。第一级从动锥齿轮用铆钉铆接在中间轴的凸缘上。第二级主动齿轮与中间轴制成一体,用两个圆锥滚子轴承支承在两端轴承盖的座孔中,轴承盖用螺栓与主减速器壳固定连接。第二级从动齿轮夹在左右两半差速器壳之间,并用螺栓将它们紧固在一起,差速器壳则用两个圆锥滚子轴承支承在主减速器壳体中,并用轴承调整螺母进行轴向定位。

引导问题3 半轴的结构是什么样的?不同的半轴支承形式各有什么特点?

半轴的功用是将差速器传来的动力传递给驱动车轮。因其传递的转矩较大,常制成实心轴。

半轴功用

半轴的结构因驱动桥结构形式的不同而异。整体式驱动桥中的半轴为一刚性整轴(图9-3),而转向驱动桥和断开式驱动桥中的半轴则分为两段并用万向节连接(图9-4)。半轴内端一般制有外花键与半轴齿轮连接。半轴外端有的直接在轴端锻造出凸缘;也有的制成花键与单独制成的凸缘滑动配合;还有的制成锥形并通过键和螺母与轮毂固定连接。

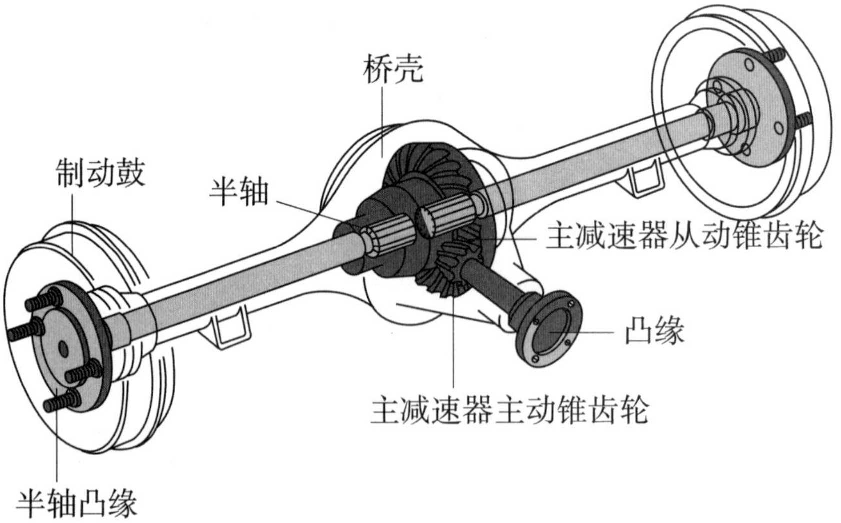

图9-3 整体式驱动桥中的半轴

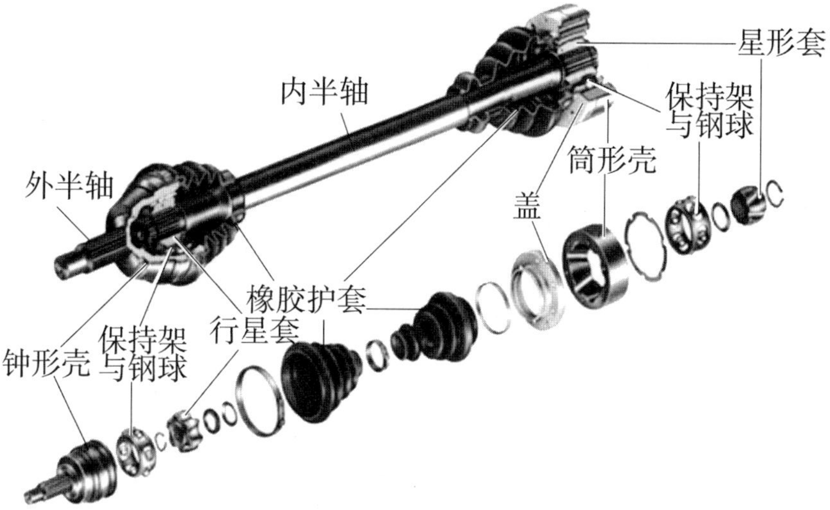

图 9-4　断开式驱动桥中的半轴

现代汽车常采用全浮式和半浮式两种半轴支承形式。

全浮式半轴支承广泛应用于各型货车上,图 9-5 所示为全浮式半轴支承示意图。半轴外端锻造有半轴凸缘,用螺栓紧固在轮毂上,轮毂用一对圆锥滚子轴承支承在半轴套管上,半轴套管与空心梁压配成一体,组成驱动桥壳。这种半轴支承形式,半轴与桥壳没有直接联系,半轴只在两端承受转矩,不承受其他任何反力和弯矩,所以称为全浮式半轴支承。

图 9-6 所示为半浮式半轴支承的示意图。半轴用一个圆锥滚子轴承直接支承在桥壳凸缘的座孔内。车轮与桥壳之间无直接联系,而支承于悬伸出的半轴外端。因此,地面作用于车轮的各种反力都须经半轴外端的悬伸部分传给桥壳,使半轴外端不仅要承受转矩,而且还要承受各种反力及其形成的弯矩。半轴内端通过花键与半轴齿轮连接,不承受弯矩,故称这种支承形式为半浮式半轴支承。

引导问题 4　驱动桥壳的功用是什么,有哪些类型?

驱动桥壳功用　驱动桥壳类型

驱动桥壳既是传动系统的组成部分,同时也是行驶系统的组成部分。作为传动系统的组成部分,其功用是支承并保护主减速器、差速器和半轴,使左、右驱动轮的轴向位置固定。作为行驶系统的组成部分,其功用是安装悬架或轮毂,和车桥一起支承汽车悬架以上各部分质量,承受驱动车轮传来的反力和力矩,并在驱动车轮与悬架之间传力。

驱动桥壳可分为整体式桥壳和分段式桥壳两种类型,如图 9-7 所示。整体式桥壳一般是铸造,具有较大的强度和刚度,且便于主减速器的拆装和调整,适用于中型以上货车。分段式桥壳一般分为两段,由螺栓将两段连成一体,现已很少应用。

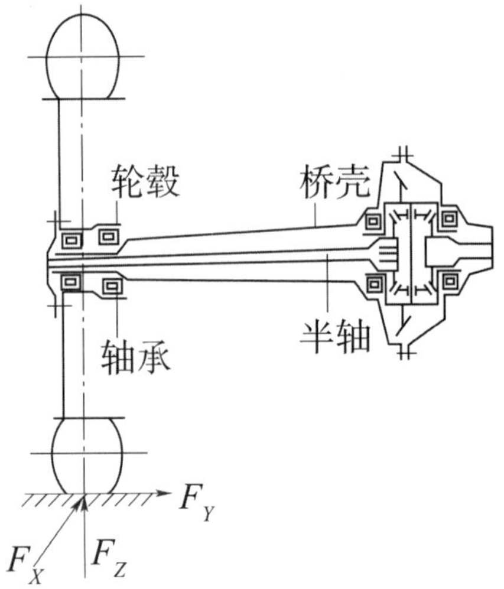

图9-5　全浮式半轴支承示意图

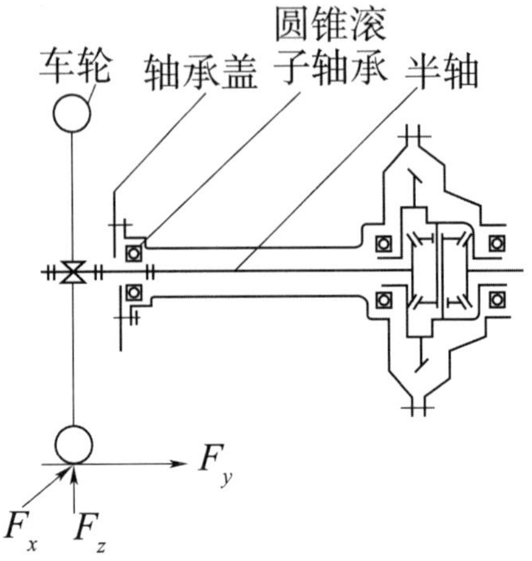

图9-6　半浮式半轴支承示意图

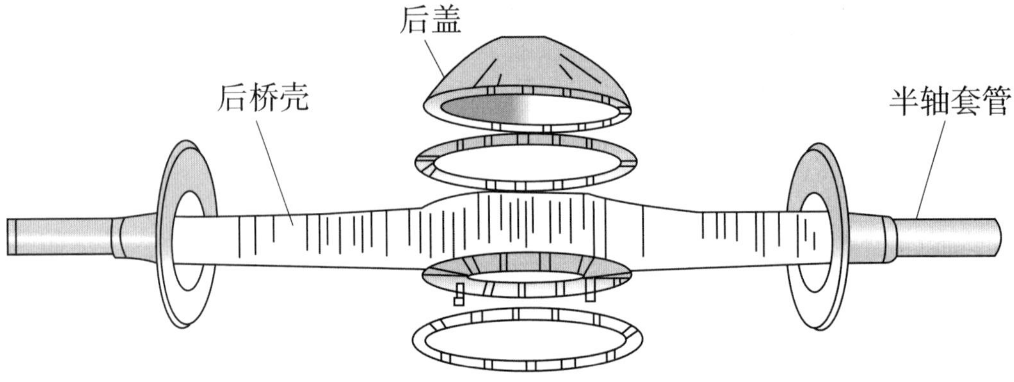

a)整体式驱动桥壳

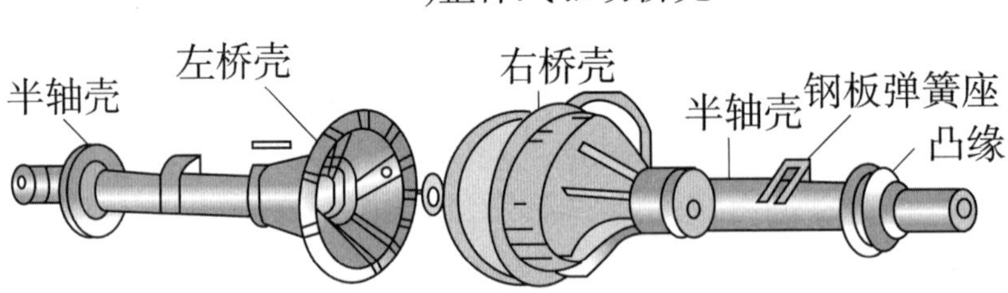

b)分段式驱动桥壳

图9-7　驱动桥壳的类型

引导问题 5　驱动桥过热检测工艺流程是怎样的?

驱动桥过热,说明齿轮油油质变差或配合间隙小于规定值,应按照规定的检测工艺流程(图 9-8)进行故障分析。

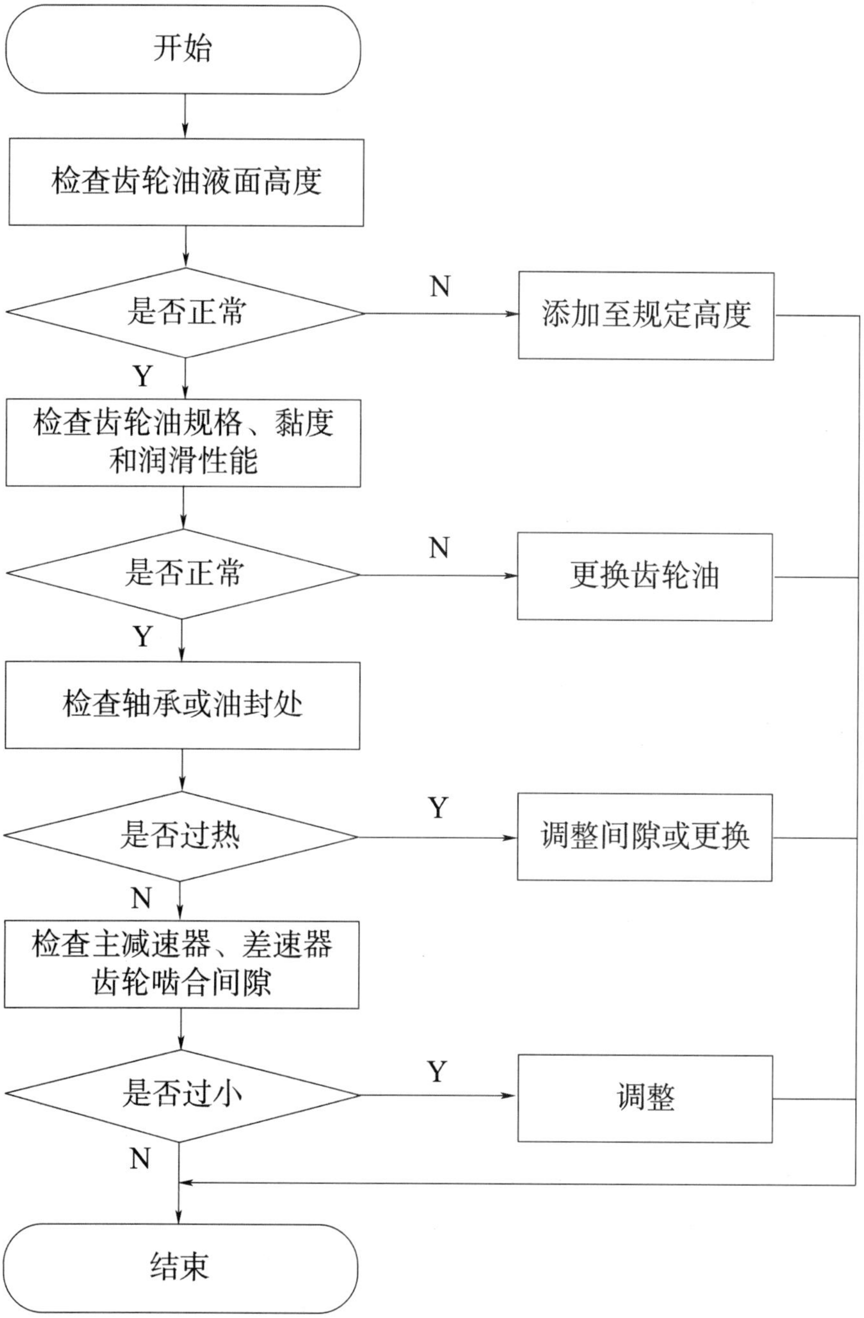

图 9-8　驱动桥过热检测工艺流程

二 实施作业

引导问题6 作业需要哪些工具、设备和材料?

(1)车辆:五菱宏光汽车。

(2)普通设备及工具:举升机、组合工具、扭力扳手、开口扳手、液压举升设备、压力机、标记笔。

(3)专用工具:CH-0002 半轴拆卸工具(图 9-9)、PT-0017 半轴油封、中间轴承外圈拆卸工具(图 9-10)。

(4)检测设备及量具:百分表、千分表、磁性表座。

(5)其他:后桥齿轮油、木棒、木质楔子、红丹粉或红色的铅薄膜、半干性密封胶。

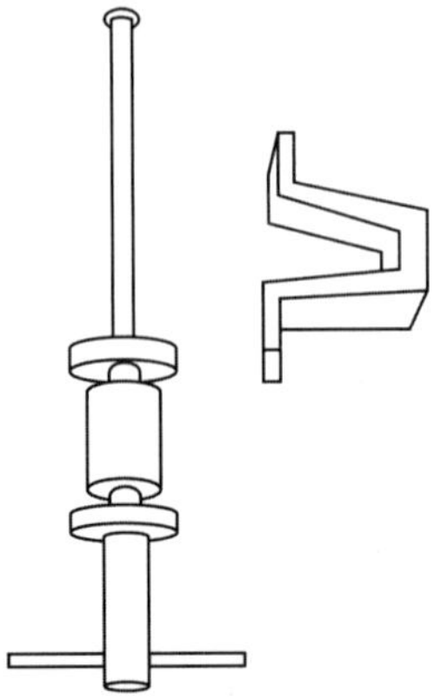

图 9-9 CH-0002 半轴拆卸工具

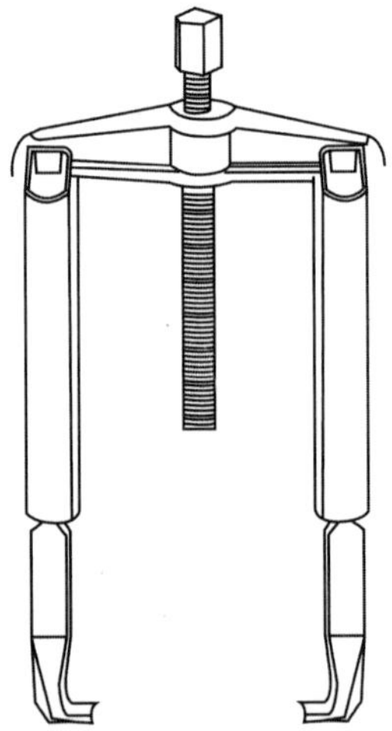

图 9-10 PT-0017 半轴油封、中间轴承外圈拆卸工具

引导问题7 通过查询和查找,填写以下信息。

生产年份________,车牌号码________,行驶里程________,发动机型号及排量________,车辆识别代码(VIN)________。

引导问题 8　作业前的准备工作有哪些？

（1）汽车进入工位前，将工位清理干净，准备好相关的器材。

（2）将汽车停驻在场地中央位置。

（3）拉紧驻车制动器操纵杆，并将换挡杆置于空挡位置。

引导问题 9　如何排除驱动桥（后轮驱动）过热故障？

五菱宏光汽车的后桥为整体式驱动桥，其后桥分解图如图 9-11 所示。图 9-12 所示为主减速器和差速器零件分解图。

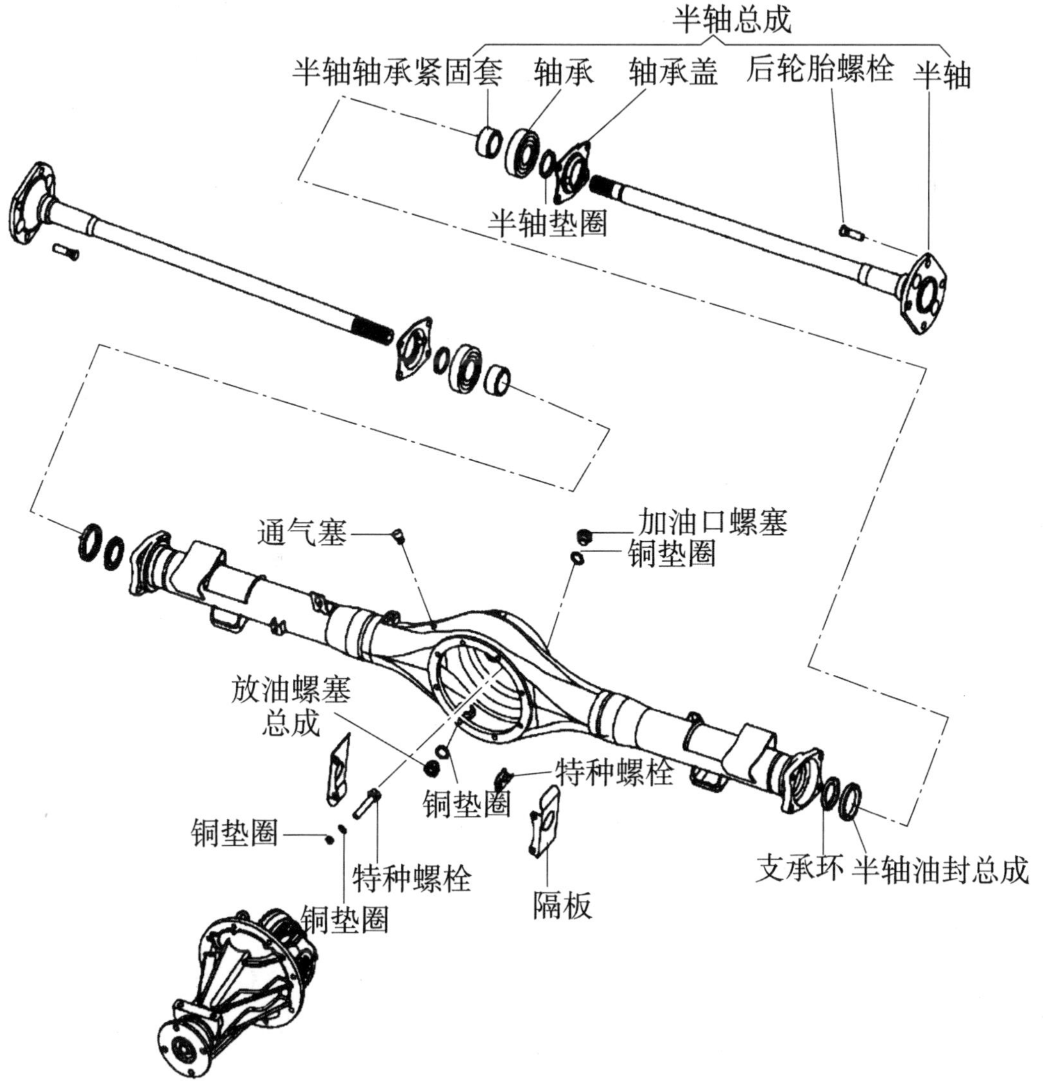

图 9-11　后桥分解图

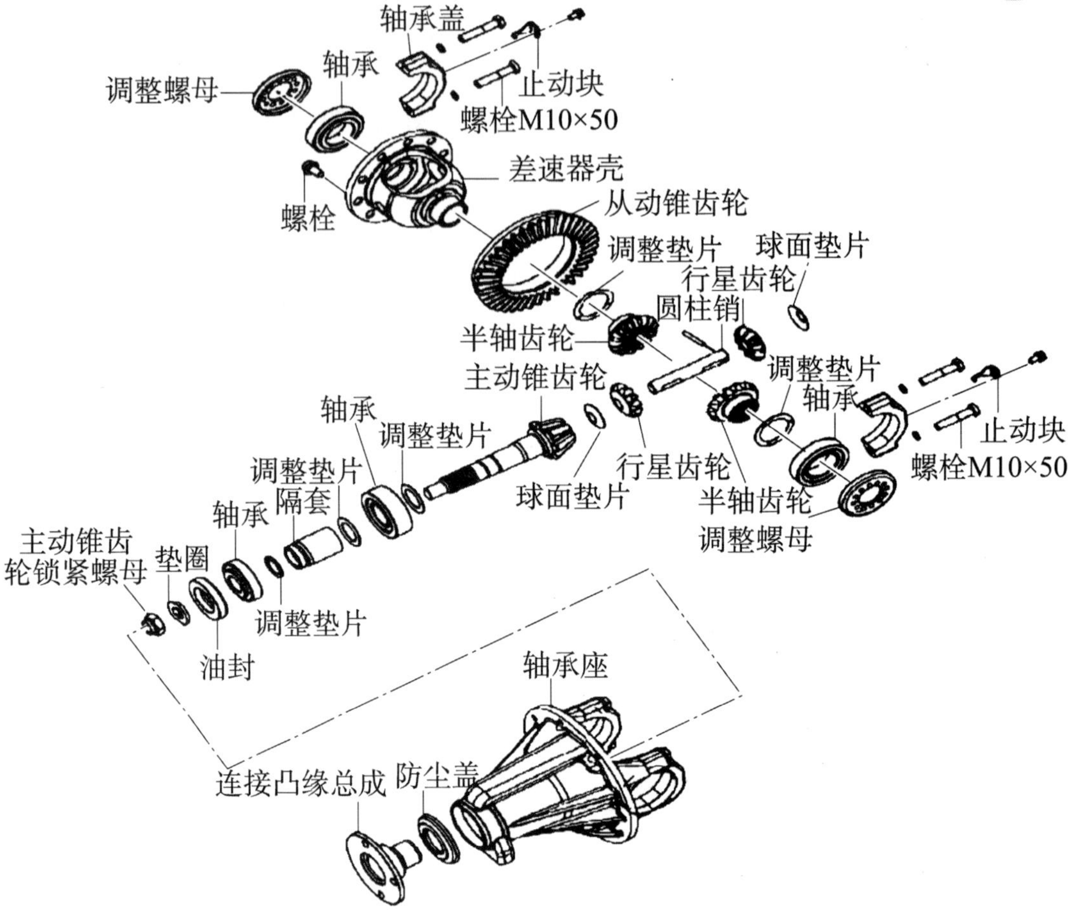

图 9-12　主减速器和差速器分解图

1 检查齿轮油油面高度

(1)在举升机上举升车辆。

(2)清洁后桥加油螺塞周围。

(3)如图 9-13 所示,拆下加油螺塞。

(4)如图 9-14 所示,检查后桥齿轮油液面高度,齿轮油液面应与加油螺塞安装孔底部平齐,不低于加油螺塞安装孔底部 6mm。

(5)如有必要,向后桥中加注齿轮油,至液面到达正确位置。注意:在添加或完全更换后桥齿轮油时,请使用推荐的齿轮油。五菱宏光汽车后桥齿轮油:API 等级 GL-5(SAE 90,严寒地区为 85W/90),后桥齿轮润滑油加注量:1.2L ±0.1L。

(6)装上加油螺塞,并紧固至 40 ~60N · m。

(7)在举升机上降下车辆。

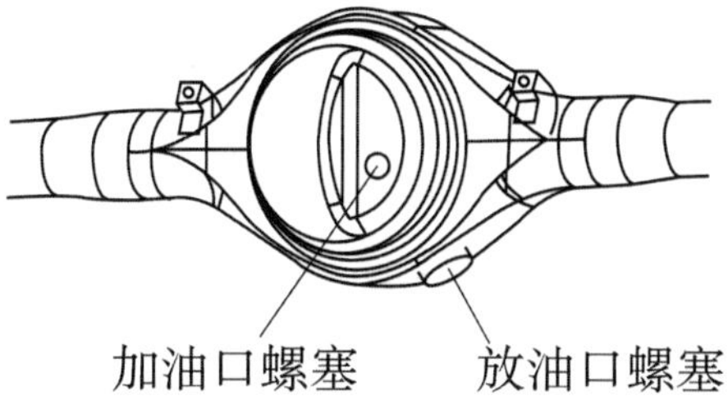

图 9-13　拆下加油螺塞

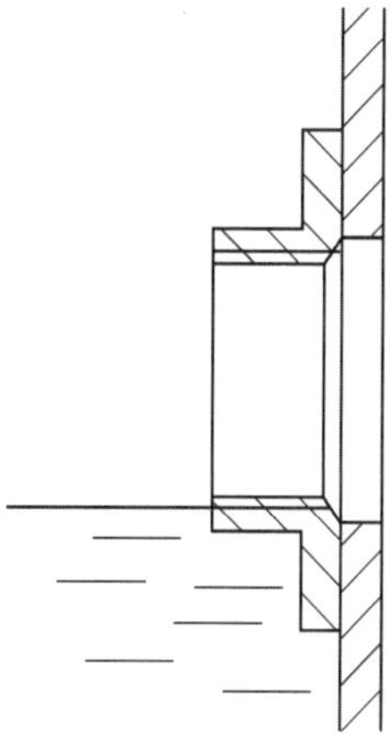

图 9-14　检查后桥齿轮油液面高度

2　检查齿轮油黏度、规格和润滑性能

检查齿轮油黏度、规格和润滑性能是否正常,如不符合要求,则更换。具体更换步骤如下:

(1)在举升机上举升车辆。

(2)清洁后桥加油螺塞周围。

(3)拆下放油螺塞,并用大容器接收后桥中流出的齿轮油。

(4)装上放油螺塞,并紧固至 50 ~ 70N · m。

(5)清洁后桥加油螺塞周围。

(6)拆下加油螺塞(图 9-13)。

(7)向后桥中加注齿轮油至液面到达正确位置。注意:在添加或完全更换后桥齿轮油时,请使用推荐的齿轮油。

(8)装上加油螺塞,并紧固至 40 ~ 60N · m。

(9)在举升机上降下车辆。

3　检查轴承和油封

(1)检查油封处是否过热,如过热,则说明油封过紧,应更换。

(2)检查轴承处是否过热,如过热,则可能是轴承损坏或调整不当,应更换或重新调整。

4　拆装与调整驱动桥

(1)拆卸程序。

①拧松 4 个车轮螺母。

②在举升机上举升车辆。

③如图9-15所示,拆下4个车轮螺母。

④拆下车轮及轮胎与车轮装饰盖组件。

⑤排放干净后桥齿轮油。

⑥拆下传动轴总成(见学习任务六)。

⑦完全释放驻车制动器操纵杆。

⑧如图9-16所示,拆下制动鼓。如果制动鼓拆卸困难,执行以下步骤:

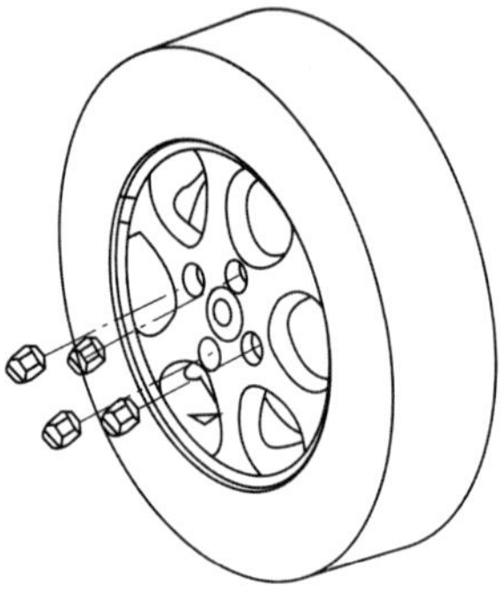

图9-15　拆下车轮螺母

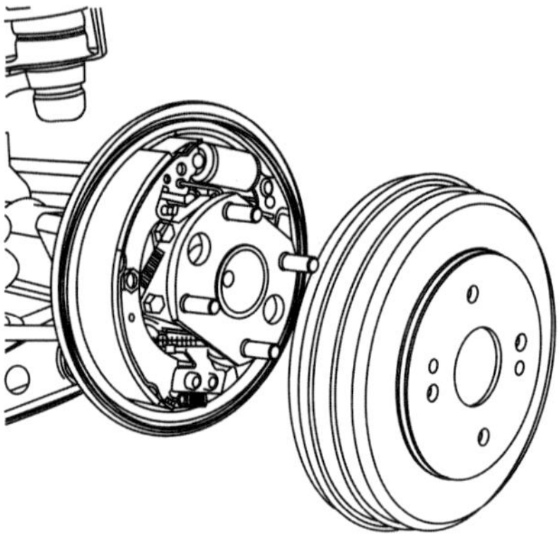

图9-16　拆下制动鼓

a.在制动鼓两个螺纹孔上装上两个螺栓。

b.等量且同时旋进此两个螺栓,直至将制动鼓顶出。

c.拆下两个螺栓。

⑨如图9-17所示,用开口扳手固定住螺母的同时,拆下4个制动器的制动底板螺栓。

⑩如图9-18所示,使用专用工具CH-0002,从后桥上拆下半轴总成。

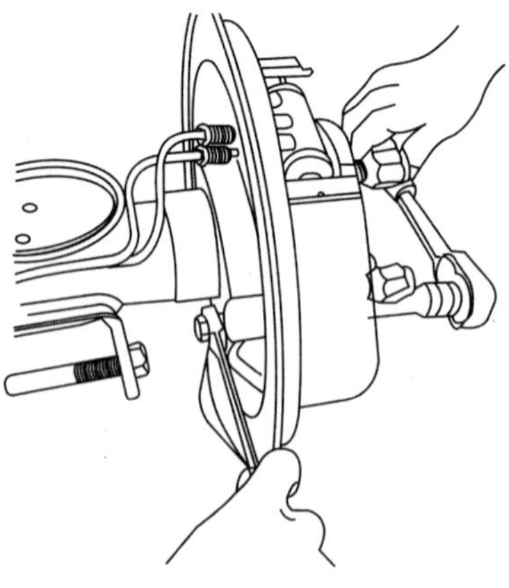

图9-17　拆下制动器的制动底板螺栓

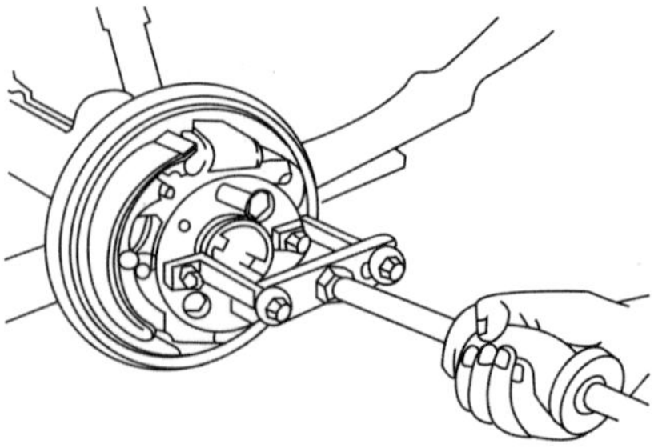

图9-18　拆下半轴总成

⑪用液压举升设备支承主减速器总成。

⑫如图 9-19 所示,按对角线顺序拆下主减速器壳与后桥壳总成连接的 8 个螺母。

⑬降下液压举升设备,分离出主减速器总成。

⑭拆下两个止动块安装螺栓。

⑮如图 9-20 所示,拆下两个止动块。

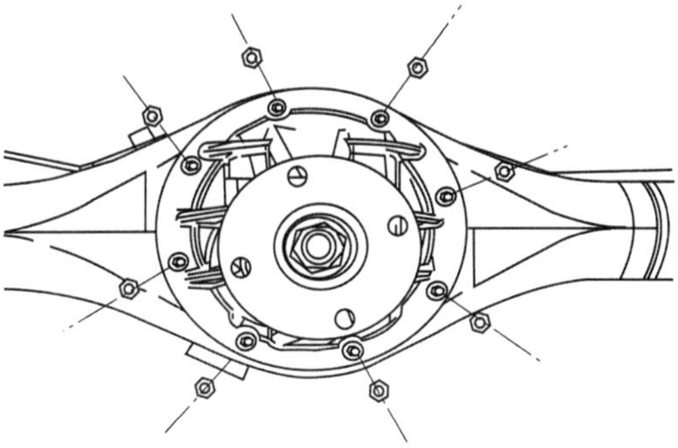

图 9-19　拆下主减速器壳与后桥壳总成连接螺母

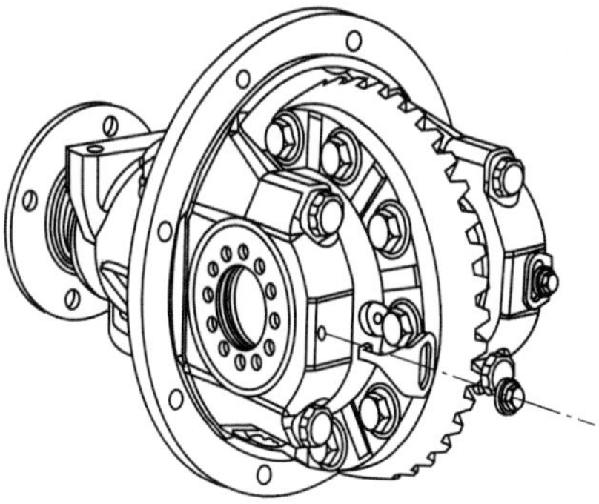

图 9-20　拆下止动块

⑯如图 9-21 所示,拆下两个调整螺母,注意:拆下调整螺母之前标记下调整螺母的旋入状态,以便在安装时参考。

⑰拆下两个轴承盖与主减速器壳连接的 4 个螺栓。

⑱如图 9-22 所示,拆下两个轴承盖。注意:拆下轴承盖之前先做好配对标记,以便在安装时参考。

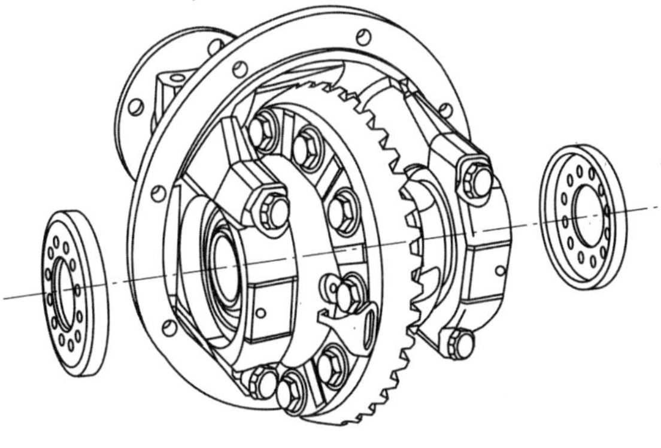

图 9-21　拆下两个调整螺母

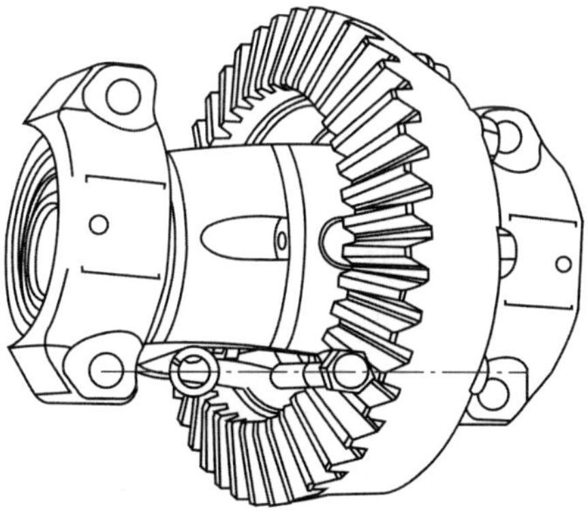

图 9-22　拆下两个轴承盖

⑲如图 9-23 所示,用木棒撬出差速器、从动锥齿轮和差速器轴承组件。

⑳如图 9-24 所示,拆下 10 个从动锥齿轮安装螺栓。

㉑拆下从动锥齿轮。

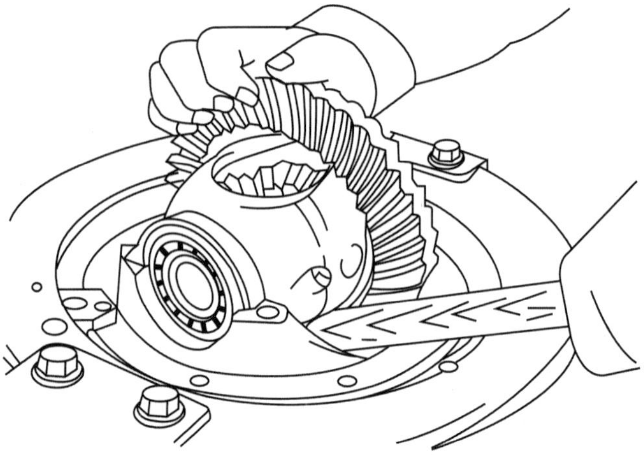

图9-23　撬出差速器、从动锥齿轮和差速器轴承组件

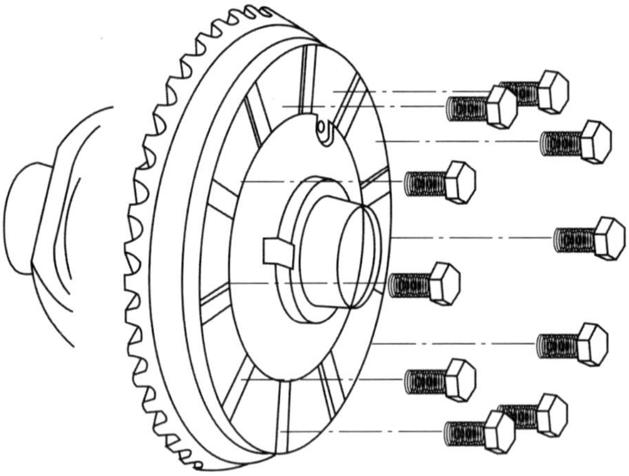

图9-24　拆下从动锥齿轮安装螺栓

㉒如图9-25所示,使用专用工具PT-0017,拆下两个差速器轴承。

㉓分离出差速器总成。

(2)安装和调整程序。

①使用压力机,将两个差速器轴承压入差速器总成(图9-25)。

②检查差速器齿轮副齿侧间隙。

a.在一个行星齿轮和半轴齿轮间楔入一根木质楔子,使齿轮副固定不能转动。

b.如图9-26所示,将百分表的触头触及行星齿轮大端突面的适当位置。

c.往复转动行星齿轮,测量齿侧间隙,齿侧间隙的标准值为0.15~0.25mm,极限值为0.40mm。如超过此值,更换差速器总成。

③定位从动锥齿轮。

④装上 10 个从动锥齿轮安装螺栓(图 9-24),并紧固至 60 ~ 70N · m。

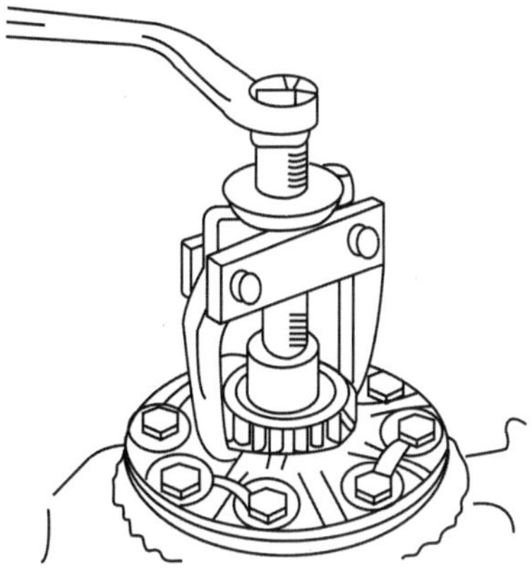

图 9-25　拆下差速器轴承

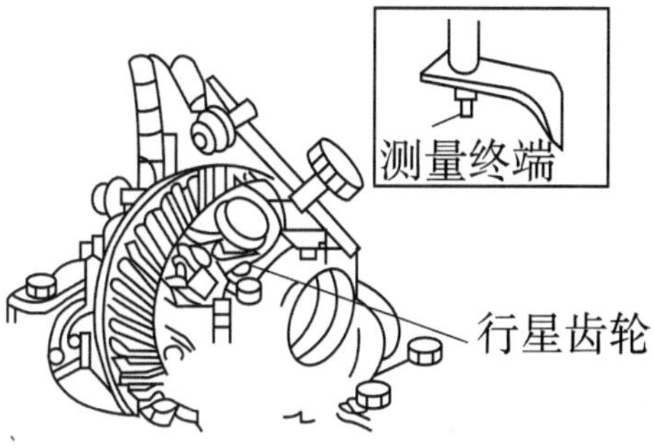

图 9-26　差速器齿轮副齿侧间隙检查

⑤定位差速器、从动锥齿轮和差速器,轴承组件(图 9-23)。

⑥定位两个轴承盖(图 9-22)。注意:根据拆卸时做的标记正确定位轴承盖。

⑦装上两个轴承盖与主减速器壳连接的 4 个螺栓,并紧固至 35 ~ 40N · m(1.5L 发动机)、40 ~ 55N · m(1.2L 和 1.4L 发动机)。

⑧装上两个调整螺母(图 9-21)。注意:调整螺母装配到拆卸时做的标记状态。

⑨定位两个止动块(图 9-20)。

⑩装上两个止动块安装螺栓,并紧固至 3.5 ~ 5.5N · m。

⑪检查主减速器齿轮副齿侧间隙。

a. 如图 9-27 所示,将千分表的触头触及从动锥齿轮大端凸面的适当位置。

b. 固定主动锥齿轮,往复转动从动锥齿轮,测量齿侧间隙,齿侧间隙的标准值为 0.1 ~ 0.2mm,如果不符合要求,通过调整螺母来调整齿侧间隙。

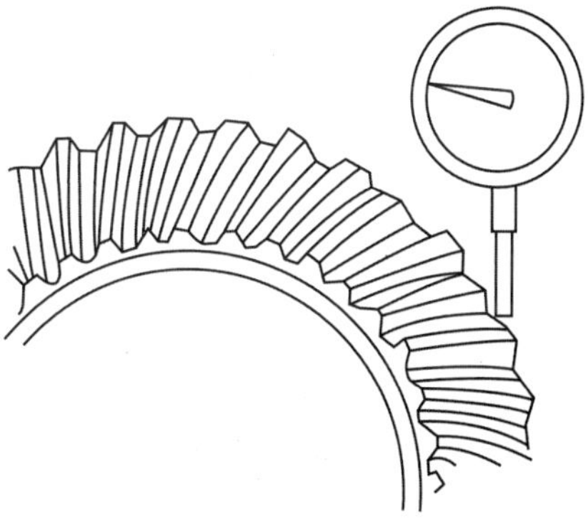

图 9-27　检查主减速器齿轮副齿侧间隙

⑫检查和调整主动锥齿轮和从动锥齿轮啮合印迹。

a. 在从动锥齿轮的 2 ~ 3 个齿面上涂上红丹粉或贴上红色的铅薄膜。

b. 反复转动从动锥齿轮,使有红丹粉的齿面与主动锥齿轮多次接触。

c. 检查齿轮的接触印迹。

正常接触如图 9-28 所示。

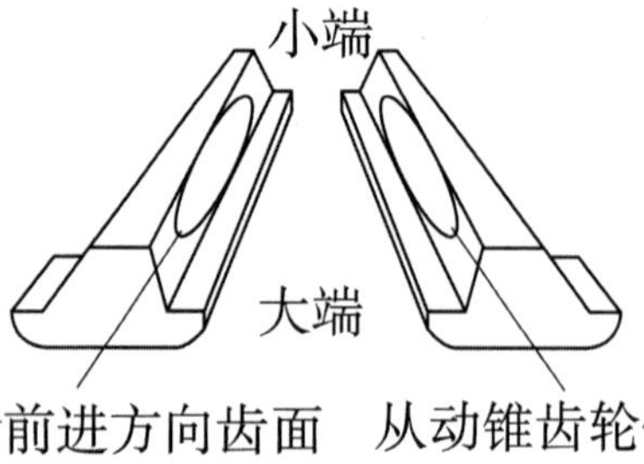

图 9-28　正常的啮合印迹

主动锥齿轮距离从动锥齿轮太远,如图 9-29 所示,应该加厚主动锥齿轮安装调整垫片厚度,使主动锥齿轮适当靠近从动锥齿轮中心,同时适当外移从动锥齿轮,以获得合适的齿侧间隙。

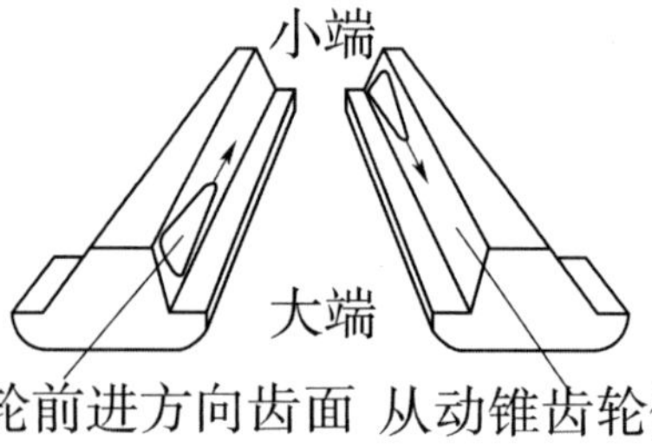

图 9-29　主动锥齿轮距离从动锥齿轮太远

主动锥齿轮距离从动锥齿轮太近,如图 9-30 所示,应该减小主动锥齿轮安装调整垫片厚度,使主动锥齿轮适当远离从动锥齿轮中心,同时适当内移从动锥齿轮,以获得合适的齿侧间隙。

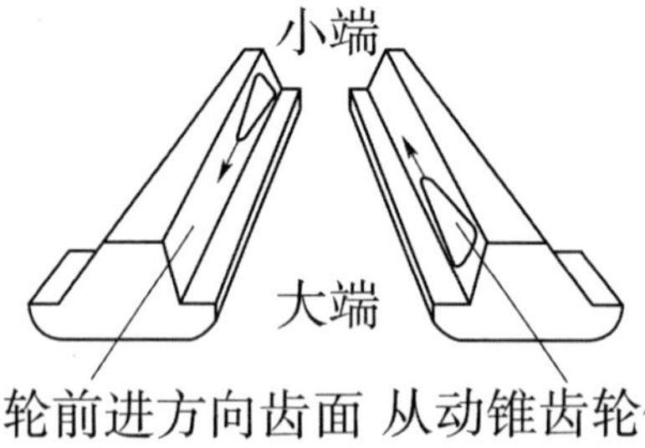

图 9-30　主动锥齿轮距离从动锥齿轮太近

⑬清洁后桥壳总成接口凸缘上的密封胶,并涂抹上新的半干性密封胶。

⑭用液压举升设备支承主减速器总成。

⑮提升液压举升设备,定位主减速器总成。

⑯装上主减速器壳与后桥壳总成连接的 8 个螺母(图 9-19),并紧固至 23 ~ 30N · m。

⑰移走支承主减速器总成的液压举升设备。

⑱装上半轴总成并安装到位。

⑲用开口扳手固定住螺母的同时,装上 4 个制动器的制动底板螺栓(图 9-17),并紧固至 44 ~ 57N · m。

⑳清洁制动鼓内表面。

㉑装上制动鼓(图 9-16)。

㉒装上传动轴总成(见学习任务六)。

㉓加注后桥齿轮油。

㉔分别清洁车轮安装面和制动鼓安装面。

㉕定位车轮及轮胎与车轮装饰盖组件。注意:车轮及轮胎与车轮装饰盖组件定位在拆卸时做了标记处。

㉖装上 4 个车轮螺母(图 9-15),不要紧固。

㉗在举升机上降下车辆。

㉘按 1-2-3-4 的顺序紧固 4 个车轮螺母至 90 ~ 110N · m。

三 评价与反馈

(1)对本学习任务进行评价,见表 9-1。

评　分　表　　表 9-1

考核项目	评分标准	分数	学生自评	小组互评	教师评价	小计
团队合作	是否和谐	5				
活动参与	是否积极主动	5				
安全生产	有无安全隐患	10				
现场 5S	是否做到	10				
任务方案	是否正确、合理	15				

续上表

考核项目	评分标准	分数	学生自评	小组互评	教师评价	小计
操作过程	驱动桥的拆装； 驱动桥的调整； 驱动桥主要零部件检修	30				
任务完成情况	是否圆满完成	5				
工具和设备使用	是否规范、标准	10				
劳动纪律	是否能严格遵守	5				
工单填写	是否完整、规范	5				
总分		100				
教师签名：			年　　月　　日		得分	

(2)在实施作业时每一个安全事项都注意到了吗？如没有，找出忽略的地方和原因。

(3)能否向车主解释驱动桥拆装及调整过程？如不能，分析原因并提出改进措施。

四 学习拓展

(1)查阅资料,说明金杯海狮客车后桥的拆装与调整方法。

(2)查阅资料,说明 CA1092 汽车双级主减速器的调整方法。

参考文献

[1] 陈家瑞.汽车构造(下册)[M].3版.北京:机械工业出版社,2009.

[2] 陈建宏,许炳照.汽车底盘机械系统检修[M].2版.北京:人民交通出版社,2011.

[3] 刘建华.汽车底盘构造与维修[M].3版.北京:机械工业出版社,2017.

[4] 王盛良.汽车底盘构造与维修[M].3版.北京:机械工业出版社,2019.

[5] 王囤.汽车故障诊断与检测技术[M].2版.北京:人民交通出版社股份有限公司,2016.

[6] 丛树林,庄成莉.汽车底盘构造与维修[M].3版.北京:人民交通出版社股份有限公司,2018.

[7] 张红伟.汽车底盘构造及维修[M].北京:高等教育出版社,2007.

[8] 王家青,孟华霞,陆志琴.汽车底盘构造与维修[M].3版.北京:人民交通出版社股份有限公司,2016.

[9] 沈沉.汽车底盘构造与维修[M].3版.北京:人民交通出版社股份有限公司,2016.

[10] 马才伏.汽车底盘构造与维修[M].北京:人民交通出版社股份有限公司,2020.